Das Leben

Deutsch als Fremdsprache
Kurs- und Übungsbuch

A2.1

Hermann Funk
Christina Kuhn
Laura Nielsen
Rita von Eggeling
Gunther Weimann

 Alle Zusatzmaterialien online verfügbar unter cornelsen.de/webcodes. **Code: vonadu**

 Dieses Buch als E-Book nutzen:
Use this book as an e-book:
mein.cornelsen.de
czc9-pd-8zz8

Cornelsen

IMPRESSUM

Deutsch als Fremdsprache
Kurs- und Übungsbuch A2.1

Herausgegeben von Hermann Funk und Christina Kuhn
Im Auftrag des Verlages erarbeitet von Hermann Funk, Christina Kuhn, Laura Nielsen, Rita von Eggeling, Gunther Weimann

Übungen: Marie-Luise Funk, Theresa-Cecilia Haupt, Tanja Schwarzmeier, Miriam Tornero Pérez, Rita von Eggeling, Gunther Weimann
Interaktive Übungen: Alice Friedland
Phonetik: Giselle Valman

Beratende Mitwirkung: Alvaro Camú, Goethe-Institut Chile; Geraldo Carvalho und das Team des Werther-Instituts, Brasilien; Wai Meng Chan, National University of Singapore; Nicole Hawner, Goethe-Institut Nancy; Bernd Schneider, Goethe-Institut e.V.; Elena Schneider, iOR Sprachakademie Freiburg; Ralf Weißer, Goethe-Institut Prag

In Zusammenarbeit mit der Redaktion: Dagmar Garve, Sofie Henne, Karin Wagenblatt, Meike Wilken
Bildredaktion: Katharina Hoppe-Brill
Redaktionsleitung: Gertrud Deutz

Umschlaggestaltung: Rosendahl Berlin, Agentur für Markendesign
Umschlagfoto: Daniel Meyer, Hamburg

Layoutkonzept: Rosendahl Berlin, Agentur für Markendesign
Technische Umsetzung: Umschlag, Seiten 4–11, 22–23, 34–35, 46–47, 66–67, 78–79, 90–91, 102–103: Rosendahl Berlin, Agentur für Markendesign
Übrige Seiten: Klein & Halm Grafikdesign, Berlin
Illustrationen: Christoph Grundmann, Nadine Roßa (S. 66–67)
Audios: Clarity Studio, Berlin
Videos: Wildfang – Ekre & Ludwig GbR

Soweit in diesem Lehrwerk Personen fotografisch abgebildet sind und ihnen von der Redaktion fiktive Namen, Berufe, Dialoge und Ähnliches zugeordnet oder diese Personen in bestimmte Kontexte gesetzt werden, dienen diese Zuordnungen und Darstellungen ausschließlich der Veranschaulichung und dem besseren Verständnis des Inhalts.

www.cornelsen.de

Die Webseiten Dritter, deren Internetadressen in diesem Lehrwerk angegeben sind, wurden teilweise von Cornelsen mit fiktiven Inhalten zur Veranschaulichung und/oder Illustration von Aufgabenstellungen und Inhalten erstellt. Alle anderen Webseiten wurden vor Drucklegung sorgfältig geprüft. Der Verlag übernimmt keine Gewähr für die Aktualität und den Inhalt dieser Seiten oder solcher, die mit ihnen verlinkt sind.

1. Auflage, 3. Druck 2025

© 2021 Cornelsen Verlag GmbH, Mecklenburgische Str. 53, 14197 Berlin, E-Mail: service@cornelsen.de

Das Werk und seine Teile sind urheberrechtlich geschützt. Jede Nutzung in anderen als den gesetzlich zugelassenen Fällen bedarf der vorherigen schriftlichen Einwilligung des Verlages.
Hinweis zu §§ 60 a, 60 b UrhG: Weder das Werk noch seine Teile dürfen ohne eine solche Einwilligung an Schulen oder in Unterrichts- und Lehrmedien (§ 60 b Abs. 3 UrhG) vervielfältigt, insbesondere kopiert oder eingescannt, verbreitet oder in ein Netzwerk eingestellt oder sonst öffentlich zugänglich gemacht oder wiedergegeben werden. Dies gilt auch für Intranets von Schulen und anderen Bildungseinrichtungen.

Der Anbieter behält sich eine Nutzung der Inhalte für Text- und Data-Mining im Sinne § 44 b UrhG ausdrücklich vor.

Druck: AZ Druck und Datentechnik GmbH, Kempten

ISBN: 978-3-06-121968-0 (Kurs- und Übungsbuch)
ISBN: 978-3-06-121974-1 (E-Book)

Das Leben

Die selbstverständliche Art, Deutsch zu lernen

Liebe Deutschlernende, liebe Deutschlehrende,

das Lehrwerk **Das Leben** richtet sich an Erwachsene, die im In- und Ausland ohne Vorkenntnisse Deutsch lernen. Es führt in drei Gesamtbänden bzw. sechs Teilbänden zur Niveaustufe B1 und setzt die Anforderungen des erweiterten Gemeinsamen europäischen Referenzrahmens um.

Das Leben verbindet das Kurs- und Übungsbuch mit dem multimedialen Lehr- und Lernangebot in der PagePlayer-App. Alle Audios und Videos sowie die zusätzlichen Texte, erweiterten Aufgaben und interaktiven Übungen lassen sich auf dem Smartphone oder Tablet direkt abrufen.

Das Kurs- und Übungsbuch enthält 16 Einheiten und vier Plateaus. Jede Einheit besteht aus sechs Seiten für gemeinsames Lernen im Kurs und sechs Seiten Übungen zum Wiederholen und Festigen – im Kurs oder zuhause. Zusätzliche interaktive Übungen über die PagePlayer App ermöglichen eine weitere Vertiefung des Gelernten.

Auf jede vierte Einheit folgt ein Plateau, das optional bearbeitet werden kann. Zu Beginn wird das Gelernte spielerisch wiederholt und erweitert. Eine zweite Doppelseite führt die Lernenden behutsam an Literatur heran. Darauf folgt die erfolgreiche Video-Novela „Nicos Weg" der Deutschen Welle, die die Lernenden mit abwechslungsreichen Aufgaben und Übungen begleitet. Abschließend bereitet das Prüfungstraining auf das Goethe-Zertifikat A2 vor.

Der Wortschatz von **Das Leben** bezieht die Frequenzliste des DUDEN-Korpus mit ein und trainiert gezielt die häufigsten Wörter der deutschen Sprache.

Mit seinem großen Aufgaben- und Übungsangebot bereitet **Das Leben** optimal auf alle A2-Prüfungen vor.

Wir wünschen Ihnen viel Spaß und Erfolg beim Lernen und Lehren mit **Das Leben**!

Ihr Autor*innenteam

Blick ins Buch

Die Magazinseite

Im Kursbuch beginnt jede Einheit mit einer Magazinseite. Das Layout der Magazinseiten orientiert sich an den alltäglichen Sehgewohnheiten. Wiederkehrende Elemente ermöglichen einen klaren Überblick. Texte und Abbildungen geben einen authentischen Einblick in die Themen der Einheiten, motivieren zum entdeckenden Lernen und führen in Wortschatz und Strukturen ein. Audios 🔊, Videos ▶ und weitere Inhalte der PagePlayer-App ➔ sind mit Symbolen gekennzeichnet (s. Übersicht unten). Die Inhalte können im Kursraum projiziert und/oder von Lernenden auf Smartphones oder Tablets jederzeit abgerufen werden.

Titel der Einheit
Nummer der Einheit
Lernziele
Aufgaben und Übungen

Das Kursbuch

In den Einheiten des Kursbuchs sind alle Aufgaben und Übungen in Sequenzen angeordnet. Sie bereiten die Lernenden Schritt für Schritt auf die Zielaufgaben 🚩 vor. Übungen zur Automatisierung und Phonetik trainieren sprachliche Flüssigkeit und Aussprache. Neu sind Aufgaben, die mit Hilfe der PagePlayer-App ➔ erweitert werden. Sie unterstützen die Kursrauminteraktion oder ermöglichen Partnerarbeit. Die ODER-Aufgaben dienen der Differenzierung und bieten den Lernenden individuelle Wahlmöglichkeiten. Die Videoclips ▶ bieten einen authentischen Einblick in alltägliche Situationen. Die landeskundlichen Informationen sowie die Übungen zur Sprachmittlung und Mehrsprachigkeit regen zum Sprach- und Kulturvergleich an und aktivieren sinnvoll die Kenntnisse der Lernenden in allen vorgelernten Sprachen.

Aufgabenerweiterung mit der PagePlayer-App
Sequenztitel
Zielaufgabe

Das Übungsbuch

Der Übungsteil folgt in Inhalt und Aufbau den Sequenzen aus dem Kursbuch. Das Übungsangebot dient der selbstständigen Wiederholung und Vertiefung von Wortschatz und Strukturen. Hier steht den Lernenden analog und digital über die PagePlayer-App ein reichhaltiges Übungsangebot zur Verfügung. Neben Übungen zum Leseverstehen, zum angeleiteten Schreiben, zur Aussprache und zum Hörverstehen 🔊 trainieren die Lernenden im Videokaraoke ▶ das flüssige Sprechen als Teilnehmende an echten Dialogsituationen.

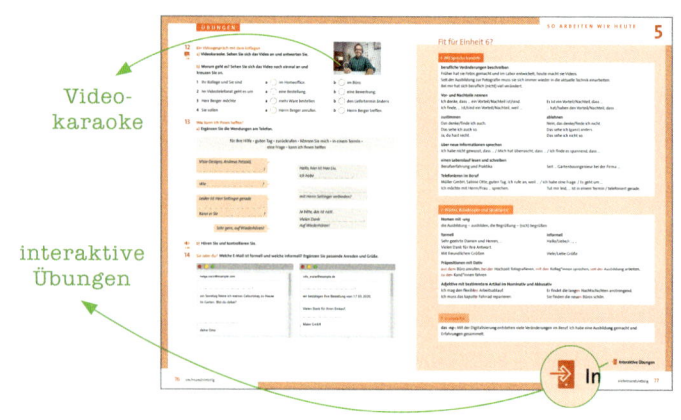

Videokaraoke
interaktive Übungen

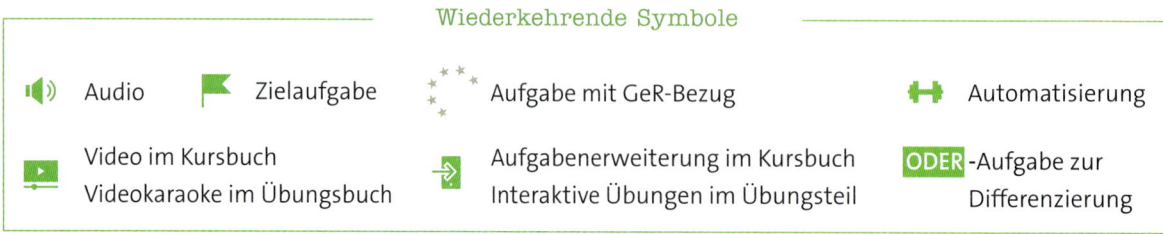

Wiederkehrende Symbole

- 🔊 Audio
- 🚩 Zielaufgabe
- Aufgabe mit GeR-Bezug
- Automatisierung
- ▶ Video im Kursbuch / Videokaraoke im Übungsbuch
- ➔ Aufgabenerweiterung im Kursbuch / Interaktive Übungen im Übungsteil
- ODER-Aufgabe zur Differenzierung

Die Plateaus

   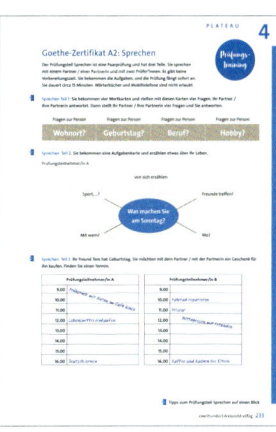

Video-Novela „Nicos Weg"   Wörter-Spiele-Training   Literatur   Prüfungstraining

Die vier Plateaus halten ein abwechslungsreiches Lernangebot bereit. Auf jeweils einer Doppelseite laden Aufgaben und Übungen zu „Nicos Weg", der Video-Novela zum Deutschlernen der Deutschen Welle, vertiefende Übungen und Spiele, literarische Texte sowie ein Prüfungstraining Goethe-Zertifikat A2 zum Ausprobieren der deutschen Sprache, zum Wiederholen und Weiterlernen ein.

Das Videokonzept

Video im Kursbuch   Videokaraoke im Übungsbuch   Video-Novela „Nicos Weg"

Videos im Kursbuch und Videokaraoke in allen Übungsbucheinheiten motivieren mit lebensnahen Situationen und visueller Unterstützung zum Deutschlernen. Die Begegnung mit Nico und seinen Freunden und Freundinnen in der Video-Novela „Nicos Weg" der Deutschen Welle bietet spannende Einblicke in den Alltag. Die Aufgaben und Übungen der Video-Doppelseite laden zum Mitmachen ein.

 Mit der PagePlayer-App, die Sie kostenlos in Ihrem App-Store herunterladen können, haben Sie die Möglichkeit, alle Audios, Videos und weitere Zusatzmaterialien auf Ihr Smartphone oder Tablet zu laden. So sind alle Inhalte überall und jederzeit offline griffbereit.

Alternativ finden Sie diese als Stream und/oder Download im Webcodeportal unter **www.cornelsen.de/codes**

die PagePlayer-App

fünf 5

Inhalt

Klassentreffen S. 10

Sprachhandlungen: Einladungen schreiben; ein Treffen organisieren; über die eigene Person sprechen; Informationen weitergeben

Themen und Texte: Einladung; Kolumne; Checkliste; Schulzeit; Abitreffen; Spitznamen; Kursparty; Abizeitung; Quiz

Wortfelder: Schule; Party; Hobbys

Grammatik: Reflexivpronomen; Nebensätze mit *dass*; das Genitiv -s

Aussprache: das -*ch* im Auslaut

Mobil leben S. 22

Sprachhandlungen: über Mobilität sprechen; Verkehrsmittel vergleichen; Gründe nennen; eine Reise planen; Wendungen grob übersetzen

Themen und Texte: Magazinartikel; Fahrradstadt Münster; Porträts; Verkehrsmittel; ein Wochenende / eine Reise planen; Verkehrsverbindungen; Informationen im Bahnhof; Europa-Quiz; Berufsfeld Zugbegleiter*in

Wortfelder: Mobilität; Arbeitsplatz Bahn

Grammatik: Superlativ mit *am*; Nebensätze mit *weil*

Aussprache: Intonation und Pausen in Haupt- und Nebensätzen

Wohnen und Zusammenleben S. 34

Sprachhandlungen: über Wohnen sprechen; eine Wohnung suchen; Kleinanzeigen schreiben; eine Hausordnung kommentieren; sagen, was verboten oder erlaubt ist

Themen und Texte: Magazinartikel; Wohnen in Deutschland; Wohnungsanzeigen; Ausstattung; Wohnungsbesichtigung; Flohmarkt; Hausordnung; Gemütlichkeit; Balkonien

Wortfelder: Wohnen; Abkürzungen in Wohnungsanzeigen; erlaubt und verboten; sich über etwas freuen/ärgern

Grammatik: Adjektive ohne Artikel; Modalverb *dürfen*; Nominalisierung von Verben; reflexive Verben mit Präposition

Aussprache: Aussprache von *z*

Hast du Netz? S. 46

Sprachhandlungen: über Handys und Medien sprechen; eine Grafik kommentieren; indirekt nachfragen; die eigene Meinung sagen

Themen und Texte: Grafik; Medien im Alltag; Geräte und Funktionen; Netiquette; E-Mail an Freunde, Magazinartikel; Handy-Detox; Experiment: ein Tag ohne Handy

Wortfelder: Mediensprache Englisch; Handy-Funktionen

Grammatik: Nominalisierung von Verben; indirekte Frage mit *ob*; Personalpronomen im Dativ

Aussprache: Englische Wörter auf Deutsch

Plateau 1 S. 58

5 So arbeiten wir heute — S. 66

Sprachhandlungen: berufliche Veränderungen beschreiben; Vor- und Nachteile nennen; zustimmen oder ablehnen; einen Lebenslauf lesen und schreiben; telefonieren; formelle E-Mails schreiben

Themen und Texte: Magazinartikel; Hochzeitsfotografin; tabellarischer Lebenslauf; berufliche Veränderungen; Kommunikation am Arbeitsplatz; Telefonnotiz

Wortfelder: Arbeitsorte und -tätigkeiten; Lebenslauf; E-Mails

Grammatik: Präpositionen mit Dativ; Adjektive mit bestimmtem Artikel im Nominativ und Akkusativ

Aussprache: Aussprache von -ng

6 Was liest du gerade? — S. 78

Sprachhandlungen: über das Lesen sprechen; Bilder beschreiben; Bücher und Autor*innen vorstellen; einen biografischen Text lesen und schreiben

Themen und Texte: Magazinartikel; Lesen statt surfen; Gründe für das Lesen; Leseort Bibliothek; Buchtipps; Goethe: *Hermann und Dorothea*; Lexikoneintrag; Reiseführer

Wortfelder: Biografie, Literatur

Grammatik: regelmäßige Verben im Präteritum; Nebensätze mit *als*

Aussprache: Jahreszahlen

7 Leben mit Tieren — S. 90

Sprachhandlungen: über Haustiere sprechen; ein Haustier beschreiben; Videoclips kommentieren; Suchanzeigen verstehen und schreiben

Themen und Texte: Haustiere; Quiz; Gewinnspiel; Zeitungsartikel; Fragebogen; Suchanzeige; ein Anruf im Tierheim; Tierbeschreibungen

Wortfelder: Eigenschaften und Aussehen von Tieren; Körperteile von Tieren; Haustierzubehör

Grammatik: Superlativ: *der größte*; Adjektive mit bestimmtem und unbestimmtem Artikel im Dativ

Aussprache: Diphthonge *au, äu, eu, ei, ai*

8 Global und regional — S. 102

Sprachhandlungen: eine Stadt vorstellen; über regionale Gerichte und Spezialitäten berichten; über Berufe am Flughafen sprechen; Personen und Sachen beschreiben

Themen und Texte: Magazinartikel; Frankfurt a.M.; Frankfurter Wochenmärkte; Interview; Steckbrief; Frankfurter Spezialitäten; Berufe am Flughafen; Souvenirs

Wortfelder: Großstadt; regionales und saisonales Obst und Gemüse; Berufe und Tätigkeiten am Flughafen

Grammatik: Relativsätze im Nominativ und Akkusativ

Aussprache: Satzakzent

Plateau 2 — S. 114

Alltagsleben S. 122

Sprachhandlungen: über Alltag sprechen; den eigenen Alltag beschreiben; über Aufgaben in Haushalt und Betreuung sprechen; Alltagsgeschichten erzählen

Themen und Texte: Leserbriefe; Familienkalender; Berufsporträts; Apotheken-Zeitschrift; Bildergeschichte

Wortfelder: Alltag; Haushalt; Betreuung

Grammatik: Modalverben *können, wollen, müssen* im Präteritum; Possessivartikel im Dativ

Aussprache: *-em, -er, -en* am Wortende

Festival-Sommer S. 134

Sprachhandlungen: über Musik und Festivals sprechen; nach Preisen und Ermäßigungen fragen; Stimmung und Begeisterung ausdrücken; einen Bericht verstehen und schreiben

Themen und Texte: Berichte über Festivals; Musikstile; Ticketbestellungen; Festival-Tipps; Interview

Wortfelder: Festival und Konzert; Ticketbestellungen; Festival-Packliste

Grammatik: Verben mit Präpositionen; Fragewörter *worauf, worüber*; unregelmäßige Verben im Präteritum

Aussprache: Emotionen

Natur und Umwelt S. 146

Sprachhandlungen: die Umwelt beschreiben; über Umwelt(schutz) sprechen; Bedingungen und Folgen ausdrücken; einen Tausch anbieten und ablehnen; Ziele nennen

Themen und Texte: Magazinartikel; Umwelt; Lexikoneintrag; Buchtipp; Umfrage; Kleidertausch-Party; Einladung; Farb-Experiment; Gartenmagazin; Interviews

Wortfelder: Natur und Umwelt; Umweltschutz; Kleidung; Garten

Grammatik: Bedingungen und Folgen ausdrücken mit *wenn ..., dann ...*; Ziele nennen mit *damit*; Adjektive mit *-bar*

Aussprache: die Endung *-bar*

Reparieren und Selbermachen S. 158

Sprachhandlungen: über Reparaturcafés sprechen; sagen, was man wozu braucht; Anleitungen verstehen und formulieren; etwas reklamieren

Themen und Texte: Magazinartikel; Reparaturcafé; Porträt; Kursangebote für Heimwerker*innen; Reparieren und Selbermachen; Möbel aus Paletten; Reklamation

Wortfelder: Werkzeuge; Materialien; Renovierung; Reklamation

Grammatik: einen Zweck ausdrücken mit *um ... zu*; Passiv im Präsens

Aussprache: Aussprache von *schr-* und *str-*

Plateau 3 S. 170

Gipfelstürmer S. 178

Sprachhandlungen: über Wanderurlaub sprechen; Wörter in D-A-CH verstehen; Beratungsgespräche führen; Emotionen ausdrücken; auf Emotionen reagieren; einen Film beschreiben

Themen und Texte: Magazinartikel; Wanderparadies Österreich; Prospekt; Webseite; in der Touristeninformation; Aktivitäten in den Bergen; Bildergeschichte; Filmbeschreibung *Heidi*

Wortfelder: Wandern; Lebensmittel; Emotionen; Filmbeschreibung

Grammatik: Präpositionen mit Akkusativ; Verben mit Akkusativ und Verben mit Dativ

Aussprache: Aussprache von *w*

INHALT

14 Freunde fürs Leben S. 190

Sprachhandlungen: über Freundschaften sprechen; sich streiten und sich vertragen; über Geschenke sprechen; statistische Angaben machen; Tipps geben und kommentieren

Themen und Texte: Magazinartikel; Freundschaft; Streit und Versöhnung; Geschenke; Beziehungsstatus; Grafik und Statistik; neue Kontakte; Tipps

Wortfelder: Freundschaft; Geschenke; Statistik

Grammatik: Verben mit Dativ- und Akkusativergänzung; Genitiv

Aussprache: Aussprache von *h*

15 Leben auf dem Land S. 202

Sprachhandlungen: das Leben im Dorf beschreiben; Begriffe erklären; ein Videointerview machen; Wörter auf Plattdeutsch verstehen; früher und heute vergleichen

Themen und Texte: Magazinartikel; Leben auf dem Land; Interview; Dorfkurier; Videointerviews; Klatsch und Tratsch; Museumsdorf; Plan; Plattdeutsch

Wortfelder: Dorfleben

Grammatik: Relativsätze mit Dativ; Passiv im Präteritum

Aussprache: Aussprache von *b* und *w*

16 Glück und Lebensträume S. 214

Sprachhandlungen: über Glück und Pech sprechen; sagen, was einen glücklich macht; über Ziele, Wünsche und Träume sprechen; Informationen betonen; eine Bucketliste schreiben

Themen und Texte: Glücksmomente; Magazinartikel; Podcast; Lebensträume und Lebenswege; Redewendungen mit Glück und Pech; dreifach Glück; Bucketliste; Wünsche, Ziele und Träume

Wortfelder: Glück; Schule; Berufswünsche

Grammatik: Gründe nennen mit *denn*; *nicht nur ..., sondern auch ...*

Aussprache: Aussprache von *i* und *ü*

Plateau 4 S. 226

Anhang Teilband A2.1

Grammatik	S. 122–131
Unregelmäßige Verben	S. 132–134
Verben mit Präpositionen	S. 135
Phonetik	S. 136–137
Hörtexte	S. 138–149
Videotexte	S. 150–156
Alphabetische Wortliste	S. 158–176
Bild- und Textquellen	S. 177–178

neun

KLASSENTREFFEN

Abi 2011

10 Jahre schulfrei!

**Einladung zum Klassentreffen
am 23. Juni 2021
im Gymnasium Albertinum
in Gotha**

16 Uhr Kaffeetrinken in der Aula
18 Uhr Führung durch die Schule
19 Uhr Abendessen
20 Uhr Party mit DJ Olaf

Bist du dabei? Dann melde dich bis zum 1. Juni bei Manu an: manu@example.com.

Hausaufgabe: Bring 30 €, Fotos und gute Laune mit!

Wir müssen uns endlich mal wiedersehen!

Feiern mit Lotte: Abiparty 2011

Juli 2009: Schulausflug nach Prag!

1 Die Einladung
a) Wo? Wann? Was? Berichten Sie.
b) Was ist *das Gymnasium, das Abitur, die Aula, der DJ*? Recherchieren und vergleichen Sie.
c) Wie kann man sich zum Klassentreffen anmelden? Was soll man mitbringen? Berichten Sie.

2 Fotos aus der Schulzeit
a) Was hat Patrick in der Schulzeit gemacht? Sehen Sie sich die Fotos an und berichten Sie.
b) *Wir haben viele Prüfungen gehabt.* Was haben Sie in Ihrer Schulzeit gemacht?

3 Patricks Kolumne
a) Was ist im Sommer 2011 passiert? Lesen Sie die Kolumne. Markieren und vergleichen Sie.
b) Sammeln Sie Informationen über Patrick, Katta, Basti und Lotte. Berichten Sie.

4 Spitznamen
a) Basti, Katta, … Wie heißen die Personen wirklich? Fragen und antworten Sie.
b) Spitznamen in Ihrem Land / in Ihrem Kurs. Sammeln Sie Beispiele.

HIER LERNEN SIE:
- Einladungen schreiben
- ein Treffen organisieren
- über die eigene Person sprechen
- Informationen weitergeben

Theatergruppe 2009: „Drinnen und draußen"

Sportfest in der Schule 2010: 2. Platz für Patrick

Pause: Katta, Lotte und Basti

Das war echt stressig: die Abiprüfungen!!!

KOLUMNE

Klassentreffen nach 10 Jahren

von Patrick Maritschke

Vor ein paar Wochen habe ich eine E-Mail von Manu bekommen. Es war eine Einladung zum Klassentreffen. Ich habe sofort die Kiste mit den Fotos von damals und unsere Abizeitung aus dem Regal geholt. Und da war sie plötzlich wieder: meine Schulzeit.

Im Juni 2011 hatten wir endlich das Abitur in der Tasche. Wir hatten einen tollen Sommer! Alle hatten große Pläne für die Zukunft, und wir haben viel gefeiert.

Damals waren Katta und Basti meine besten Freunde. Sie sind nach dem Abitur ein Jahr durch Australien gereist und haben dort gejobbt. Ich habe mich in Lotte verliebt und hatte schon einen Praktikumsplatz in Gotha.

Im Sommer 2011 haben wir noch gedacht, dass wir immer in Kontakt bleiben. Was Katta, Basti und die anderen heute wohl machen? Von Lotte habe ich auch schon lange nichts mehr gehört.

Natürlich habe ich mich schon für das Klassentreffen angemeldet. Ich hoffe, dass viele kommen und freue mich auf das Wiedersehen!

Die Vorbereitungen

1 Manu, Tobi und Caro planen das Klassentreffen

a) Tobis Checkliste. Wer soll was machen? Berichten Sie wie im Beispiel.

> Manu soll den Schuldirektor anrufen und einen Termin für das Klassentreffen machen.

Wer?	Was?	
Manu	Schuldirektor anrufen: einen Termin für das Klassentreffen machen	X
Tobi, Manu	Programm für das Klassentreffen planen	
Tobi, Manu	E-Mailadressen von Lehrer*innen und Mitschüler*innen suchen	
Manu	Einladung schreiben und an alle verschicken	
Caro	in der Schulkantine nachfragen: Preise für Kaffee, Kuchen und Buffet	
Manu	Getränke bestellen	
Caro	Kaffee, Kuchen und Buffet in der Schulkantine bestellen	
Tobi	DJ Olaf buchen	
Caro	Patrick nach Kattas E-Mailadresse fragen	

1.01

b) Was haben Caro, Tobi und Manu schon gemacht? Was müssen sie noch machen? Sehen Sie sich das Video an, kreuzen Sie in Tobis Checkliste an und berichten Sie.

> Caro muss noch Kaffee, … bestellen.

c) Wählen Sie drei Fragen aus. Sehen Sie sich das Video noch einmal an. Machen Sie sich Notizen und vergleichen Sie.

1. ◯ Wer hatte die Idee für das Klassentreffen?
2. ◯ Wann haben Manu, Tobi und Caro mit der Planung angefangen?
3. ◯ Wo haben sie die meisten Adressen gefunden?
4. ◯ Wer hat die Einladung zum Klassentreffen geschrieben?
5. ◯ Wie viele Personen haben sich schon für das Klassentreffen angemeldet?
6. ◯ Wann und wo findet das nächste Treffen von Manu, Tobi und Caro statt?

2 Kursparty

a) Wo? Wann? Wer soll was machen? Planen Sie eine Kursparty und berichten Sie.

Wo: _____ Wann: _____

Wer?	Was?
	Kuchen mitbringen

b) Schreiben Sie eine Einladung zur Kursparty. Das Beispiel auf S. 10 hilft.

c) Kursspaziergang. Hängen Sie Ihre Einladungen im Kursraum auf und kommentieren Sie.

> Sieh mal, die Einladung sieht toll aus!

> Stimmt, aber die hier finde ich genauso schön.

> Mir gefällt diese Einladung besser als die von …

> Also, die Einladung ist doch echt klasse! Ich finde die Farben …

KLASSENTREFFEN

3 Caros Bitte

a) Was soll Patrick tun? Lesen Sie die E-Mail und berichten Sie.

Abitreffen: Wir brauchen deine Hilfe!
Caro2011
an: p.maritschke

Lieber Patrick,

schön, dass du dich schon angemeldet hast! Wir haben uns wirklich lange nicht gesehen, aber ich kann mich noch gut erinnern ... Unsere Schulzeit war toll, oder? Bis jetzt haben wir übrigens schon über 90 Anmeldungen. Ein paar Lehrer und Lehrerinnen haben sich auch schon angemeldet.

Jetzt brauchen wir deine Hilfe: Hast du Kattas E-Mailadresse? Die alte funktioniert nicht, und im Internet können wir sie nicht finden. Seht ihr euch manchmal oder schreibt ihr euch noch? Dann sag Katta bitte, sie soll Manu eine E-Mail schicken (manu@example.com).

Und hast du vielleicht noch die Abizeitung? Dann schreib Tobi (tobias.kluge@example.com). Wir wollen die Abizeitung kopieren und auf die Tische legen, aber wir können unsere nicht mehr finden.

Viele Grüße auch von Tobi und Manu. Wir freuen uns schon!

Caro

b) *Wir treffen uns!* Markieren Sie die Reflexivpronomen in a) wie im Lerntipp. Ergänzen Sie die Tabelle.

ich	_____	wir	_____
du	_____	ihr	_____
er/es/sie	*sich*	sie/Sie	_____

> **Lerntipp**
>
> Reflexiv: **Sie** treffen **sich** am Donnerstag im Café.
> Nicht reflexiv: **Ich** treffe **euch** jede Woche im Kurs.

c) Vergleichen Sie die Reflexivpronomen mit den Personalpronomen im Akkusativ auf S. 126. Finden Sie den Unterschied.

4 Das -ch im Auslaut

a) Hören Sie, achten Sie auf das *-ch* und sprechen Sie nach.

1. Sie treffen si**ch** na**ch** zehn Jahren.
2. I**ch** freue mi**ch** schon. Freust du di**ch** au**ch**?
3. I**ch** sehe eu**ch** do**ch** no**ch** na**ch** dem Kurs, oder?
4. Wir kennen eu**ch** no**ch** aus der Schulzeit.
5. Wir schreiben uns no**ch** man**ch**mal.
6. Erinnert ihr eu**ch** au**ch** no**ch**?

b) Markieren Sie die Sätze mit Reflexivpronomen in a). Vergleichen Sie.

5 Ich habe gehört, dass ...

a) Sprechen Sie schnell.

| Ich finde (es) spannend,
Ich habe gelesen,
Ich hätte nicht gedacht, | dass man
(auf einem Klassentreffen) | viele Freunde wiedersieht.
die Lehrerinnen und Lehrer trifft.
die alte Schule besichtigt.
über die Schulzeit spricht.
abends eine Party macht. |

b) Markieren Sie die Verben in den Nebensätzen mit *dass* auf den Seiten 11 und 13. Ergänzen Sie die Regel.

Regel: Im Nebensatz mit *dass* steht das Verb _____.

dreizehn 13

1 Die Abizeitung

a) Lesen Sie Patricks Profil in der Abizeitung. Fragen und antworten Sie wie im Beispiel.

Patrick Maritschke
Spitzname: Ritsche

Das sagen andere über Patrick:
- ist ein super Kumpel
- spielt besonders gerne Tennis und Volleyball
- liebt Lotte und seinen Motorroller
- kennt alle Bundesliga-Ergebnisse
- redet gern und viel

Das sagt Patrick über sich:
Meine Hobbys: Sport, mein Motorroller, Techno
Meine Lieblingsfarbe: Blau
Meine Lieblingsfächer: Sport und Deutsch
Mein Traumberuf: Journalist
Das mache ich gern: fotografieren
Das mache ich nicht gern: kochen
Das brauche ich immer: meine Freunde und mein Handy
Das brauche ich nicht mehr: das Essen in der Schulkantine
Das bin ich in zehn Jahren: Sportjournalist
Da lebe ich in zehn Jahren: immer noch in Gotha ☺

Mein Motto:
Das Leben ist kein Ponyhof!

Was bedeutet „Kumpel"? — *Hier steht, dass der Kumpel ein Freund ist.*

b) Informationen weitergeben. Berichten Sie über Patrick wie im Beispiel.

Die anderen finden, dass Patrick ein super Kumpel ist.

Patrick sagt, dass er nicht gern kocht.

2 Das ist mein Kurs!

a) Spitzname, Hobbys, … Sammeln Sie weitere Fragen für Partnerinterviews. Die Angaben in Patricks Profil helfen.

Was ist dein Spitzname?
Was sagen andere über dich?
Hast du eine Lieblingsfarbe?
Hattest du in der Schule Lieblingsfächer?

b) Machen Sie ein Partnerinterview und notieren Sie die Informationen.

c) Schreiben Sie ein Profil über die Person für eine Kurszeitung. Hängen Sie alle Profile im Kursraum auf.

KLASSENTREFFEN

3 Heute ist das Klassentreffen

a) Gespräche auf dem Klassentreffen. Sammeln Sie weitere Fragen und Wendungen.

Wie geht's dir so? / Wir haben uns lange nicht mehr gesehen! / Hast du Kinder? / …

1.03 – 1.06

b) Wählen Sie eine Person aus. Welche Fragen aus a) hören Sie?

Basti

Anna

Franzi

Patrick

c) Basti ist Physiotherapeut.
Hören Sie Ihren Dialog aus b) noch einmal und notieren Sie.

Basti: Physiotherapeut, wohnt in …

d) Informationen austauschen. Fragen und antworten Sie.

Wie geht's Basti?   *Prima! Und was macht Franzi?*   *Franzi? Keine Ahnung. Und Anna? Was …?*

4 Lange nicht gesehen!

Auf Englisch sagt man „Long time no see!"

Wie sagt man das in anderen Sprachen? Sammeln Sie.

Auf Spanisch heißt das „¡Cuánto tiempo!"

5 Lisas Schwester, Bastis Hund, …

7.1

Kommentieren Sie wie im Beispiel und wechseln Sie sich ab.

Hast du schon/auch gehört, dass die Schwester von Lisa in den USA lebt?

Ach, Lisas Schwester lebt in den USA?

Ja. Lisas Schwester lebt in den USA. Und du? Hast du schon/auch gehört, dass …

Das gibt es nicht, Bastis …

6 Mein Deutschkurs

Wie gut kennen Sie die anderen im Kurs? Sehen Sie sich die Profile aus 2c) an und kommentieren Sie.
ODER Bereiten Sie ein Quiz vor. Schreiben Sie die Fragen auf Kärtchen und die Lösungen auf die Rückseiten.

Wer hat keinen Spitznamen, spielt gern Tennis, mag Blau und kann gut backen?

Johanna

Das ist interessant: Hier steht, dass Johanna gut backen kann.

Ach! Ich hätte nicht gedacht, dass sie gut backen kann.

fünfzehn 15

ÜBUNGEN

1 Einladungen schreiben

a) Informationen in Einladungen. Wo steht das? Die Einladung auf S. 10 hilft.

1. Grund für die Einladung
2. Anmeldung
3. Datum, Uhrzeit und Ort
4. wichtige Informationen

( )
( )
(4)
( )

b) Lesen Sie die Angaben. Ordnen Sie 1–4 aus a) zu.

a (3) Tel.: … / E-Mail: …
b ( ) Adresse (Straße/Ort)
c ( ) Es gibt Kuchen/Würstchen/Musik/ …
d ( ) Wir feiern im Garten / auf dem Balkon / …
e ( ) zur Grillparty / zum Sommerfest / …
f ( ) am … (Wochentag/Datum) um … Uhr
g ( ) Bist du / Seid ihr dabei?
h ( ) Bitte bring(t) gute Laune / Spiele/Getränke/ Salat/Brot/… mit.
i ( ) Melde dich / Meldet euch bitte an.

c) *Grillparty*, *Sommerfest* oder …? Wählen Sie in b) aus und schreiben Sie die Einladung.

2 Meine Schulzeit

a) Aktivitäten in der Schulzeit. Ergänzen Sie passende Verben. Es gibt mehrere Möglichkeiten.

lernen • machen • planen • üben • haben • spielen • organisieren • schreiben • feiern

1. Hausaufgaben *haben, machen*
2. Ferien _____
3. ein Schulfest _____
4. Gitarre _____
5. eine Prüfung _____
6. einen Ausflug _____
7. Pause _____
8. Theater _____

b) Wählen Sie fünf Aktivitäten aus a) aus. Schreiben Sie einen Text über Ihre Schulzeit.

Meine Schulzeit war toll! Wir haben …

KLASSENTREFFEN

3 Patrick Maritschkes Kolumne

a) Markieren Sie die Wendungen 1–5 in der Kolumne auf S. 11. Ordnen Sie a–e zu.

1 ◯ lange nichts mehr gehört haben   **a** zurück sein
2 ◯ etwas in der Tasche haben   **b** sich manchmal anrufen/schreiben/sehen
3 ◯ dabei sein   **c** an etwas teilnehmen
4 ◯ wieder da sein   **d** keinen Kontakt mehr haben
5 ◯ in Kontakt bleiben   **e** etwas sicher haben, z. B. eine Prüfung

b) Ergänzen Sie die Wendungen 1–5 aus a).

1 💬 Habt ihr noch Prüfungen? – 💬 Nein, wir haben das Abitur schon _____.
2 💬 Rufst du mich mal an? – 💬 Klar. Deine Nummer habe ich noch. Wir _____.
3 💬 Wie geht es Tina? – 💬 Keine Ahnung, von Tina habe ich _____.
4 💬 Kommst du auch zum Klassentreffen? – 💬 Ja, ich _____.
5 💬 Wie lange bleibt ihr in Australien? – 💬 Sechs Monate. Im Dezember sind wir _____.

4 Eine Grillparty planen

a) Ergänzen Sie *schon* oder *noch*.

1 💬 Hast du die Einladungen _schon_ verschickt? – 💬 Nein, ich muss sie _noch_ verschicken.
2 💬 Musst du die Getränke _____ bestellen? – 💬 Nein, das habe ich _____ gemacht.
3 💬 Haben wir _____ alles vorbereitet? – 💬 Nein, wir müssen die Abizeitung _____ kopieren.
4 💬 Hat Katta sich _____ angemeldet? – 💬 Nein, ich habe _____ nichts von ihr gehört.
5 💬 Seid ihr _____ fertig? – 💬 Nein, wir sind _____ nicht fertig.

🔊 1.07 **b)** Hören Sie die Minidialoge aus a) und kontrollieren Sie Ihre Ergebnisse.

🔊 1.08 **c)** Hören Sie die Fragen aus a) und antworten Sie.

5 Die Party ist am Samstag

▶ 1.02 **a)** Videokaraoke. Sehen Sie sich das Video an und antworten Sie.

b) Sehen Sie sich das Video noch einmal an und schreiben Sie eine Checkliste.

Nina: Würstchen, ...

Leo: Grill, ...

Ich: ....

c) Wer soll was machen? Schreiben Sie wie im Beispiel.

Leo soll einen Grill und ... .

Ich soll ... .

der Grill

siebzehn 17

ÜBUNGEN

6 Das Wetter

a) Der Wetterbericht für Samstag. *Am Vormittag* (1), *am Mittag* (2), *am Nachmittag* (3) oder *am Abend* (4)? Hören Sie den Wetterbericht und ergänzen Sie die Tageszeiten.

am Vormittag:

heiß, bewölkt,

26–28 °C

b) Hören Sie noch einmal und ergänzen Sie die Wetterinformationen in a) wie im Beispiel.

7 Plan B

a) Lesen Sie die Mail von Nina. Sind die Aussagen richtig (r) oder falsch (f)? Ergänzen Sie.

1 ◯ Das Wetter wird schlecht.
2 ◯ Nina schreibt an eine Freundin.
3 ◯ Sie hat schon einen Plan B.
4 ◯ Sie hat zuhause keinen Platz.
5 ◯ Sie sagt die Party ab.
6 ◯ Sie meldet sich bald.

Grillparty: Plan B?
Nina123
an: b.schneider   09:51 (vor 13 Minuten)

Liebe alle,
vielleicht habt ihr auch schon den Wetterbericht gehört … Heute Abend gibt es ein Gewitter! Wir können uns nicht im Park treffen. Schade! Ich habe mich so auf die Party gefreut! Ich habe schon Getränke gekauft, und der Kartoffelsalat ist auch fertig. Aber meine Wohnung ist leider viel zu klein für alle. Was sollen wir jetzt machen? Wer hat einen Plan B? Ich hoffe, dass ihr eine gute Idee habt. Bitte meldet euch bald!

Viele Grüße
Nina

---

b) Ihr Plan B. Wählen Sie einen neuen Termin oder einen anderen Ort und schreiben Sie Nina eine Antwort. Es gibt mehrere Möglichkeiten. Die Sätze helfen.

> Das Wetter wird am Sonntag besser. • Wir können auf dem Balkon grillen. • Die Grillparty kann also stattfinden. • Alles kein Problem. • Meine Wohnung ist groß genug für alle. • ~~Den Wetterbericht habe ich auch gehört.~~ • Wir feiern dann im Park. • Meldest du dich?

Liebe Nina,

den Wetterbericht habe ich auch gehört. …

Viele Grüße

KLASSENTREFFEN

8 Partygespräche

a) Hören Sie die Minidialoge und lesen Sie mit. Ordnen Sie dann passende Bilder zu.

Dialog 1 ○ Gibt es noch Tofu-Würstchen?
○ Ja, aber sie sind noch nicht fertig.
○ Dann probiere ich sie später.

Dialog 2 ○ Hast du Ella schon gesehen?
○ Sie steht dort neben Leo.
○ Ach, jetzt sehe ich sie auch.

Dialog 3 ○ Wer hat den Kartoffelsalat gemacht?
○ Warum? Schmeckt er nicht gut?
○ Doch, Nina. Ich finde ihn total lecker!

Dialog 4 ○ Schön, dass ihr auch gekommen seid!
○ Etwas spät. Mein Fahrrad ist kaputt.
○ Wir sind zu Fuß gekommen.

Dialog 5 ○ Wo ist denn das Bier?
○ Ich glaube, es ist unter dem Tisch.
○ Nein, da habe ich es nicht gesehen.

Dialog 6 ○ Ich muss morgen früh aufstehen.
○ Ich auch. Ich nehme den nächsten Bus.
○ Ich kann dich im Auto mitnehmen.

Dialog 7 ○ Nele, Tom! Das gibt es nicht! Wie geht's?
○ Hallo Nina. Vielen Dank für die Einladung!
○ Ich habe euch echt lange nicht gesehen!

Dialog 8 ○ Ich glaube, ich gehe bald nach Hause.
E ○ Sind wir so langweilig?
○ Nein, dieses Wetter macht mich total müde.

A B C D
E F G H

b) Markieren Sie die Personalpronomen in den Minidialogen in a) und ergänzen Sie die Tabelle.

| Nominativ | ich | _____ | er | es | sie | _____ | _____ | sie/Sie |
| Akkusativ | _____ | dich | _____ | _____ | _____ | uns | euch | _____ |

9 Sie haben sich lange nicht gesehen

a) Reflexiv oder nicht? Lesen Sie die Sätze und kreuzen Sie an.

　　　　　　　　　　　　　　　　　　　　　　　　　　　　　　　　　ja　nein

1 „Ist das Liams neue Freundin? Wo haben sie sich denn kennengelernt?" X ○
2 „Ich soll Lisa ein paar Partyfotos schicken. Erinnerst du mich bitte?" ○ ○
3 Nina wundert sich, dass Felix nicht gekommen ist. ○ ○
4 Nele, Tom und Nina haben sich lange nicht gesehen. ○ ○
5 „Natürlich kenne ich Lisa. Ich treffe sie samstags oft auf dem Markt." ○ ○
6 Erinnerst du dich an Liam? Er war auf Leos Party auch dabei. ○ ○
7 „Wo ist denn Toms neues Fahrrad? Ich habe es noch nicht gesehen." ○ ○
8 „Wer ist denn das dort neben Tom? Ich kenne ihn nicht." ○ ○

b) Lesen Sie die Sätze in a) noch einmal und ergänzen Sie.

Regel: In der 3. Person Singular und Plural heißt das Reflexivpronomen immer _____.

neunzehn 19

ÜBUNGEN

10 *Schade, dass du nicht dabei warst!*

a) Nina telefoniert mit Felix.
Hören Sie das Gespräch. Wo war die Party?
Kreuzen Sie an.

A **B**

b) **Wie war die Party? Hören Sie das Gespräch noch einmal und notieren Sie.**

1 Wie war die Party? *total toll*

2 Wie war das Wetter? _____

3 Wer hat den Kartoffelsalat gemacht? _____

4 Wer hat Gitarre gespielt? _____

5 Wie lange hat die Party gedauert? _____

6 Wo findet die nächste Party statt? _____

7 Was machen Nina und Felix am Abend? _____

c) *Nina hat gesagt, dass ...* Ergänzen Sie wie im Beispiel.
Die Antworten aus b) helfen.

1 Nina hat gesagt, dass die Party total toll war.

11 Nach der Party

a) Ninas Gäste haben nicht alles mitgenommen. Wem gehört was? Notieren Sie wie im Beispiel.

Das ist Liams Tisch.

Liam   Ella   Tom   Ella   Leo

b) Hören Sie und kontrollieren Sie Ihr Ergebnis aus a).

c) Hören Sie die Fragen noch einmal und antworten Sie mit Ihren Angaben aus a).

12 Wendungen aus Partygesprächen

a) Wählen Sie fünf gute Themen aus und kreuzen Sie an.

1 ◯ Musik   3 ◯ Urlaub   5 ◯ Beruf   7 ◯ Freunde
2 ◯ Prüfungen 4 ◯ Krankheiten   6 ◯ Sport   8 ◯ Geld

b) Ordnen Sie den Themen aus a) passende Fragen zu.

a ◯ Wohin fahrt ihr dieses Jahr?   f ◯ Hast du das Spiel gesehen?
b ◯ Wie geht's Eva eigentlich?   g ◯ Wie war das Konzert am Samstag?
c ◯ Ich klettere jetzt viel, und du?   h ◯ Und? Macht die Arbeit noch Spaß?
d ◯ Der DJ ist echt total klasse, oder?   i ◯ Hast du mal was von Lorenzo gehört?
e ◯ Und was machst du beruflich?   j ◯ Du siehst toll aus! Wie war's denn in Spanien?

c) Vergleichen Sie Ihre Angaben in a) und b). War Ihre Auswahl in a) richtig?

KLASSENTREFFEN

Fit für Einheit 2?

1 Mit Sprache handeln

Einladungen schreiben
Einladung zum/zur ... am ... um ... Uhr
Wir feiern in der Goethestraße / im Garten / ...
Bitte bring(t) gute Laune/Spiele/... mit.
Bist du / Seid ihr dabei?
Melde dich / Meldet euch bitte (an).

ein Treffen / eine Party organisieren
Hast du schon die Einladungen verschickt / Brot gekauft?
Ich muss noch (die) Getränke bestellen / einen Salat machen / ... anrufen.
Tobi soll seinen Grill / seine Gitarre / ... mitbringen.

Informationen weitergeben
Ich hätte nicht gedacht / habe gehört/gelesen, dass Basti zum Klassentreffen kommt.
In der Einladung / Im Text / Hier steht, dass die Party im Park stattfindet.
Die anderen meinen, dass Patrick gern und viel redet.

über die eigene Person sprechen
Ich kann mich gut an meine Schulzeit / die Prüfungen erinnern.
Meine Lieblingsfächer sind/waren Englisch und Musik.
Mein Traumberuf ist/war Journalist*in.
Ich fotografiere (nicht) gerne und kann (nicht) gut kochen.
In zwei Jahren arbeite/studiere/lebe ich in Deutschland.
Ich habe (k)einen Spitznamen. Meine Freunde nennen mich ...

2 Wörter, Wendungen und Strukturen

Verben mit Reflexivpronomen
sich (an)melden	Katta hat sich noch nicht angemeldet.
sich erinnern	Der Schulausflug nach Prag war toll! Erinnerst du dich?
sich sehen	Wir haben uns lange nicht mehr gesehen!
sich kennen	Sie kennen sich noch aus der Schulzeit.
sich freuen	Freut ihr euch auch schon?

Nebensatz mit *dass*
Franzi sagt: „Paul hat in München studiert."   Franzi sagt, dass Paul in München studiert hat.
Katta meint: „Tobi hat sich nicht verändert."   Katta meint, dass Tobi sich nicht verändert hat.

Genitiv -s
Kennst du die Eltern von Tobi?   Kennst du Tobis Eltern?
Hast du den Salat von Caro schon probiert?   Hast du Caros Salat schon probiert?

3 Aussprache

das *-ch* im Auslaut: Ich sehe euch doch noch nach dem Kurs, oder?

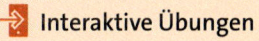 Interaktive Übungen

MOBIL LEBEN

Mobil in Münster

Münster und Fahrräder – das gehört zusammen! Die Stadt hat schon oft Preise bekommen, weil sie besonders fahrradfreundlich ist. In Münster leben 310.000 Einwohner*innen, es gibt 500.000 Fahrräder und 4.500 km Radwege in der Stadt und Region. Kein Wunder, dass sehr viele Menschen mehr als ein Rad haben: ein Rad für den Alltag und ein Rad für die Freizeit.

In Münster gibt es heute viele Fahrradparkhäuser, weil das Parken früher ein Problem war. Die Radstation am Hauptbahnhof ist mit 3.300 Parkplätzen am größten.

Für manche Menschen ist das Auto aber immer noch wichtiger als das Fahrrad, weil sie zum Beispiel auf dem Land leben. Dort gibt es nicht viele Bahn- oder Busverbindungen.

Die Radstation am Bahnhof

1 **Typisch Münster**
  a) Sehen Sie sich die Fotos an und berichten Sie.
  b) Sammeln Sie Informationen im Magazinartikel. Die Zahlen helfen.

2 **Carina und Sascha**
  a) Welche Verkehrsmittel nutzen sie? Lesen Sie die Porträts und berichten Sie.
  b) Hören Sie die Interviews. Notieren Sie Informationen und vergleichen Sie.
  c) Carina oder Sascha? Ordnen Sie die Aussagen zu und berichten Sie.

3 **Thema Mobilität.** Machen Sie ein Wörternetz.

  die Mobilität — das Fahrrad — am praktischsten

4 Rad, Auto, Bus, U-Bahn, …? Was nutzen Sie wann und warum? Berichten Sie.

2

HIER LERNEN SIE:
- über Mobilität sprechen
- Verkehrsmittel vergleichen
- Gründe nennen
- eine Reise planen
- Wendungen grob übersetzen

Die Fußgängerzone in Münster

Fahrräder haben Vorfahrt!

Carina Lang (22) studiert Medizin an der Universität. Mit dem Semesterticket kann sie preiswert mit dem Bus und der Bahn fahren. Aber sie hat auch zwei Fahrräder, weil sie Radfahren in Münster am praktischsten findet.

Sascha Faber (28) wohnt mit der Familie auf dem Land in der Nähe von Münster und arbeitet in der Stadt. Er fährt lieber mit dem Auto zur Arbeit, weil die Fahrt mit dem Bus viel länger dauert.

» In die Uni, zum Supermarkt oder abends in die Altstadt – mit dem Rad geht das am schnellsten. Ich bin immer flexibel und brauche keine Fahrpläne. «

» Es geht nicht ohne Auto, weil wir im Dorf keine schnelle Busverbindung und keinen Bahnhof haben. Es gibt also keine Alternative. «

dreiundzwanzig 23

Eine Reise planen

1 Ein Wochenende planen

a) Noah möchte Alina besuchen. Welches Verkehrsmittel nimmt er? Warum? Lesen Sie den Dialog und berichten Sie.

- Hallo Alina, ich plane gerade unser Wochenende.
- Super! Kommst du mit der Bahn oder mit dem Bus?
- Tja, am liebsten natürlich mit dem Bus, weil der am billigsten ist. Aber am besten ist heute die Verbindung mit dem Zug. Dann bin ich kurz vor halb 10 in Leverkusen.
- Ja, das ist auch gut! Dann nimm doch den Zug und schick mir eine Nachricht. Ich hole dich ab.
- *In Ordnung, bis dann. Tschüss!*

Alina telefoniert mit Noah.

b) Noahs Reiseplanung. Welche Verbindung nimmt er? Wählen Sie aus.

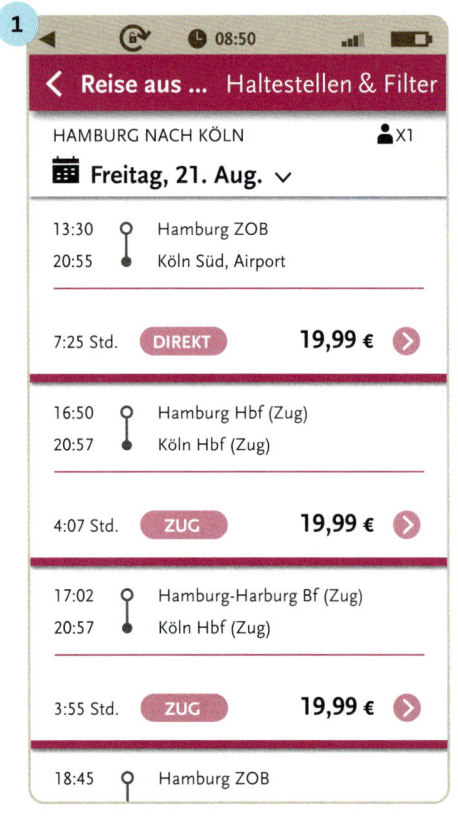

Mist! Ich habe den Zug verpasst. Ich komme jetzt mit dem IC und bin um 21:54 in Leverkusen.

☹ Schade, ich hole dich am Bahnhof ab. ❤

c) Welche Verbindung bucht Noah? Sammeln Sie Informationen zu Abfahrt, Ankunft, Dauer und Preis.

d) Noah kommt später. Wann und warum? Lesen Sie die Nachrichten und berichten Sie.

2 Reisen in Deutschland und anderen Ländern

Vergleichen Sie.

> ... dauert länger als ... • ... ist billiger als ... • ... ist genauso schnell wie • ...

Bei uns in Argentinien dauert die Fahrt mit der Bahn viel länger als mit dem Bus und ist viel billiger.

Bei uns in Japan sind die Züge genau so teuer wie in Deutschland, aber pünktlicher.

MOBIL LEBEN 2

3 Informationen im Bahnhof

a) Was kann man den Mitarbeiter fragen? Sehen Sie sich das Foto an und sammeln Sie.

Wo fährt der ICE nach Köln ab?

b) Vergleichen Sie die Dialoge mit Ihren Fragen aus a).

1 💬 Entschuldigung, wo fährt der ICE um 13:09 ab?
   💬 Aus Gleis 9. Der ICE hat aber leider 20 Minuten Verspätung.

2 💬 Kann ich mit der Fahrkarte auch einen anderen Zug nehmen?
   💬 Nein, das geht leider nicht. Die Fahrkarte ist nur für diesen Zug gültig.

3 💬 Muss ich umsteigen?
   💬 Ja, in Köln. Der Zug nach Bonn fährt dann aus Gleis 9.

4 💬 Wann fährt der nächste Zug nach Köln-Deutz?
   💬 In 15 Minuten aus Gleis 4.

c) Orte, Zeiten, Gleise. Variieren Sie die Dialoge in b).

4 Busfahren ist am billigsten

a) Mobilität und Reisen. Sprechen Sie schnell.

Busfahren		am bequemsten.
Bahnfahren	ist	am billigsten.
Autofahren	finde ich	am besten.
Radfahren		am interessantesten.
Skateboardfahren		am teuersten.

b) *Am billigsten.* Sammeln Sie Superlative auf den S. 22–25.

1 lang – länger – am längsten
2 groß – größer – ...
3 praktisch – praktischer – ...
4 schnell – schneller – ...
5 billig – billiger – ...
6 gut – besser – ...

c) Reiseverbindungen. Was ist am billigsten / am schnellsten / ...?
Lesen Sie die Informationen in 1b) und berichten Sie.

Der ICE ist am teuersten.

5 Das Europa-Quiz

a) Fragen Sie. Ihr/e Partner/in antwortet.

1 Welcher Berg ist am höchsten?   der Mont Blanc / die Zugspitze / der Feldberg
2 Welche Stadt ist am größten?   Paris/Berlin/Warschau
3 Welcher Fluss ist am längsten?   die Donau / der Ebro / der Po
4 Welche Universität ist am ältesten? Bologna/Heidelberg/Prag
5 Welche Hauptstadt ist am kleinsten? Valletta/Luxemburg/Kopenhagen

Am höchsten ist ...

b) Mein Land / meine Stadt / meine Region. Bereiten Sie ein Quiz vor und fragen Sie im Kurs.

Mobil leben & arbeiten

1 Ich fahre am liebsten nach London, weil …

a) Gründe nennen. Sprechen Sie schnell.

Ich fahre am liebsten nach	London,	weil das Wetter dort am schönsten ist.
	Wien,	weil die Restaurants dort am besten sind.
	Paris,	weil die Museen dort am interessantesten sind.
	Zürich,	weil man dort am billigsten shoppen kann.
	…	weil die Clubs dort am coolsten sind.

b) Sammeln Sie die Nebensätze mit *weil* auf den S. 22–26 und markieren Sie die Verben.

c) Vergleichen Sie die Sätze mit *weil* mit den Sätzen mit *dass* in Einheit 1, S. 13. Ergänzen Sie die Regel.

Regel: In Nebensätzen mit *dass* oder *weil* steht das Verb _____ .

2 … nach Paris, weil …

a) Hören Sie die Sätze und lesen Sie mit. Markieren Sie die Intonation wie im Beispiel.

1 Ich fahre gern nach Paris.

   Ich fahre gern nach Paris, weil ich Französisch lerne.

2 Ich plane ein Wochenende in Prag.

   Ich plane ein Wochenende in Prag, weil ich dort eine Freundin habe.

3 Ich nehme drei Äpfel mit.

   Ich nehme drei Äpfel mit, weil ich unterwegs immer Hunger habe.

b) Hören Sie die Sätze aus a) noch einmal und lesen Sie mit. Markieren Sie die Pausen (I).

c) Lesen Sie die Sätze aus a) laut. Achten Sie auf die Intonation und die Pausen.

3 Eine Woche, drei Städte

a) Sie sind in Frankfurt am Main und möchten mit der Bahn drei Städte in Nord- oder Süddeutschland besuchen. Sie haben eine Woche Zeit. Recherchieren Sie Fahrpläne und Sehenswürdigkeiten und planen Sie das Programm.

Die Reiseplanung
(Stralsund > Rostock > Lübeck)

08. August
7:58   Abfahrt Frankfurt/M. Hauptbahnhof
15:53   Ankunft Stralsund Hauptbahnhof
17:00   Spaziergang am Hafen
…

09. August
09:11   Abfahrt mit dem Bus vom Hotel
        zum OZEANEUM
…

Im OZEANEUM in Stralsund

Stralsund finde ich toll, weil es dort das Aquarium Ozeaneum gibt.

b) Präsentieren Sie Ihre Ergebnisse. Die anderen kommentieren.

Klasse! Das finde ich auch interessant!

MOBIL LEBEN

2

4 Arbeiten im Zug – ein Interview

a) Name? Beruf? Arbeitsplatz? Lesen Sie das Interview schnell und sammeln Sie.

Arbeitsplatz aktuell
Im Fokus: Arbeiten bei der Bahn

Leni Stadler ist Kundenbegleiterin bei der SBB, das ist die Schweizerische Bundesbahn AG. Wir haben nachgefragt.

Frau Stadler, seit wann arbeiten Sie als Kundenbegleiterin bei der SBB?
Ich arbeite jetzt schon seit vier Jahren als Kundenbegleiterin. Ich habe die Ausbildung und dann die Prüfung bei der SBB gemacht. Das hat acht Monate gedauert.

Auf welchen Strecken fahren Sie besonders oft?
Ich fahre regelmäßig von Zürich nach Bellinzona oder nach Genf. Auf der Strecke wechseln wir die Sprachen: Von Deutsch nach Italienisch oder Französisch.

Oh, das ist interessant. Wie viele Sprachen sprechen Sie denn?
Also, ich spreche Deutsch, Englisch und Französisch, und im Moment lerne ich noch Italienisch.

Für den Job braucht man mindestens zwei Sprachen. Unsere Ansagen sind mehrsprachig, weil unsere Kundinnen und Kunden international sind.

Leni Stadler kontrolliert Billets.

Welche Aufgaben haben Sie im Zug?
Ich kontrolliere Billets, mache Durchsagen und berate die Kundinnen und Kunden. Manche haben ihr Velo dabei und brauchen noch ein Velobillet.

Was lieben Sie an Ihrer Arbeit?
Ich mag Menschen und fahre gern mit ihnen durch die Schweiz. Das Land ist so schön: Wälder, Berge, Seen, Städte. Und ich sehe das alles jeden Tag. Am liebsten im Winter. Dann haben wir Schnee.

Interview von Johannes Wolff

b) Ausbildung, Orte, Sprachen, Aufgaben. Sammeln Sie im Wörternetz und vergleichen Sie.

🔊 1.23 c) Welche Informationen sind neu? Hören Sie das Interview. Notieren Sie und vergleichen Sie.

d) Schweizer Deutsch verstehen. Was heißt *Ticket*, was heißt *Fahrrad*? Der Text hilft.

5 Die Bahn in Redewendungen

a) Lesen Sie die Dialoge und ordnen Sie sie den Bildern zu.

a Beeil dich! Der Kurs beginnt um acht.
<u>Es ist höchste Eisenbahn</u>.

b Ich <u>habe</u> gestern im Kurs <u>nur Bahnhof verstanden</u>.

c 💬 Akzeptieren Sie die Hausaufgabe noch?
💬 Es tut mir leid, das ist jetzt zu spät. <u>Der Zug ist abgefahren.</u>

b) Welche Redewendung aus a) passt zu welcher Situation? Ordnen Sie zu.

1 ◯ Alle haben laut und viel zu schnell gesprochen.
2 ◯ Komm schnell! Wir müssen los.
3 ◯ Es tut mir leid, es gibt keine Tickets für das Eishockeyspiel mehr.

> Auf Englisch heißt „Es ist höchste Zeit.": „It's high time".

c) Wie heißen die Redewendungen aus a) in Ihrer Sprache? Übersetzen Sie grob und vergleichen Sie.

d) Gibt es Redewendungen zum Thema Bahn auch in Ihrer Sprache? Berichten Sie.

siebenundzwanzig 27

ÜBUNGEN

1 Mobil in Münster

a) Münster in Zahlen. Lesen Sie den Magazinartikel auf S. 22 noch einmal und sammeln Sie Informationen.

a 500.000   b 4.500   c 310.000   d 3.300

a In Münster gibt es ...

b) Wie ist das in Münster? Beantworten Sie die Fragen.

1 Warum hat die Stadt Münster schon oft Preise bekommen?
2 Welcher Fahrradparkplatz in Münster ist am größten?
3 Wie viele Fahrräder haben viele Menschen in Münster?
4 Welche Probleme gibt es mit Bus- und Bahnverbindungen auf dem Land?

c) Was bedeuten die Wörter und Wendungen? Kreuzen Sie an.

1 Münster ist *fahrradfreundlich*.
   a ◯ Es gibt einen Bahnhof.
   b ◯ Es gibt viele Fahrradwege.
   c ◯ Es gibt sehr viele Parkhäuser für Autos.

2 Münster hat schon oft *Preise bekommen*.
   a ◯ Die Stadt war oft Sieger.
   b ◯ In Münster kann man günstig einkaufen.
   c ◯ Münster hat schon oft Geld bekommen.

3 Viele Menschen *wohnen auf dem Land*.
   a ◯ Sie wohnen in einem Dorf.
   b ◯ Sie wohnen in Kleinstädten.
   c ◯ Sie wohnen in einer Stadt.

4 *Kein Wunder*, dass ...!
   a ◯ Keiner weiß, dass ...
   b ◯ Keiner sagt, dass ...
   c ◯ Es ist klar, dass ...

2 Carina und Sascha im Interview

Wer sagt was? Lesen Sie die Porträts auf S. 23 und kreuzen Sie an.

		Carina	Sascha
1	Wie finden Sie die Verkehrssituation in Münster?		
a	Sehr gut. Ich wohne in der Stadt und habe eigentlich keine Probleme.	◯	◯
b	Na ja, ich möchte eigentlich lieber mit dem Bus in die Stadt fahren.	◯	◯
2	Welche Verkehrsmittel nutzen Sie jeden Tag?		
a	Ich fahre immer mit dem Auto in die Stadt. Für mich gibt es keine Alternative.	◯	◯
b	Das Fahrrad. Das ist am schnellsten.	◯	◯
3	Haben Sie oft Parkplatzprobleme?		
a	Ja, im Zentrum finde ich oft keinen Parkplatz.	◯	◯
b	Eigentlich nicht so oft. Aber manchmal muss ich mein Rad lange suchen!	◯	◯
4	Was kann die Stadt für Sie noch besser machen?		
a	Nichts. Es gibt schon sehr viele Radwege.	◯	◯
b	Wir brauchen dringend bessere Busverbindungen!	◯	◯
5	Warum fahren Sie nicht mit dem Bus?		
a	Ich bin gern flexibel.	◯	◯
b	Bei uns fahren nicht so viele Busse.	◯	◯

MOBIL LEBEN 2

3 Unterwegs

a) Verbinden Sie. Es gibt neun Möglichkeiten.

1 eine Verbindung   a buchen
2 eine Fahrkarte   b suchen
3 mit dem Bus / mit der Bahn   c fahren
4 Verspätung   d kaufen
   e haben

Mit der Bahn fahren

b) Ergänzen Sie die Minidialoge mit Wortverbindungen 1–4 aus a).

1 💬 Fährst du über Frankfurt nach Köln? 💬 *Nein, ich habe eine andere Verbindung.*

2 💬 Hast du schon eine Fahrkarte? 💬 Nein, ich muss noch _____

3 💬 Nimmst du den Bus? 💬 Nein, _____

4 💬 Kommt dein Zug pünktlich an? 💬 Nein, _____

🔊 1.24 c) Hören Sie die Minidialoge aus b) und kontrollieren Sie.

4 *Komm, wir fahren nach …!*

🔊 1.25 a) Noah und Alina unterhalten sich. Was planen sie? Hören Sie den Dialog und kreuzen Sie an.

1 ○ Eine Radtour nach Hamburg.   2 ○ Eine Woche Urlaub.   3 ○ Ein Wochenende in Münster.

b) Was ist richtig? Hören Sie noch einmal und wählen Sie Gründe aus.

1 Noah kommt freitags immer spät bei Alina an,
   a ○ weil die Fahrt ziemlich lange dauert.
   b ○ weil der Bus immer Verspätung hat.

2 Alina fährt oft mit der Bahn durch Münster,
   a ○ weil sie dort Freunde besucht.
   b ○ weil sie Noah in Hamburg besucht.

3 Alina findet es schade,
   a ○ dass Noah nicht viel Zeit für sie hat.
   b ○ dass Noah nächsten Samstag in Münster ist.

4 Noah sagt,
   a ○ dass er noch nie in Münster war.
   b ○ dass Münster näher als Leverkusen ist.

c) Was recherchiert Noah für das Wochenende? Notieren Sie weitere Möglichkeiten.

Bus- und Bahnverbindungen, …

5 Uhrzeiten und Preise

🔊 1.26 a) Wann fährt der Zug ab? Hören Sie die Minidialoge und kreuzen Sie an.

1 a ○ 20:30 Uhr   2 a ○ 19:00 Uhr   3 a ○ 15:55 Uhr   4 a ○ 11:00 Uhr   5 a ○ 17:05 Uhr
   b ○ 08:30 Uhr   b ○ 07:00 Uhr   b ○ 15:30 Uhr   b ○ 23:00 Uhr   b ○ 18:05 Uhr

🔊 1.27 b) Welche Preise hören Sie? Hören Sie den Dialog und kreuzen Sie an.

1 a ○ 23,90 €   2 a ○ 35,90 €   3 a ○ 32,90 €   4 a ○ 26,90 €   5 a ○ 133,60 €
   b ○ 29,90 €   b ○ 39,90 €   b ○ 22,90 €   b ○ 36,90 €   b ○ 143,60 €

c) Hören Sie den Dialog aus b) noch einmal und ergänzen Sie das Ziel, die Uhrzeiten und die Preise.

Sie fahren mit der Bahn nach _____[1]. Sie fahren um _____[2] Uhr am Morgen ab und wollen um _____[3] Uhr zurückfahren. Die Hin- und Rückfahrt kostet für zwei Personen _____[4] Euro.

ÜBUNGEN

6 An der Information

a) Lesen Sie den Fahrplan und ergänzen Sie.

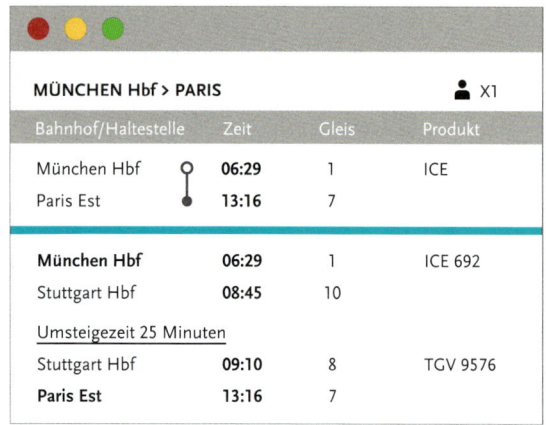

1 Abfahrt in   *München*
2 Uhrzeit
3 Gleis
4 umsteigen in
5 Umsteigezeit
6 Ankunft in
7 Uhrzeit
8 Gleis

b) Ergänzen Sie die W-Fragen.

1 💬 *Wann fährt der …*
    💬 Der nächste Zug nach Paris fährt morgen um 06:29 Uhr.

2 💬 _____
    💬 Sie kommen um 13:16 Uhr an.

3 💬 _____
    💬 Sie müssen in Stuttgart umsteigen.

4 💬 _____
    💬 Die Fahrkarte kostet 79,90 Euro.

5 💬 _____
    💬 Die Fahrkarte können Sie im Reisezentrum kaufen. Das ist dort.

Kundenberaterin am Infoschalter

🔊 1.28   c) Hören Sie den Dialog an der Information und kontrollieren Sie.

7 *Wann kommst du denn?*

▶ 1.03   a) Videokaraoke. Sehen Sie sich das Video an und antworten Sie.

b) Tag? Verkehrsmittel? Abfahrt? Ankunft?
Sehen Sie sich das Video noch einmal an und notieren Sie.

    Tag: Freitag, …

8 Julia fährt am Wochenende nach Hause

🔊 1.29   a) Flüssig sprechen. Hören Sie und sprechen Sie nach.

1 abfahren – um 6:00 Uhr in Kiel abfahren – Ich `fahre` um 06:00 Uhr in Kiel `ab`.
2 umsteigen – um 07:20 Uhr in Hamburg umsteigen – Ich steige um 7:20 Uhr in Hamburg um.
3 ankommen – um 14:00 Uhr in München ankommen – Ich komme um 14:00 Uhr in München an.
4 abholen – am Hauptbahnhof abholen – Ich hole dich am Hauptbahnhof ab.

b) Markieren Sie die trennbaren Verben wie im Beispiel.

MOBIL LEBEN 2

9 Ein Quiz

a) Raten Sie mal! Lesen Sie die Fragen und kreuzen Sie eine Antwort an.

1 Welche Stadt ist am größten?
- a ◯ Bogotá.
- b ◯ Tokio.
- c ◯ Warschau.

2 Welcher Zug ist am schnellsten?
- a ◯ Der chinesische SMT in Shanghai.
- b ◯ Der japanische Shinkansen.
- c ◯ Der französische TGV.

3 Welches Land ist am längsten?
- a ◯ Die USA.
- b ◯ Indien.
- c ◯ Chile.

4 Welcher Berg ist am höchsten?
- a ◯ Der Mont Blanc.
- b ◯ Der Mount Everest.
- c ◯ Der Kilimandscharo.

5 Welche Stadt ist am ältesten?
- a ◯ Damaskus.
- b ◯ New York.
- c ◯ Rom.

Infokästen (auf dem Kopf gedruckt):

- Chile liegt in Südamerika und ist von Norden nach Süden 4.329 Kilometer lang. Kein anderes Land ist länger als Chile!
- Der Mount Everest in Asien ist mit 8.848 Metern am höchsten. Das sind fast neun Kilometer!
- Im Jahr 2021 ist der Shanghai Maglev Train am schnellsten. Er fährt bis zu 430 Kilometer in einer Stunde!
- Die japanische Hauptstadt Tokio ist am größten. Dort leben mehr als 9 Millionen Menschen!
- Die syrische Hauptstadt Damaskus ist am ältesten. Man sagt, sie ist schon über 3.500 Jahre alt!

b) Lesen Sie die Kurzinformationen und vergleichen Sie mit Ihren Angaben in a).

10 Adjektivpaare wiederholen

a) Ergänzen Sie das Gegenteil wie im Beispiel.

1 groß - _____
2 kurz - _____
3 nah - _____
4 selten - *oft*
5 gut - _____
6 viel - _____
7 schnell - _____
8 schwer - _____
9 billig - _____

b) Schreiben Sie wie im Beispiel. Die Adjektivpaare aus a) helfen.

1 Von Hamburg ist Berlin näher als München.
2 Die Verbindung um 14:07 Uhr ist teurer als die Verbindung um 14:38 Uhr.
3 Die Fahrt von Bern nach Basel ist kürzer als die Fahrt von Bern nach Zürich.
4 Ich besuche meine Freunde öfter als meine Eltern.
5 Am Tag fahren mehr Züge als in der Nacht.
6 Das Wetter in Madrid ist besser als in London.
7 Oslo ist größer als Kopenhagen.
8 In Amsterdam gibt es mehr Fahrräder als in Münster.
9 Ein Motorrad ist schwerer als ein Fahrrad.

1 Von Hamburg ist München weiter als Berlin.

einunddreißig 31

ÜBUNGEN

11 Sabine Schneider unterwegs

a) Was ist richtig? Lesen Sie das Porträt und kreuzen Sie an.

Sabine Schneider (26) ist Architektin und arbeitet in einem Büro in der Innenstadt von Hamburg. Sie fährt immer mit der U-Bahn zur Arbeit, weil die U-Bahn schnell und praktisch ist. „Morgens kann ich in der U-Bahn noch ein bisschen schlafen. Und abends kann ich mich entspannen", sagt Sabine. Sie braucht nur 30 Minuten in die Innenstadt. Vom U-Bahnhof Rathaus geht sie zu Fuß zur Arbeit, weil das gesünder ist. Nur im Winter oder bei Regen nimmt Sabine den Bus.

Sabine Schneider in der U-Bahn

1 ◯ Sabine arbeitet im Rathaus in Hamburg.
2 ◯ Sie liest morgens in der U-Bahn gerne die Zeitung.
3 ◯ Mit der U-Bahn braucht sie mehr als eine halbe Stunde in die Innenstadt.
4 ◯ Sie geht von der U-Bahn Haltestelle meistens zu Fuß ins Büro.
5 ◯ Sabine fährt im Winter manchmal mit dem Auto zur Arbeit.

b) Korrigieren Sie die falschen Aussagen.

12 Satzakzent

🔊 1.30

a) Hören Sie die Sätze und lesen Sie mit. Markieren Sie die Intonation wie im Beispiel.

1 Wir brauchen jeden Tag Verkehrsmittel, weil Mobilität im Leben wichtig ist.
2 Stimmt. Die meisten Menschen nutzen das Fahrrad, weil es billig ist.
3 Ich selbst fahre gern Rad, weil es mir Spaß macht.
4 Und es gibt hier viele Fahrradparkhäuser, weil diese Stadt fahrradfreundlich ist.
5 Aber manche Menschen fahren lieber Auto, weil es am schnellsten ist.

b) Hören Sie noch einmal und sprechen Sie nach.

13 Mobil in der Stadt. Verbinden Sie die Sätze wie im Beispiel.

1 Ich gehe oft zu Fuß. Das ist gesund.
2 Ich fahre gern mit der U-Bahn. Das ist in der Stadt am schnellsten.
3 Ich nehme manchmal den E-Roller. Das macht viel Spaß.
4 Ich fahre am liebsten mit dem Fahrrad. Das ist für mich am praktischsten.

1 Ich gehe oft zu Fuß, weil ...

14 Die Bahn in Redewendungen.

🔊 1.31

Hören Sie und ordnen Sie die Wendungen den Dialogen zu.

a ◯ Der Zug ist abgefahren.
b ◯ Es ist höchste Eisenbahn.
c ◯ Ich verstehe nur Bahnhof.

MOBIL LEBEN 2

Fit für Einheit 3?

1 Mit Sprache handeln

über Mobilität sprechen
Unsere Stadt ist sehr fahrradfreundlich. Wir haben viele Fahrradwege.
Es geht nicht ohne Auto, weil wir im Dorf keine Busverbindung haben.
Student*innen können mit dem Semesterticket fahren. Das ist preiswert.

Entschuldigung, wann fährt der nächste Zug nach Köln? — Um 11:37 Uhr.
Muss ich umsteigen? — Ja, in Frankfurt.
Ich komme jetzt doch mit dem Bus, weil ich den Zug verpasst habe.

Verkehrsmittel vergleichen
Mit dem Fahrrad bin ich am schnellsten.
Die Fahrt mit dem Zug ist genauso teuer wie mit dem Bus.
Bei uns in Japan sind die Züge pünktlicher als in Deutschland.

eine Reise planen
Kommst/Fährst du mit dem Bus oder mit der Bahn? — Mit dem Bus. Das ist am billigsten.
Wann kommst du in Münster an? — Um 10:27 Uhr. Holst du mich ab?
In Stralsund besuchen wir das OZEANEUM und besichtigen die Altstadt.
Die Abfahrt ist um 8 Uhr. Die Ankunft ist um 16 Uhr. Diese Verbindung ist am besten.

2 Wörter, Wendungen und Strukturen

Wortfeld Mobilität
der Verkehr, das Verkehrsmittel, fahrradfreundlich, das Fahrradparkhaus, die Fußgängerzone, der ICE, die Busverbindung

Komparation
schnell – genauso schnell wie – schneller als – am schnellsten
gut – genauso gut wie – besser als – am besten
groß – genauso groß wie – größer als – am größten

der Superlativ mit *am*
Ich fahre am liebsten nach Salzburg. Die Stadt finde ich am schönsten.
In Europa ist der Mont Blanc am höchsten. Er ist 4.810 Meter hoch.
Die Fahrt mit dem Bus dauert am längsten.

Nebensätze mit *weil*
Ich fahre mit dem Rad. Das ist am schnellsten. — Ich fahre mit dem Rad, weil das am schnellsten ist.
Ich fahre mit dem Auto. Ich habe keine Alternative. — Ich fahre mit dem Auto, weil ich keine Alternative habe.

3 Aussprache

Intonation und Pausen in Haupt und Nebensätzen: Ich fahre gern nach Leverkusen.

Ich fahre gern nach Leverkusen, weil Alina dort wohnt.

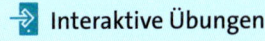 Interaktive Übungen

WOHNEN UND ZUSAMMENLEBEN

das Mehrfamilienhaus
der Balkon
die Terrasse

3 von 4 Deutschen haben einen Balkon oder eine Terrasse.

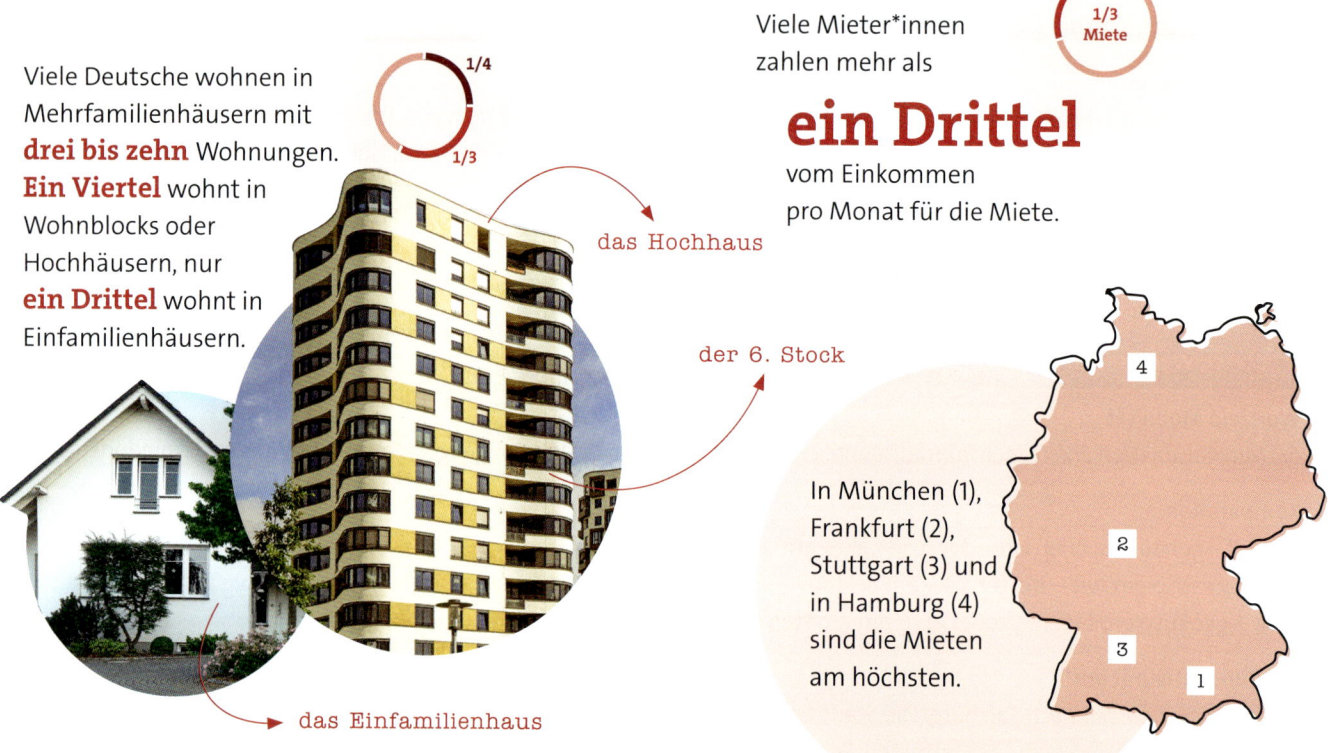

Viele Deutsche wohnen in Mehrfamilienhäusern mit **drei bis zehn** Wohnungen. **Ein Viertel** wohnt in Wohnblocks oder Hochhäusern, nur **ein Drittel** wohnt in Einfamilienhäusern.

das Hochhaus
der 6. Stock
das Einfamilienhaus

Viele Mieter*innen zahlen mehr als

ein Drittel

vom Einkommen pro Monat für die Miete.

In München (1), Frankfurt (2), Stuttgart (3) und in Hamburg (4) sind die Mieten am höchsten.

3 *Zimmer, Küche, Bad, ...* Eine Mietwohnung hat im Durchschnitt drei Zimmer und ist 71 Quadratmeter (m²) groß.

Elf Millionen

Menschen in Deutschland fahren jeden Tag mindestens 30 Minuten zur Arbeit.

54 von 100 Einwohnern wohnen zur Miete – mehr als in anderen europäischen Ländern.

3

HIER LERNEN SIE:
- über Wohnen sprechen
- eine Wohnung suchen
- Kleinanzeigen schreiben
- eine Hausordnung kommentieren
- sagen, was verboten oder erlaubt ist

Wohnen in Deutschland

Zur Arbeit eine Stunde – (k)ein Problem?

» Wir fühlen uns sehr wohl hier. «
D. Goller, 38

Über 18 Millionen Menschen in Deutschland fahren täglich mehr als 17 Kilometer von der Wohnung zur Arbeit und zurück – das ist Europa-Rekord!
5 Jobs, Theater, Clubs und Restaurants – viele Menschen ziehen in die Großstädte, weil sie hier arbeiten oder das Kulturangebot nutzen wollen. Besonders Berlin, München, Frankfurt und Stuttgart sind im
10 Trend. Aber die Mieten sind hoch, weil es zu wenige Wohnungen gibt. Das Wohnen auf dem Land ist oft günstiger und das Pendeln zur Arbeit ist heute für viele normal. Auch Dietmar Goller pendelt.
15 Seine Frau und er wohnen in Merching. Sie haben eine Drei-Zimmer-Wohnung in einem Mehrfamilienhaus. „Wir fühlen uns sehr wohl hier. Die Wohnung ist schön, die Nachbarn sind nett und alle im Haus
20 dürfen einen Hund haben", freut sich Dietmar Goller. Aber es nervt ihn, dass er pendeln muss. Er fährt jeden Tag von Merching zur Arbeit nach München. Das sind 69 Kilometer. Früher ist er mit dem
25 Auto gefahren, aber er hat sich oft über die Staus und die anderen Autofahrer geärgert. Heute fährt er eine Stunde mit der Bahn. „Die Miete für unsere 88 m²-Wohnung ist niedriger als in München.
30 Aber ich verliere jeden Tag viel Zeit, weil das Pendeln so lange dauert", sagt Dietmar Goller.

1 Wohnen in Deutschland
a) Sammeln Sie Informationen zu den Zahlen 54 – 3 – 1/3 – 11 Millionen in der Grafik links und vergleichen Sie.
b) Was erstaunt oder wundert Sie (nicht)? Was finden Sie normal? Kommentieren Sie.
🔴 *Ich hätte nicht gedacht, dass ...*
⚪ *Mich wundert, dass ...*

2 In Merching wohnen, in München arbeiten
a) Lesen Sie den Magazinartikel und erklären Sie den Begriff *pendeln*.
b) *Wo, was, wie oft, wie lange, wie viel, was nervt, ...?* Beschreiben Sie Dietmar Gollers Situation.

3 Täglich mehr als 17 km von der Wohnung zur Arbeit
a) Finden Sie das weit? Wie lange brauchen Sie zur Arbeit, zum Supermarkt, ...? Wie weit ist das? Vergleichen Sie.
b) In der Großstadt oder auf dem Land – wo möchten Sie wohnen? Sammeln Sie Pro- und Kontra-Argumente.

4 Zehn Wörter zum Wortfeld *wohnen*. Markieren Sie auf S. 34–35 und lernen Sie die Wörter.

funfunddreißig

Eine Wohnung suchen

1 Meine Wohnung

Was muss Ihre Wohnung haben? Was muss in der Nähe sein?
Markieren Sie mindestens drei Angaben und berichten Sie.

Für mich ist ein Bad mit Badewanne wichtig.

Ein Sportplatz muss in der Nähe sein.

2 Eine Wohnung finden

a) *Freunde fragen, ein Immobilienbüro anrufen, …* Wo und wie kann man eine Wohnung finden?

b) Abkürzungen verstehen.
Lesen Sie die Anzeige,
erklären Sie die Abkürzungen und
beschreiben Sie die Wohnung.

3-ZKB, BLK, 2. OG, Keller, Nähe HBF
79 m², 790 €+NK, 2 MM KT
Tel: 0162 2089982

4,5-Zi Innen
680 €+N
Tel: 01

Die Wohnung hat drei Zimmer, eine …

3 Größe, Kosten, …

a) Wie kann man nach Wohnungsinformationen fragen? Sammeln Sie Fragen.

Wie hoch sind die Nebenkosten?   *Wie viel kostet …*   *Gibt es … in der Nähe?*

b) Wählen Sie eine Anzeige. Ihr Partner/Ihre Partnerin fragt mit den Fragen aus a). Sie antworten.

Schöne Wohnung sucht neue Mieter

📍 44791 Bochum (Zentrum), Blumenstr.
✓ Bad mit Fenster, Keller

395 € 50,45 m² 2 Zimmer
Kaltmiete Wohnfläche ab 01.11.
103,55 € 1150 €
Nebenkosten Kaution

✉ Anbieter kontaktieren

☆ Merken   ✏ Notizen

Bochum-Zentrum, ruhige Whg.

3 ZKB, 79,5 m², 3. OG, BLK
S-Bahn 5 min, Supermarkt 3 min.
KM 650 €, NK 225,75 €, Kaution 3 MM
frei ab sofort

König-Immobilien, Tel. 0162 2089982

Nette Nichtraucher-WG (2 f/1 m)
sucht fröhlichen Mitbewohner

1 Zi. mit BLK! 16 m², möbliert
Miete 215 € + 95 € NK
Uni mit Bus 370 in 10 min., ab 15.09.

Tel. Felix 0162 2081430 / Jane 0162 2090503
Tel. Felix 0162 2081430 / Jane 0162 2090503
Tel. Felix 0162 2081430 / Jane 0162 2090503

4 Eine Zwei-Zimmer-Wohnung in Zittau

 1.32

Hören Sie und sprechen Sie nach. Achten Sie auf z.

🔴 Ich suche eine Zwei-Zimmer-Wohnung in Zittau.
⚪ Hier! Zweihundertzweiundzwanzig Euro Kaltmiete.
🔴 Zweihundertzweiundzwanzig Euro für eine Zwei-Zimmer-Wohnung in Zittau?!
⚪ Oh, entschuldige. Das sind die Nebenkosten.

Minimemo

z → [ts]

WOHNEN UND ZUSAMMENLEBEN

3

5 Einen Besichtigungstermin vereinbaren

a) Wer sucht was? Lesen Sie die Such-Anzeige und berichten Sie.

 b) Hören Sie das Telefongespräch mit Dimitris Michelakis.
Um welche Wohnung aus 3b) geht es? Ergänzen Sie die Informationen.

 c) Welche Redemittel hören Sie? Markieren Sie und vergleichen Sie.

 d) Wechselspiel. Sie interessieren sich für Wohnung 1. Fragen Sie und machen Sie einen Besichtigungstermin. Ihr Partner/Ihre Partnerin ist der Vermieter/die Vermieterin und antwortet. Wechseln Sie die Rollen. Fragen und antworten Sie zu Wohnung 2.

> Junges Paar und kleiner Hund suchen <u>altes Haus</u> oder <u>neue 2–3 ZKB</u> in Bochum bis 1.000 € warm.
> Tel. 0162 2083640

 1 Neue 3 ZKB, 977,60 €
im Zentrum von Bochum
Tel. 0162 2082784

 2 Helle, sonnige 2 Zi-Whg. sucht ruhigen Mieter, Nähe Bahnhof, **566,73 € + NK**
Mail: 2ZiWhg@example.net

6 Die Wohnungsbesichtigung

 a) Was ist für Lena und Dimitris wichtig? Was fragt Dimitris?
Sehen Sie sich das Video an und sammeln Sie.

b) Passt die Wohnung zu Lena und Dimitris?
Warum (nicht)? Begründen Sie.

> Die Wohnung passt zu Lena und Dimitris, weil sie eine ... hat.

> Ich denke nicht, dass sie passt. Es gibt keine ...

7 Altes Haus sucht junge Familie

a) Kleinanzeigen in Zeitungen und im Internet. Sprechen Sie schnell.

Netter Student		großen Garten / neuen Mitbewohner
Junges Paar	sucht	neue Garage / schöne Wohnung
Große Familie		helles Zimmer / kleines Haus
Fröhliche Großeltern	suchen	alte Möbel / schöne Lampen

b) Markieren Sie die Adjektive ohne Artikel in der Einheit. Ergänzen Sie.

Singular Nom.   d(er): klein**er** Hund   da(s): jung__ Paar   di(e): schön__ Wohnung
         Akk.   den: groß__ Garten   das: alt__ Haus   die: groß__ Familie
Plural   Nom/Akk. die: alt__ Möbel / schön__ Lampen / hell__ Zimmer

8 Flohmarkt

Was suchen Sie – was wollen Sie verkaufen? Schreiben Sie Anzeigen und fragen Sie nach.

Suchen & Verkaufen
Altes Sofa sucht neues Zuhause
Info: sula78@example.com

Suchen & Verkaufen
Verkaufe günstigen Laptop, suche großen Monitor
Info: 0162 2084453

Suchen & Verkaufen
Suche alten Kühlschrank, biete neuen Fernseher
Info: c.ventura@example.com

siebenunddreißig 37

Zusammenleben im Mietshaus

1 Die Hausordnung

a) Was ist eine Hausordnung? Welche Regeln gibt es? Lesen Sie die Landeskunde-Box und berichten Sie.

b) Dürfen Mieter das (✓) oder dürfen sie das nicht (✗)? Lesen Sie die Hausordnung und entscheiden Sie.

1 ◯ Jedes Wochenende grillen die Nachbarn auf dem Balkon.
2 ◯ Gestern haben die Kinder ein Zelt hinter dem Haus aufgebaut.
3 ◯ Ein Nachbar spielt mittags E-Gitarre.
4 ◯ Frau Otto stellt den Kinderwagen immer in den Fahrradkeller.

Hausordnung, Franzstraße 35, Bochum
1. Die Ruhezeiten sind von 13 bis 15 Uhr und von 22 bis 7 Uhr.
2. Das Spielen von Musikinstrumenten ist in den Ruhezeiten verboten.
3. Das Spielen im Treppenhaus ist verboten.
4. Kinder dürfen auf der Wiese spielen, sie dürfen Zelte aufbauen.
5. Das Abstellen von Fahrrädern, E-Rollern oder Kinderwagen im Treppenhaus ist verboten. Bitte nutzen Sie den Fahrradkeller.
6. Schuhe, Kommoden oder Schirme dürfen nicht im Treppenhaus stehen.
7. Das Grillen auf den Balkons ist verboten.
8. Haustiere dürfen keinen Lärm machen und nicht riechen.
Ihre Hausverwaltung

Kinderwagen im Treppenhaus

c) Was dürfen die Mieter, was dürfen sie nicht (= ist verboten)? Sammeln Sie Sätze in der Hausordnung und markieren Sie wie im Beispiel.

... ist erlaubt.

	Position 2		Satzende
Kinder	dürfen	im Garten	zelten.
Man	darf	auf den Balkons	nicht grillen.

Lerntipp
dürfen = ist erlaubt
nicht dürfen = ist verboten.

d) Die Mieter dürfen (nicht) ... Welche Regeln finden Sie gut, welche stören Sie? Kommentieren Sie die Hausordnung.

Ich finde (nicht) gut, dass ...   *Mich stört, dass man nicht grillen darf.*   *Mich wundert, dass ...*

2 wohnen – das Wohnen

a) Aus Verben Nomen machen. Sammeln Sie Beispiele in der Einheit und ergänzen Sie die Nomen.

wohnen – *das Wohnen* spielen – _____ putzen – _____
pendeln – _____ grillen – _____ leben – _____

b) Wie heißt der Artikel? Ergänzen Sie die Regel.
Regel: Aus Verben Nomen machen. Der Artikel ist immer _____.

c) Was ist hier verboten? Was ist erlaubt? Lesen Sie die Schilder vor. Ihr Partner/Ihre Partnerin kommentiert.

Das Rauchen ist hier verboten.

Stimmt, hier darf man nicht rauchen.

38 achtunddreißig

WOHNEN UND ZUSAMMENLEBEN

3

3 Das nervt!

a) *Sich ärgern, sich freuen ...* Was nervt Sie im Haus? Sprechen Sie schnell.

Ich ärgere mich oft über
Ich freue mich über

meine Nachbarn / laute Musik / das Bellen von Hunden / Lärm im Treppenhaus / den Müll im Fahrradkeller / die Kinder / Ordnung / Ruhe im Haus / ...

b) *Sich freuen auf/über, sich interessieren für...* Reflexive Verben mit Präpositionen. Sammeln Sie in der Einheit und markieren Sie wie im Beispiel.

Lena und Dimitris interessieren sich für die Wohnung.
Dietmar Goller hat sich über die Staus geärgert.

Lerntipp
sich interessieren für / sich freuen auf... Reflexive Verben immer mit Präpositionen lernen.

4 Das sieht gemütlich aus!

a) *Warm, entspannt, fröhlich ...* Beschreiben Sie die Fotos.

1  2  3  4

b) Gemütlichkeit. Machen Sie das auch? Hören Sie. Wer die Situationen nicht kennt, bitte wieder setzen!

5 Wir machen es uns auf dem Balkon gemütlich!

a) Was machen Sie auf dem Balkon? Berichten Sie.

Wir essen oft auf dem Balkon.   *Rauchen!*   *Ich stelle dort Sachen ab.*   *Ich habe keinen Balkon, aber meine Freunde ...*

b) Lesen Sie den Magazinartikel. Sammeln Sie Aktivitäten auf dem Balkon und kommentieren Sie.

Garten & Balkon

Der Balkon ist das zweite Wohnzimmer!

Die Deutschen verbringen ihre Freizeit gerne auf dem Balkon. Kein Wunder – hier kann man es sich richtig gemütlich machen! Die Deutschen lieben es grün. Für die grüne Oase auf dem Balkon gibt es bunte Blumen und Pflanzen im Gartencenter. Das Angebot ist groß, und neue Stühle, Tische oder Sofas kann man auch gleich kaufen. Vom Frühling bis zum Herbst sitzen die Deutschen mit Familie und Freunden auf dem Balkon oder genießen einen gemütlichen Abend zu zweit. Für manche ist „Balkonien" sogar ein Urlaubsziel. Auch das Feiern auf dem Balkon ist ganz o.k. – man darf nur nicht die Nachbarn stören oder man lädt sie einfach ein!

Blumen auf dem Balkon – die Idee ist super!   *Ein Balkon ist doch kein Wohnzimmer!*

c) Erklären Sie *das zweite Wohnzimmer, Balkonien* oder *die grüne Oase*.

d) *#balkonliebe* oder *#sogemütlich*. Erstellen Sie eine Bildercollage ODER ein Instagram-Porträt ODER eine Pinnwand. Präsentieren Sie im Kurs.

neununddreißig **39**

ÜBUNGEN

1 **Wohnen in Deutschland**

a) Lesen Sie den Text auf S. 35 noch einmal und kreuzen Sie an.

	richtig	falsch
1 In Berlin, München, Frankfurt und Stuttgart sind Wohnungen oft günstig.	○	⊗
2 Viele Menschen wohnen auf dem Land und pendeln zur Arbeit in die Stadt.	○	○
3 Dietmar Goller und seine Frau leben in Merching. Er arbeitet in München.	○	○
4 Ihre Wohnung hat drei Zimmer und ist 88 m² groß.	○	○
5 Dietmar Goller fährt lieber mit dem Auto zur Arbeit als mit der Bahn.	○	○
6 Er pendelt gern zur Arbeit, weil er viel Zeit hat.	○	○
7 Der Weg von Merching zur Arbeit nach München ist 17 km lang.	○	○

b) Korrigieren Sie die falschen Aussagen.

1 In Berlin, München, Frankfurt und Stuttgart sind die Wohnungen oft ...

2 **Wohnung gesucht!**

a) Welches Thema passt? Lesen Sie die Suchanzeige von Constanze Maurer und kreuzen Sie an.

Junge Familie sucht ...   **1** ○ möblierte Wohnung.   **2** ○ Haus mit vier Zimmern.   **3** ○ 4-ZKB.

Conni M.

▶ **Wohnen in Leipzig – Wohnung, Haus, WG**

Gestern um 19:32 Uhr

Hallo! Wir müssen umziehen. Mein Mann hat einen neuen Job in Leipzig gefunden. Jetzt suchen wir eine helle und große 4-Zimmer-Wohnung in
5 Leipzig-Lindenau. Die Küche muss groß sein. Das Bad soll eine Badewanne und ein Fenster haben. Im Wohnzimmer brauchen wir viel Platz für unsere Möbel. Die Wohnung muss auch eine Terrasse und einen kleinen Garten haben. Wir freuen uns über einen schönen Park in der Nähe. Habt ihr eine Idee? Bitte meldet euch! Am Wochenende können wir uns gern Wohnungen ansehen.
10 Viele Grüße, Constanze

👍 6 Personen gefällt das   3 Kommentare

---

b) Lesen Sie die Suchanzeige noch einmal und ergänzen Sie die Zeilennummer(n) wie im Beispiel.

1 Die Familie möchte in Lindenau wohnen. (*4–5*)   4 Die Familie wünscht sich eine Terrasse und einen Garten. (__)

2 Die Familie wünscht sich eine große Küche. (__)   5 Die Wohnung soll nicht möbliert sein. (__)

3 Das Badezimmer soll hell sein. (__)   6 Am Wochenende hat die Familie Zeit für eine Wohnungsbesichtigung. (__)

WOHNEN UND ZUSAMMENLEBEN

3 Wohnungsanzeige

a) Welche Informationen stehen in einer Wohnungsanzeige? Sammeln Sie Abkürzungen in den Anzeigen auf S. 36–37.

2. OG, KM ...

b) Lesen Sie die Anzeige und erklären Sie die Abkürzungen.

2-ZKB = Zwei Zimmer, Küche, Bad

> **2-ZKB in Nürnberg**
> 56 m², 2. OG, BLK
> zentrale Lage, HBF 12 min
> KM 600 € + NK, KT 2 MM
> Tel. 0162 2084453

c) Beschreiben Sie die Wohnung aus b).

Die Wohnung hat zwei Zimmer ...

4 Wir interessieren uns für die Wohnung

a) Mieter gesucht. Lesen Sie die Anzeigen und ordnen Sie die passenden Überschriften zu.

1 ◯ WG-Zimmer mit Balkon sucht neuen Mieter!
2 ◯ Moderne 3-Zimmer-Wohnung in Hamburg-Eppendorf
3 ◯ Wohnung im Zentrum von Bonn-Beuel ab sofort frei

a
Zentrale 2-ZKB,
EG, sonnige Terrasse
600 € KM, NK 150 €
Tel. 0162 2081430

b
Neue, helle 3 Zi-Whg.
ab sofort zu vermieten!
70 m², große Küche
Tel. 040 32519967

c
Großes 20 m² Zimmer,
Balkon, möbliert,
KM 250 €, NK 65 €
Tel. 0162 2089982

b) Hören Sie die Telefongespräche und ordnen Sie die Anzeigen in a) den Gesprächen zu.

c) Hören Sie das Gespräch 1 noch einmal und notieren Sie die neuen Informationen.

d) Welche Redemittel hören Sie? Hören Sie das Gespräch 3 noch einmal. Kreuzen Sie an.

1 ☒ Ich interessiere mich für die 2-Zimmer-Wohnung in ...
2 ◯ Ist die Wohnung noch frei?
3 ◯ Wie groß ist die Wohnung?
4 ◯ Gibt es einen Balkon?
5 ◯ Wie hoch ist die Kaution?
6 ◯ Hat die Wohnung einen Keller?
7 ◯ Ist eine Haltestelle in der Nähe?
8 ◯ Wie hoch ist die Kaltmiete und wie hoch sind die Nebenkosten?

5 Die Wohnungsbesichtigung

a) Videokaraoke. Sehen Sie sich das Video an und antworten Sie.

b) Sehen Sie sich das Video noch einmal an. Ergänzen Sie dann die Notizen.

2-Zimmer-Wohnung,   *m²,*   *OG, Aufzug*

Balkon, Bad mit

Kaltmiete: Nebenkosten: Kaution:

ÜBUNGEN

6 **Biete schöne und große Wohnung.** Hören Sie und sprechen Sie nach.

 1.38

1 Wohnung – schöne Wohnung – Makler bietet schöne Wohnung.

2 Garten – kleinen Garten – Große Familie sucht kleinen Garten.

3 Internet – schnelles Internet – Die Wohnung hat schnelles Internet.

4 Mitbewohnerin – nette Mitbewohnerin – WG sucht nette Mitbewohnerin.

5 Garage – große Garage – Familie sucht große Garage.

6 Haus – altes Haus – Neue Mieter suchen altes Haus.

7 Unsere Hausordnung

 1.39

a) Welche Regeln stehen in der Hausordnung? Hören Sie und kreuzen Sie an.

1 ◯ Die Mieter dürfen auf dem Balkon nicht grillen.

2 ◯ Hunde sind im Haus verboten.

3 ◯ Es gibt Ruhezeiten: die Mittagsruhe und die Nachtruhe.

4 ◯ Die Mieter müssen das Treppenhaus einmal pro Woche putzen.

5 ◯ Die Kinder dürfen hinter dem Haus spielen.

6 ◯ Die Mieter dürfen ihre Fahrräder nur im Keller abstellen.

7 ◯ Die Mieter dürfen hinter dem Haus nicht rauchen.

b) Was dürfen die Mieter (✓) und was dürfen sie nicht (✗)? Hören Sie noch einmal, sehen Sie sich die Bilder an und entscheiden Sie.

a
b
c
d

c) Beschreiben Sie die Bilder aus b).

> a Die Mieter dürfen hinter dem Haus ...

d) Markieren Sie das Modalverb im Nebensatz wie im Beispiel.

1 Man darf auf dem Balkon nicht grillen. → Mich stört, dass man auf dem Balkon nicht grillen `darf`.

2 Die Kinder dürfen im Garten hinter dem Haus zelten. → Ich finde gut, dass die Kinder im Garten hinter dem Haus zelten dürfen.

3 Die Mieter dürfen in den Ruhezeiten keine Wäsche waschen. → Ich finde gut, dass die Mieter in den Ruhezeiten keine Wäsche waschen dürfen.

4 Man darf die Fahrräder nur im Keller abstellen. → Mich stört, dass man die Fahrräder nur im Keller abstellen darf.

e) Was stört Sie? Was finden Sie gut? Schreiben Sie wie in d).

1 Die Mieter müssen das Treppenhaus einmal pro Woche putzen.

2 Die Kinder dürfen auf dem Spielplatz hinter dem Haus spielen.

3 Man darf hinter dem Haus nicht rauchen.

4 Die Mieter dürfen hinter dem Haus grillen.

WOHNEN UND ZUSAMMENLEBEN

8 Verboten oder erlaubt?

a) Was ist verboten? Was ist erlaubt? Schreiben Sie Sätze wie im Beispiel.

1 Das Essen ist hier ...

b) Wie kann man das anders sagen? Ergänzen Sie passende Sätze wie im Beispiel.

1 Das Parken ist hier verboten.
2 Das Essen und Trinken ist hier erlaubt.
3 Das Grillen ist hier erlaubt.
4 Das Zelten ist hier verboten.
5 Das Telefonieren ist hier verboten.
6 Das Spielen ist hier verboten.

1 Man darf hier nicht parken. / Das Parken ist hier nicht erlaubt. ...

9 Ich ärgere mich über ...

a) Olivia schreibt eine E-Mail an ihren Freund Lasse. Worüber schreibt sie? Lesen Sie die E-Mail und kreuzen Sie an.

1 ○ über die Wohnungssuche   2 ○ über ihre neue Wohnung   3 ○ über ihre Möbel

Hallo Lasse,

wie geht's dir? Es tut mir leid, dass ich mich so lange nicht bei dir gemeldet habe. Aber ich hatte sehr viel zu tun. Ich bin in eine neue Wohnung gezogen. Die Wohnung ist im dritten Stock. Sie hat einen kleinen Balkon, eine große Küche und es gibt auch eine Badewanne. Sie ist wirklich sehr schön, aber ich ärgere mich oft über meine Nachbarn. Sie hören laute Musik, das nervt. Ich ärgere mich auch über die Fahrräder im Treppenhaus. Aber ich freue mich über den Hund von der Mieterin im Erdgeschoss. Ich gehe manchmal mit ihm spazieren. Ich freue mich auch über meinen gemütlichen Balkon. Dort sitze ich oft und lese ein Buch oder höre Musik. Ich freue mich schon auf deinen Besuch! :)

Liebe Grüße von Olivia

b) Lesen Sie die E-Mail noch einmal und markieren Sie die reflexiven Verben mit Präpositionen wie im Beispiel.

c) Olivia ärgert sich / freut sich ... Warum? Notieren Sie.

Sie ärgert sich über ihre Nachbarn, weil ... / Sie freut sich über ...

d) Was passt zusammen? Verbinden Sie und markieren Sie die reflexiven Verben mit Präpositionen wie im Beispiel.

1 Morgen ist Freitag.
2 Heute hat Klaus Geburtstag.
3 Meine Freunde suchen eine neue Wohnung.
4 Die Sonne scheint.
5 Morgen kommt meine Freundin.
6 Hat eure neue Wohnung einen Balkon?

a Er freut sich über seine Geschenke.
b Ich freue mich auf ihren Besuch.
c Freust du dich auch über das schöne Wetter?
d Wir freuen uns auf das Wochenende.
e Freut ihr euch über den Balkon?
f Sie freuen sich auf die Wohnungsbesichtigung.

ÜBUNGEN

10 Das sieht aber gemütlich aus!

a) Selbsttest. Lesen Sie die Sätze und ergänzen Sie die Adjektive im Akkusativ.

~~kalt~~ • nett • bequem • warm • ruhig • interessant

1 Im Sommer liebe ich _kaltes_ Bier.
2 Nach der Arbeit höre ich gern _____ Musik.
3 Ich mag _____ Gespräche mit meinen Nachbarn.
4 Abends trage ich gern _____ Kleidung und trinke auf dem Sofa Tee.
5 _____ Sonne, _____ Buch – ich liebe Urlaub auf Balkonien!

b) Welche Verben passen? Ordnen Sie zu. Die Texte und Anzeigen in der Einheit helfen.

waschen • suchen • spielen • vereinbaren • kaufen • ~~verlieren~~ • bezahlen • putzen

1 Zeit _verlieren_
2 eine Wohnung _____
3 die Miete _____
4 E-Gitarre _____
5 das Treppenhaus _____
6 Stühle, Tische oder Sofas _____
7 die Wäsche _____
8 einen Besichtigungstermin _____

11 Upcycling – ein Wohntrend

a) Was ist Upcycling? Lesen Sie den Instagram-Post und die Kommentare. Kreuzen Sie an.

1 ◯ alte Möbel kaufen   2 ◯ Möbel gemütlich machen   3 ◯ alte Möbel neu machen

Luisa94: Aus alt mach neu! Kennt ihr Upcycling? Neue Möbel kaufen ist zu teuer. Ich habe meine alten Stühle bunt angemalt. Ich finde sie jetzt super modern! Wie findet ihr die Idee? #upcycling #ausaltmachneu
die.mascha Tolle Idee! Die Stühle sehen super aus.
anton24: Wow, die Stühle sind echt schön geworden. Gute Arbeit!!
katiii: Hm, aber die Stühle sehen nicht so gemütlich aus …
Jaska_North: @katiii: Große Kissen machen die Stühle bequem. Super modern, tolle Arbeit @Luisa94!
Tommy86: Naja, schön bunt, aber immer noch altmodisch.

Gefällt 98 Mal

b) Sind die Kommentare pro (+) oder kontra (-) Upcycling?

c) Wie finden Sie die Idee von Luisa94? Lesen Sie den Instagram-Post noch einmal und schreiben Sie eigene Kommentare.

Die Stühle sehen … / Ich finde die Stühle … / Die Idee ist …

WOHNEN UND ZUSAMMENLEBEN

Fit für Einheit 4?

1 Mit Sprache handeln

über Wohnen sprechen

Wir wohnen in einem Mehrfamilienhaus. Unsere Wohnung hat 100 m² und einen großen Balkon. Die Miete ist nicht sehr hoch. Wir fühlen uns hier sehr wohl.

Was muss Ihre Wohnung haben?	Für mich ist eine große Küche wichtig.
Was muss in der Nähe sein?	Ein Park, ein Supermarkt, …

eine Wohnung suchen

Wie groß ist die Wohnung?	Wie hoch ist die Kaution / die Warmmiete?
Ist die Wohnung noch frei?	Hat die Wohnung einen Keller?

eine Hausordnung kommentieren

Ich finde (nicht) gut, dass es Ruhezeiten gibt.
Mich stört, dass man nicht grillen darf.
Mich wundert, dass Hunde im Haus verboten sind.

2 Wörter, Wendungen und Strukturen

Wohnungsinformationen – Abkürzungen verstehen

Whg.	die Wohnung		KM	die Kaltmiete
2 ZKB	2 Zimmer, Küche, Bad		NK	die Nebenkosten
BLK	der Balkon		KT	die Kaution
1. OG	1. Obergeschoss / 1. Etage / 1. Stock		MM	die Monatsmiete

Adjektive ohne Artikel

Große Familie sucht kleinen Garten.   Junges Paar sucht schöne Wohnung.
Fröhliche Großeltern suchen großes Haus.   Netter Student sucht alte Möbel.

Modalverb *dürfen*

Man darf Fahrräder, E-Roller und Kinderwagen im Hausflur nicht abstellen. Kinder dürfen auf der Wiese spielen.

reflexive Verben mit Präpositionen

sich freuen auf/über	Ich freue mich auf deinen Besuch. / Wir freuen uns über deinen Besuch.
sich ärgern über	Er ärgert sich über seine Nachbarn.
sich interessieren für	Sie interessieren sich für die Wohnung.

aus Verben Nomen machen   **sagen, was verboten oder erlaubt ist**

spielen – das Spielen   Das Spielen ist hier erlaubt.
   Die Kinder dürfen hier spielen.

grillen – das Grillen   Das Grillen ist hier verboten / nicht erlaubt.
   Die Mieter dürfen hier nicht grillen.

3 Aussprache

das -z-: Ich suche eine **Z**wei-**Z**immer-Wohnung in **Z**ittau. Die Nebenkosten sind **z**weihundert**z**weiund**z**wanzig Euro.

→ Interaktive Übungen

HAST DU NETZ?

HIER LERNEN SIE:
- über Handys und Medien sprechen
- eine Grafik kommentieren
- indirekt nachfragen
- die eigene Meinung sagen

 Radio hören **100** Minuten am Tag

fernsehen **211** Minuten am Tag

Online-Videos sehen **24** Minuten am Tag*
*kostenlose Videos

Videospiele spielen **30** Minuten am Tag

Medien-Monitor

Deutschland in Zahlen

Internet nutzen **101** Minuten am Tag

Bücher lesen **26** Minuten am Tag

Das höre ich gern!

Podcasts liegen voll im Trend

Podcasts hören, E-Books lesen oder Online-Videos sehen – Medien gehören zum Alltag. Wir nutzen sie zum Recherchieren, zum Arbeiten und zum Entspannen. Wir lesen,
5 hören, sehen und schreiben den ganzen Tag. Egal ob Bücher, Zeitungen, Radio, Fernsehen oder digitale Medien wie Blogs, Podcasts oder Social Media. Die Medien verändern sich, und wir kommunizieren heute anders als vor zehn
10 Jahren.
Wir lesen z. B. lieber kurze Kommentare als lange Artikel. Wir schreiben lieber kurze Nachrichten als lange E-Mails. Und wir lieben Podcasts.

15 Das Hören von Podcasts liegt voll im Trend. Vielen gefällt das Podcast-Angebot, weil es interessante Themen gibt wie z. B. Fitness, Reisen oder Politik. Genau diese Themen kann man suchen und dann hören. Podcasts sind
20 auch beliebt, weil man viel lernen kann. Der Trend geht weiter: lieber Sprachnachrichten als Textnachrichten. Wir tippen nicht mehr, wir sprechen lieber eine Nachricht. Das spart Zeit. Die große Frage ist also, ob wir in der Zukunft
25 noch weniger und kürzer schreiben. Was ist der nächste Trend?

4

1. **Medien im Alltag**
   a) Welche Medien nutzen Sie oft, selten oder nie? Berichten Sie.
   💬 *Ich sehe nie fern.*
   💬 *Ich höre selten Radio.*
   b) Was machen Sie mit dem Smartphone? Fragen und antworten Sie.
   💬 *Ich mache Fotos.*
   💬 *Mein Handy weckt mich jeden Morgen.*

2. **211 Minuten.** Sammeln Sie Informationen im Medien-Monitor und kommentieren Sie.
   💬 *211 Minuten am Tag fernsehen? Das sind ja mehr als drei Stunden! Ich finde, das ist sehr viel.*

3. **Lesen, hören oder fernsehen?**
   a) Lesen Sie den Artikel. Markieren Sie die Medien.
   b) Sammeln Sie die Trends. Vergleichen Sie.
   c) Und Sie? Welche Medien haben Sie diese Woche schon genutzt?
   💬 *Ich habe gestern einen Podcast gehört.*

4. **Eine Party?** Lesen Sie den Cartoon. Haben Sie die Situation auch schon erlebt? Wie haben Sie reagiert?

5. **Was ist der nächste Trend?** Was denken Sie?
   💬 *Ich denke/meine, der nächste Trend ist/sind …*
   💬 *Ich habe gelesen/gehört, dass …*

siebenundvierzig 47

Ohne Smartphone geht's nicht!

1 Ein Gerät – tausend Aktivitäten

a) Was machen die Personen? Sehen Sie sich das Foto an und beschreiben Sie.

- 170 Euro an Paul überweisen. €
- Warte mal, ich mache schnell ein Foto.
- Habe ich die Datei schon heruntergeladen?
- 1 Esslöffel Öl, 500 g Nudeln, 4 Tomaten
- Hey Manuel, sehen wir uns heute Abend?

Sie postet ein Foto.

b) Wozu nutzen die Leute ihr Handy? Hören Sie und kreuzen Sie an.

1. zum Fotos posten
2. zum Telefonieren
3. zum Fotos liken
4. zum Chatten
5. zum Überweisen
6. zum Nachrichten schicken
7. zum Dateien downloaden
8. zum Recherchieren
9. zum Selfies machen
10. zum Fahrkarten kaufen
11. zum Scannen
12. zum Lernen

c) Wozu …? Zum …, aber nicht/selten/nie zum … Fragen und antworten Sie wie im Beispiel.

● Wozu benutzt du dein Handy?
● Zum Chatten, aber selten zum Telefonieren. Und du? Wozu benutzt du dein Handy?
● Zum Lernen, aber nie zum Scannen. Und du?
● Ich benutze mein Handy zum …

Lerntipp

Aus Verben Nomen machen:
posten – das Posten – zum Posten
Aber: zum Fotos posten

2 Englische Wörter auf Deutsch

a) Hören Sie und lesen Sie mit. Achten Sie auf die Vokale.

1. posten
2. downloaden
3. chatten
4. scannen
5. liken
6. der Podcast
7. das Online-Video
8. der Blog
9. die Social Media
10. das E-Book
11. die Bluetooth-Kopfhörer
12. das Smartphone
13. das Selfie

b) Hören Sie noch einmal und sprechen Sie nach.

3 Mediensprache Englisch

a) Sammeln Sie Wörter auf S. 46–48 und vergleichen Sie.

b) Wie heißen die Verben in anderen Sprachen?

Scannen heißt auf …

Auf Italienisch sagt man „Io chatto". Das heißt „Ich chatte".

HAST DU NETZ?

4 Darf ich ...?

a) Wer möchte was machen? Lesen Sie die Mini-Dialoge und berichten Sie.

Darf ich das Foto posten? *Wie bitte, was hast du gefragt?*   *Darf ich das Video herunterladen?* *Was hast du gesagt?*

Er hat gefragt, ob er das Foto posten darf.   *Ich möchte wissen, ob ich das Video herunterladen darf.*

b) Erlaubt oder verboten? Was darf man wo? Berichten Sie wie im Beispiel.

1	2	3	4	5	6

telefonieren	Dokumente kopieren	im Internet recherchieren	Videos herunterladen	fotografieren	E-Mails lesen

Kannst du mir sagen, ob ich im Unterricht telefonieren darf?   *Nein, das ist verboten.*

c) Markieren Sie die indirekten Fragen mit *ob* in a) und auf S. 46–47 und ergänzen Sie die Regel.

Regel: Indirekte Fragen mit *ob*: Der Nebensatz beginnt mit _____ und das Verb steht _____.

d) Was darf man wo (nicht)? Schreiben Sie Orte und Tätigkeiten auf Kärtchen. Fragen und antworten Sie wie im Beispiel.

im Café	telefonieren
auf dem Balkon	essen
...	Musik hören

Weißt du, ob man auf dem Balkon Musik hören darf?

Ja, das ist erlaubt. Aber nicht zu laut!

5 Mein Handy und ich

Bringen Sie die Bilder in eine Reihenfolge und erzählen Sie die Geschichte. Nehmen Sie sich mit dem Smartphone auf und präsentieren Sie im Kurs. **ODER** Mein Medien-Tag. Beschreiben Sie und präsentieren Sie im Kurs.

Am Morgen hat der Wecker nicht geklingelt, weil mein Handy aus war. Ich habe zu lange geschlafen und war zu spät in der Universität. Dann war der Akku von meinem Laptop leer und ich hatte kein Ladekabel.

1 Eine neue Nummer

a) Überfliegen Sie die E-Mail. Wer schreibt wem? Was ist das Thema?

an: bianca.schubert@example.com

Hey Bianca,

ich habe schon lange nichts mehr von dir gehört. Wie geht's dir? Meine Eltern haben mir ein neues Smartphone geschenkt und jetzt habe ich eine neue Nummer. Und ich habe auch eine neue Adresse.

Ich bin nach Bochum gezogen. Dario hat mir beim Umzug geholfen. Ich wohne seit einer Woche mit ihm zusammen. Hier ist es chaotisch. Mein Vater bringt mir morgen ein Regal für meine Bücher. Aber ich habe noch nicht alle Umzugskartons ausgepackt. Kannst du mir am Wochenende helfen? Passt dir das?

Ich kann dir dann auch deine Bücher geben. Das letzte Mal hast du uns doch die Bücher für unsere Reise geliehen. Dario und ich haben sie alle gelesen. Du kennst Dario noch nicht, oder? Das muss sich jetzt endlich mal ändern. Schreibst du mir, ob du am Wochenende Zeit hast?

Liebe Grüße auch von Dario. Bis bald und dicke Umarmung,
deine Aurore

PS: Ich schicke dir im Anhang ein paar Bilder von der Wohnung. Schön, oder?

b) Aurore, Aurores Vater, Bianca oder Dario? Lesen Sie die E-Mail und ergänzen Sie.

1 _____ ist nach Bochum gezogen.
2 _____ hat ihnen Bücher gegeben.
3 _____ bringt ihr ein neues Regal.
4 _____ sind gute Freundinnen.
5 _____ hat ihr beim Umzug geholfen.
6 _____ kennen sich nicht.

c) Wem? Sprechen Sie die Sätze wie im Beispiel.

> Bianca soll ihr in der Wohnung helfen.   Wem?   Bianca soll Aurore in der Wohnung helfen.

2 Im Büro

a) Was machen die Personen? Beschreiben Sie das Bild.

Sandra   Rolf   Aurore   Gustav

b) Fragen und antworten Sie wie im Beispiel.

Gibst du / Bringen Sie	mir / dir / ihm / ihr / uns	den Kopfhörer / das Buch / das Tablet? die Konsole / den USB-Stick? die Dokumente / den Kugelschreiber / das Ladekabel? die Ordner / den Laptop / die Boxen?	Ja, gern. Nein, das geht leider nicht. Einen Moment, bitte. Ja, gleich. Ja, sofort.

HAST DU NETZ?

3 Ich helfe dir gern

a) Lesen Sie die Mini-Dialoge laut. Markieren Sie die Personalpronomen im Dativ.

Schicken Sie mir bitte den Kontakt.   *Ich schicke Ihnen den Kontakt sofort.*

Gibst du mir bitte den Laptop?   *Hier bitte.*   *Danke dir.*

Geht ihr mit uns ins Kino?   *Ja, mit euch gehen wir am liebsten.*

b) Sammeln Sie Personalpronomen im Dativ auf S. 50–51 und ergänzen Sie.

Nominativ	ich	du	er/es/sie	wir	ihr	sie/Sie
Dativ			/ihm/ihr			ihnen/Ihnen

4 Online immer und überall

Kennen Sie das auch? Lesen Sie den Artikel und kommentieren Sie.

Mach mal eine Handy-Pause!
Chatten, posten, liken - wie viele Posts, E-Mails, Videos und Nachrichten hast du heute schon gelesen, gehört, gesehen und geschrieben? Das Smartphone ist wichtig, keine Frage. Immer kommen neue Nachrichten, Freunde schreiben, der Online-Shop schickt Informationen, der neue Podcast ist online. Untersuchungen zeigen: Wir checken alle 18 Minuten unser Handy. Das ist stressig, weil wir nie Ruhe haben. Kennst du das auch? Dann mach doch mal das Handy aus! <u>Hier</u> sind Tipps für die Zeit ohne Handy, für dein Handy-Detox.

Mein Freund ist immer online. Das nervt.   *Warum nervt dich das? Das ist doch ganz normal.*

Immer online sein! Ich glaube, das ist nicht gesund. Ich mache mein Handy abends aus.   *Ich habe mein Smartphone immer an. Ich liebe Chatten. Ich möchte immer mit Freunden in Kontakt sein.*

5 Ein Tag ohne Handy – ein Experiment

Was kann man ohne Handy alles machen? Schreiben Sie Tipps für Freunde. Sammeln Sie Ideen und präsentieren Sie. **ODER** Probieren Sie es aus. Was machen Sie ohne Handy? Beschreiben Sie Ihren Tagesablauf.

Tipps:
Leg das Handy abends ab 19 Uhr weg.
Mach lieber …

Mein Tagesablauf:
Um 7 Uhr kaufe ich eine Zeitung, ich lese die Nachrichten nicht online. Am Vormittag treffe ich mich mit Freunden. Ich telefoniere nicht.

ÜBUNGEN

1 Ein Glossar. Lesen Sie und ergänzen Sie die Begriffe von S. 46–47.

1 Ein *E-Book* ist ein digitales Buch.
2 Einen _____ kann man kostenlos im Internet hören oder downloaden.
3 Eine _____ ist ein digitales Programm. Das Wort ist eine Abkürzung.
4 Ein _____ ist z. B. ein digitales Tagebuch im Internet.
5 Eine _____ ist eine gesprochene Nachricht.
6 Ein _____ und eine _____ braucht man zum Aufladen.

2 Medien im Alltag nutzen

a) Richtig oder falsch? Lesen Sie den Text und die Grafik auf S. 46 und kreuzen Sie an.

		richtig	falsch
1	Lange Textnachrichten sind ein digitaler Trend.	○	X
2	Podcasts sind digitale Medien.	○	○
3	Die Deutschen surfen weniger als eine Stunde am Tag im Netz.	○	○
4	Nachrichten sprechen dauert länger als Nachrichten schreiben.	○	○
5	In Deutschland sehen die Menschen täglich fast eine halbe Stunde Online-Videos.	○	○
6	Digitale Medien verändern die Kommunikation.	○	○
7	Der Medien-Monitor zeigt, dass die Deutschen mehr Radio hören als fernsehen.	○	○

b) Korrigieren Sie die falschen Aussagen in a).

1 ... sind ein digitaler Trend.

3 Was machst du mit deinem Smartphone?

a) Welche Nomen und Verben passen zusammen? Markieren Sie.

1 einen Podcast — downloaden – hören – installieren
2 ein Selfie — posten – lesen – machen
3 eine App — herunterladen – installieren – surfen
4 einen Zeitungsartikel — spielen – lesen – kommentieren
5 einen Blog — lesen – hören – schreiben
6 ein Video — sehen – posten – nutzen
7 eine Nachricht — chatten – schicken – schreiben
8 eine Datei — downloaden – spielen – schicken
9 einen Kommentar — liken – lesen – recherchieren
10 ein Rezept — recherchieren – überweisen – suchen

b) Was macht Ines? Sehen Sie sich die Bilder an und beschreiben Sie. Die Wörter aus a) helfen.

a _____
b _____
c _____

HAST DU NETZ? 4

4 Soziale Netzwerke. **Was kann man mit diesen Apps machen? Lesen Sie den Blog und notieren Sie.**

1 Spotify: *Musik hören*
2 YouTube: _____
3 Facebook: _____
4 TikTok: _____
5 WhatsApp: _____
6 Instagram: _____

Top Apps
von Jan Helbig

Welche Apps nutzen wir täglich? Ist *Facebook* noch im Trend? Ja, *Facebook* und auch *Instagram* gehören immer noch zu unserem Alltag. Das Posten, Liken und Kommentieren von Fotos sind beliebte Aktivitäten in sozialen Netzwerken. Aber Chatten ist am
5 beliebtesten. Mit *WhatsApp* schicken wir jeden Tag Text- und Sprachnachrichten. „Zum Musikhören ist *Spotify* super", sagen viele Leute. In der App findet man auch Hörbücher und Podcasts, und man kann sie herunterladen. Die Lieblingsmusik speichert man direkt in der App. Auf *YouTube* sehen wir kostenlose Videos. Das Videoangebot ist groß: von politischen Themen bis Rezepte und Kochtipps ist alles dabei. Videos downloaden geht aber nicht immer.
10 *TikTok* ist aktuell sehr beliebt bei jungen Leuten. Es ist eine App zum Posten von kurzen Handy-Videos. Aber wir alle wissen, dass Social Media-Trends kommen und gehen.

5 Schreibt man das groß oder klein? **Markieren Sie die richtige Form.**

1 Wollen wir heute Abend telefonieren/Telefonieren?
2 Ist das downloaden/Downloaden von Filmen im Internet verboten?
3 Mit Online-Banking kann man schnell mit dem Handy Geld überweisen/Überweisen.
4 Zum Vokabeln lernen/Lernen nutze ich Bluetooth-Kopfhörer.
5 Ich nutze eine App zum kaufen/Kaufen von Fahrkarten. Das ist einfach und bequem.

6 Wozu nutzt Elsa ihren Laptop? **Beschreiben Sie.**

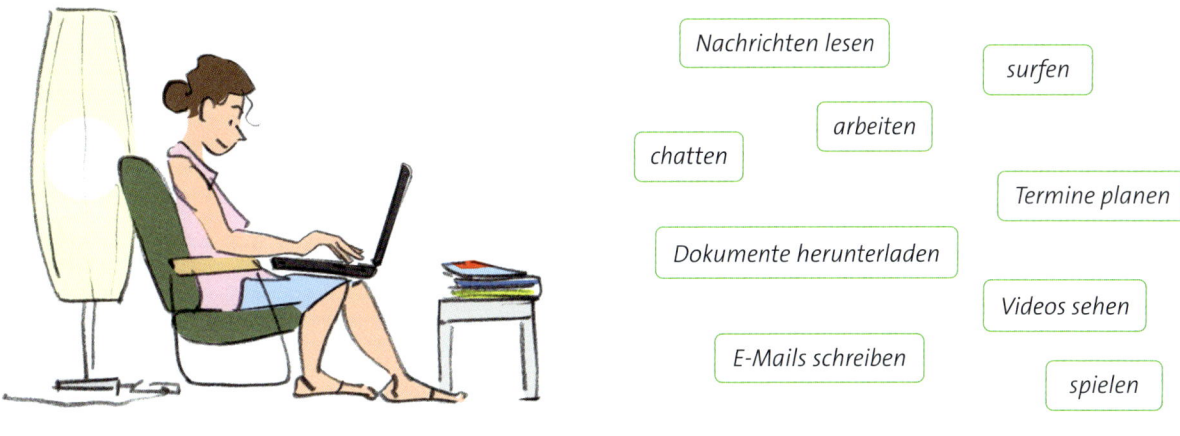

Nachrichten lesen · surfen · arbeiten · chatten · Termine planen · Dokumente herunterladen · Videos sehen · E-Mails schreiben · spielen

Elsa nutzt ihren Laptop zum Nachrichten lesen, …

ÜBUNGEN

7 Medienwörter

a) Wie spricht man die Verben auf Deutsch aus? Hören Sie und sprechen Sie nach.

Englisch	Deutsch		Ihre / eine andere Sprache
like	liken	Wie viele Personen haben dein Foto gelikt?	
post	posten	Ich poste keine Selfies.	
download	downloaden	Das Spiel kannst du kostenlos downloaden.	
scan	scannen	Ich habe alle Dokumente gescannt.	
chat	chatten	Wie lange chattest du am Tag?	

b) Wie heißen diese Wörter in Ihrer / einer anderen Sprache? Ergänzen Sie in der Tabelle in a).

c) Ergänzen Sie die Minidialoge mit den Verben aus a).

1. 💬 Wie oft siehst du eigentlich deinen Freund? *Chattet* _____ ihr oft?
   💬 Ich sehe ihn leider nur am Wochenende. Er _____ nicht gern, aber wir telefonieren oft.

2. 💬 Bea _____ den ganzen Tag Fotos von Essen auf Instagram.
   💬 Ja, das nervt! Ich _____ ihre Fotos nie.

3. 💬 Ich möchte ein Online-Video auf meinem Computer speichern. Kannst du mir helfen?
   💬 Kein Problem, ich kann das Video für dich _____.

4. 💬 Herr Waseda, haben Sie schon die Dokumente für die Konferenz morgen _____?
   💬 Ja, ich habe Ihnen gerade eine E-Mail mit den Dokumenten geschickt.

d) Hören Sie und kontrollieren Sie.

8 Unterwegs in Wien

a) Was macht Chris beruflich? Hören Sie und kreuzen Sie an.

Chris arbeitet als ... 1 ◯ Lehrer. 2 ◯ Reiseführer. 3 ◯ Programmierer.

b) Chris und/oder die Touristen? Hören Sie noch einmal und kreuzen Sie an.

1. Chris (X) die Touristen (X) ... machen Touren durch Wien mit dem E-Roller.
2. Chris ◯ die Touristen ◯ ... hat sein Handy immer dabei.
3. Chris ◯ die Touristen ◯ ... können die Tickets nur online kaufen.
4. Chris ◯ die Touristen ◯ ... sieht die Reservierungen auf dem Smartphone.
5. Chris ◯ die Touristen ◯ ... sehen die Route und den Treffpunkt auf der App.

Chris, 24

c) Was sagt Chris? Schreiben Sie Nebensätze mit *dass*.

1 Chris sagt, dass er und die Touristen die Touren durch Wien mit dem E-Roller machen.

HAST DU NETZ? 4

9 Die WG-Party

a) Wer fragt was? Sehen Sie sich das Bild an und ordnen Sie zu.

1 ◯ Dürfen wir das WLAN-Passwort haben?
2 (d) Gibst du mir deine Handynummer?
3 ◯ Gibt es hier etwas zu Essen?
4 ◯ Soll ich die Schuhe ausziehen?
5 ◯ Macht ihr die Musik mal lauter?
6 ◯ Hast du eine neue Brille?
7 ◯ Möchtest du etwas trinken?
8 ◯ Habt ihr mein Handy gesehen?

b) Was haben die Personen gefragt? Schreiben Sie indirekte Fragen wie im Beispiel.

1 Wir möchten wissen, ob wir das WLAN-Passwort haben dürfen.

2 Ich habe gefragt, ... / 3 Kannst du mir sagen, ... / 4 Ich weiß nicht, ...

10 Wie bitte? Was hast du gesagt?

a) Videokaraoke. Sehen Sie sich das Video an und antworten Sie.

b) Welche Kommunikationsprobleme gibt es? Sehen Sie sich das Video noch einmal an und kreuzen Sie an.

1 ◯ Ich habe kein Netz.
2 ◯ Es ist laut.
3 ◯ Mein Akku ist fast leer.
4 ◯ Tobi kann mich nicht sehen.
5 ◯ Ich kann Tobis Fotos nicht herunterladen.
6 ◯ Tobis WLAN ist schlecht.
7 ◯ Ich kann Tobi nicht hören.
8 ◯ Tobis Kamera funktioniert nicht.

11 Eine Nachricht von Bianca. Lesen Sie die E-Mail auf S. 50 noch einmal. Lesen Sie dann die Nachricht und ergänzen Sie die Personalpronomen im Dativ.

~~mir~~ • mir • dir • dir • euch • euch • uns

Hallo Aurore, tolle Fotos! Die Wohnung gefällt *mir* ¹ sehr. Ich helfe _____ ² gern. Passt _____ ³ Samstag ab 10:00 Uhr? Schickst du _____ ⁴ noch die Adresse? Schön, dass _____ ⁵ die Bücher gefallen. Ich leihe _____ ⁶ gern noch mehr. Wollen wir Samstag frühstücken? Ich kann _____ ⁷ frischen Kaffee mitbringen. Endlich lerne ich Dario kennen. Bis bald, Bianca

ÜBUNGEN

12 Selbsttest

a) Lesen Sie die Sätze und ergänzen Sie die Pronomen *mir* oder *dir*.

1 Wie geht's _dir_ ?
2 Kann ich _____ helfen?
3 Die Fahrkarte gehört _____.
4 Mein Laptop gefällt _____.
5 Passt es _____ am Samstag?

a Hast du am Samstag Zeit?
b Ich mag meinen Computer.
c Was kann ich für dich tun?
d Alles gut bei dir?
e Das ist mein Zugticket.

b) Was passt zusammen? Verbinden Sie.

13 Medien im Alltag

a) Welche Medien benutzt Thomas täglich und wozu? Ordnen Sie die Bilder den Aktivitäten zu.

1 ◯ Podcasts hören
2 ◯ lernen
3 (a) Nachrichten lesen
4 ◯ chatten
5 ◯ recherchieren
6 ◯ fernsehen

a 7:00–7:30 Uhr, das Tablet

b 8:00–12:00 Uhr, die Bücher

c 12:15–13:00 Uhr, das Handy

d 14:30–16:00 Uhr, den Laptop

e 18:00–18:30 Uhr, die Kopfhörer

f 21:00–23:00 Uhr, den Fernseher

b) Was, wann und wozu? Beschreiben Sie den Tagesablauf von Thomas wie im Beispiel.

a) Von 7:00 bis 7:30 Uhr benutzt Thomas sein Tablet zum Nachrichten lesen.

14 Wie oft? Wie lange in 30 Minuten? Machen Sie das Experiment und berichten Sie. Die Redemittel helfen.

auf die Uhr sehen
ein Foto liken
telefonieren
chatten

Was haben Sie mit Ihrem Smartphone gemacht?

fotografieren
E-Mails checken
im Internet recherchieren
…

Ich habe zwei Mal auf die Uhr gesehen …

HAST DU NETZ? 4

Fit für Einheit 5?

1 Mit Sprache handeln

über Handys und Medien sprechen
Podcasts liegen voll im Trend. Vielen gefällt das Angebot.
Ich mache mit meinem Handy Online-Banking. Ich nutze es zum Überweisen.
Viele Menschen schicken lieber Sprachnachrichten als Textnachrichten.
Ich poste Fotos und chatte mit meinen Freunden.
Hast du das WLAN-Passwort?

eine Grafik kommentieren
30 Minuten am Tag Videospiele spielen ist wenig.
Ich spiele immer …
211 Minuten am Tag sehen die Deutschen fern.   Das stimmt. Ich sehe nie fern, aber ich sehe oft
Ich finde, das ist sehr viel.   Online-Videos.

die eigene Meinung sagen
Mein Freund ist immer online. Das ist nicht gesund.   Warum? Ich finde das ganz normal.
Ich checke alle 20 Minuten mein Handy. Ich finde das wichtig.
Das Smartphone ist wichtig. Keine Frage!

2 Wörter, Wendungen und Strukturen

Medienwörter
der Monitor, das Ladekabel, die Steckdose, der Akku
das Handy aufladen, eine App installieren, ein Video downloaden/herunterladen

indirekt nachfragen
Hast du Netz?   Ich möchte wissen, **ob** du Netz hast.
Darf man im Unterricht telefonieren?   Kannst du mir sagen, **ob** man im Unterricht telefonieren darf?

Nominalisierungen mit *zum*
Wozu benutzt du dein Handy?   Ich benutze mein Handy **zum** Telefonieren und **zum** Chatten.
Wozu nutzt du deinen Laptop?   **Zum** Arbeiten und **zum** Recherchieren.

Personalpronomen im Dativ
Bianca soll Aurore helfen.   Bianca soll **ihr** helfen.
Sie hat Aurore und Dario Bücher geliehen.   Sie hat **ihnen** Bücher geliehen.
Geht ihr mit **uns** ins Kino?   Ja, mit **euch** gehen wir am liebsten.
Gibst du **mir** bitte den Kopfhörer?   Hier, bitte.
Ich danke **dir**.

3 Aussprache

englische Wörter auf Deutsch: liken – posten – downloaden – scannen – chatten – die App – Social Media

→ Interaktive Übungen

1 Autogrammjagd

a) Wer ist zuerst fertig? Fragen Sie und sammeln Sie Unterschriften.

Unterschrift

1 Interessierst du dich für Fußball?
2 Warst du schon einmal auf einem Klassentreffen?
3 Hast du dich gestern mit Freunden getroffen?
4 Ärgerst du dich manchmal über deine Nachbarn?
5 Machst du oft Sport? Bewegst du dich viel?
6 Fährst du mit dem Bus zum Unterricht?

b) Berichten und vergleichen Sie.

Piotr interessiert sich für Fußball.   *Maria auch!*

2 Wörterkette. Wie viele Wörter schaffen Sie in 60 Sekunden? Schreiben Sie jedes Wort nur einmal.

Beispiel   langweilig   Gemüse   Enkel   lesen   neu   Universität   teuer ...

3 Den Laptop nutze ich manchmal

a) Sehr oft, manchmal, nie. Welche Medien nutzen Sie wie oft? Ordnen Sie fünf Medien zu.

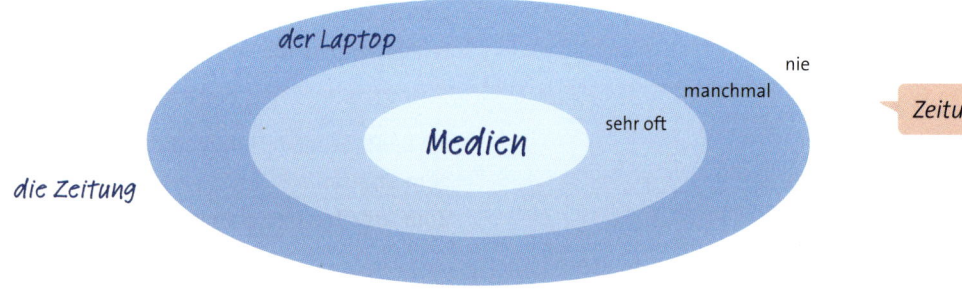

Zeitung lese ich nie.

b) Wozu ...? Zum ...? Vergleichen Sie. Machen Sie eine Hitliste ODER eine Wortwolke.

Das Smartphone nutze ich zum Fotografieren, und du?   *Ja, ich auch, und zum ...*

4 Aussagen wiederholen und kommentieren. Arbeiten Sie mit einem Partner / einer Partnerin.

Aussage	wiederholen	kommentieren
Ärzte sagen, Sport macht fit.	Soso, Ärzte sagen, dass Sport fit macht.	Ich finde auch/nicht, dass Sport fit macht.
	Aha, der Arzt sagt, dass ...	Ich denke auch/nicht, dass ...

PLATEAU 1

5 Fragen am Bahnhof und im Zug

a) Sprechen Sie schnell.

Können Sie mir bitte sagen, Wissen Sie vielleicht, Darf ich Sie fragen,	ob	man hier telefonieren darf? am Bahnhof ein Geldautomat ist? der Zug in Darmstadt hält? man hier Fotos machen darf? hier das Rauchen erlaubt ist? man hier mit Kreditkarte zahlen kann? es einen Zug von Hamburg nach Büsum gibt?

b) Formulieren Sie drei Fragen aus a) direkt. Ihr Partner / Ihre Partnerin wählt eine passende Antwort.

6 Hast du …?

a) Kombinieren Sie Nomen und Adjektive.

alt • neu • elegant • blau

der Zug • das Sofa • die Wohnung • die Freunde

1. ein blauer Zug   2. eine neue …

b) Fragen Sie Ihren Partner / Ihre Partnerin.

Hast du einen alten Zug?

Nein, hast du eine neue Wohnung?

Ja! Und hast du …?

7 Na logo!

a) Ordnen Sie die Sätze zu.

1 Es regnet.
2 Ich finde die Wohnung schön.
3 Dimitris ruft den Makler an.
4 Karol möchte ein Selfie mit Insa machen.
5 Ich bin zu oft und zu lange am Handy.
6 Katta und Tobi treffen sich alle fünf Jahre.

a Er ist Insas Freund.
b Ich mache jetzt mal einen Tag Pause.
c Sie hat einen Balkon.
d Ich nehme einen Regenschirm mit.
e Er sucht eine neue Wohnung.
f Sie haben zusammen Abi gemacht.

b) Markieren Sie die Ursachen wie in a). Formulieren Sie weil-Sätze.

Dimitris ruft den Makler an, weil …

8 Lustige Kursevaluation

a) Wie sind Personen oder Sachen? Notieren Sie sieben Adjektive.

1. laut   2. süß   3. …

b) Ergänzen Sie die Adjektive im Text. Achten Sie auf die Endung und lesen Sie Ihren Text laut vor.

Wir haben einen _____¹ A2-Kurs. Die Kursteilnehmerinnen und Kursteilnehmer sind _____² und haben viel Spaß. Wir lesen _____³ Magazinartikel und machen _____⁴ Übungen. Unser/e Lehrer/in ist manchmal _____⁵, aber ganz oft _____⁶. Ich mag meinen _____⁷ Kurs sehr ☺.

Hier wohnen wir. Willkommen zu Hause!

1. **Das Hochhaus.** Beschreiben Sie das Bild und die Stimmung.

2. **Wir wohnen hier!**
a) Orte in und vor dem Haus. Lesen Sie die Porträts und machen Sie ein Wörternetz. Welche Wörter kennen Sie noch? Vergleichen Sie.

b) Alter, Beruf, Familie, Lieblingsort? Stellen Sie eine Person vor.

c) Was bedeutet das Wort *Zuhause* für die Person? Lesen Sie und vergleichen Sie.

PLATEAU 1

Zuhause

Iwan
24 Jahre
Bachelor-Student
10. Etage

Zuhause ist für mich die Wohnung von meinen Eltern in St. Petersburg. Dort gibt es immer etwas Leckeres und meine Geschwister sind da. Zuhause ist für mich auch ein Gefühl.
Ich bin seit drei Jahren in Deutschland und studiere hier. Die Wohnung ist praktisch und günstig, aber sie ist nicht mein Zuhause. Hier wohne ich in einer WG, wir wohnen zu dritt. Meine Mitbewohner sind sehr nett. Die anderen Nachbarn kenne ich nicht, aber das ist auch o.k. so.
Am liebsten mag ich unseren Balkon. Wir haben einen tollen Ausblick auf die Stadt. Hier oben kann man in Ruhe lesen, Kaffee trinken oder mit den Mitbewohnern reden.

Sven
46 Jahre
Mechatroniker
4. Etage

Meine Familie ist mein Zuhause, also meine Frau Katja und unser Sohn Timo. Und natürlich auch diese Wohnung, das Haus, der Garten und die Nachbarn.
Ich glaube, mein Lieblingsort ist die Bank im Garten. Dort trifft man die Nachbarn oder kann abends ein Buch lesen oder ein Bier trinken. Manchmal grillen wir alle zusammen im Garten. Das finde ich schön! Hier leben viele Menschen und man ist nie allein.

Margot
73 Jahre
Rentnerin
1. Etage

Zuhause bedeutet für mich Ruhe. Am liebsten bin ich in meiner Küche. Ich trinke einen Kaffee oder Tee und schaue aus dem Fenster. In meiner Küche ist es immer warm und gemütlich. Ich habe einen Stuhl direkt am Fenster. So kann ich die Kinder und Nachbarn im Garten sehen und hören.
Ich fühle mich nicht alleine. Das ist schön. Andere Menschen sind für mich auch ein Zuhause. Ich lebe allein und bin glücklich, dass ich so gute Nachbarn habe. Ich wohne schon sehr lange hier und kenne fast alle.

Das kann man mit Porträts und Videos machen
- eigene Porträts schreiben
- die Stimmung im Video beschreiben
- eine Foto-Collage zum Thema erstellen
- ein Video machen und präsentieren

3 *Willkommen zu Haus*

a) Welche Personen leben in dem Haus?
Sehen Sie sich das Musikvideo an und sammeln Sie.

b) *Ein Ort für ...* Lesen Sie das Gedicht, schreiben Sie weiter und vergleichen Sie.

1 Eine lange Geschichte

 1.07

a) Endlich findet Nico seine Tante Yara. Sehen Sie sich das Video an, ergänzen Sie weitere Informationen und berichten Sie.

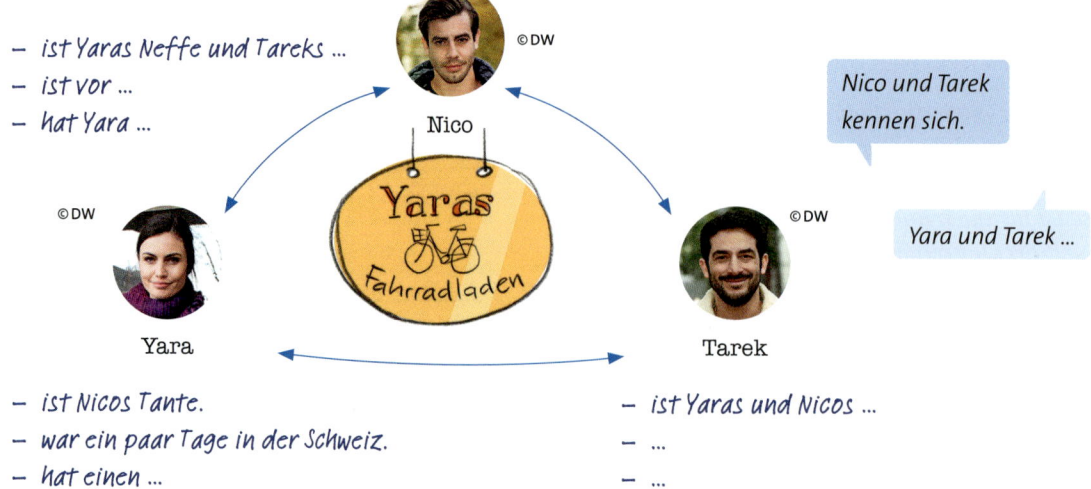

Nico
- ist Yaras Neffe und Tareks ...
- ist vor ...
- hat Yara ...

Nico und Tarek kennen sich.

Yara
- ist Nicos Tante.
- war ein paar Tage in der Schweiz.
- hat einen ...

Yara und Tarek ...

Tarek
- ist Yaras und Nicos ...
- ...
- ...

b) *Das verstehe ich.* Was meint Tarek? Sehen Sie sich die Szene im Restaurant noch einmal an und kommentieren Sie.

Yara und Tarek im Restaurant „Das Marek"

Ich glaube Tarek meint, dass ...

Vielleicht denkt er, ...

Das kann (nicht) sein, weil ...

c) *Auf keinen Fall!* Was möchte Nico (nicht)? Lesen Sie die Aussagen und kommentieren Sie wie im Beispiel.

> Nico will auf keinen Fall zurück nach Spanien.

> Das stimmt. Nico möchte auf jeden Fall in Deutschland bleiben.

d) Lesen Sie die Angebote und sehen Sie sich die letzte Szene noch einmal an. In welchem Hotel übernachtet der Mann? Kreuzen Sie an und berichten Sie.

Hotel Rheinterassen ★★★★
Neustadt Süd, Zentrum: 450 Meter
Einzelzimmer
Übernachtung € 139
Frühstück € 18

Markt Hotel ★★★
Altstadt Nord, Zentrum: 300 Meter
Superior Doppelzimmer
Übernachtung
mit Frühstück € 145

Das Beethoven ★★★★
Zentrum: 50 Meter
Einzelzimmer
Übernachtung € 193
Frühstück € 28

e) Wer ist der Mann im Hotel? Sammeln Sie Ideen.

PLATEAU **1**

2 Zimmer frei

a) Probleme in der Wohngemeinschaft. Lesen Sie den WG-Plan und berichten Sie wie im Beispiel.

Lisa hat das Bad noch nicht …

Sebastian muss die Blumen noch …

Nina hat die Flaschen schon weggebracht.

```
WG-Plan    2.–9. November
Nina:      Küche putzen ✓
           Flaschen wegbringen ✓
Sebastian: Wohnzimmer aufräumen
           Blumen gießen
Lisa:      Bad putzen
           Müll rausbringen
```

b) Nie, manchmal oder immer? Berichten Sie über Ihre Aufgaben. Die Angaben helfen.

c) Lisa hat eine Idee. Welche? Sehen Sie sich das Video an, kreuzen Sie an und vergleichen Sie.
1.08

1 ◯ Wir gehen alle ins Marek und feiern dort.
2 ◯ Nico kann bei uns einziehen.
3 ◯ Nico braucht Geld. Er kann für uns putzen.
4 ◯ Wir räumen jetzt alle zusammen auf.

d) Was meint Nina? Ordnen Sie passende Bedeutungen zu und vergleichen Sie.

1 ◯ Schön, dich zu sehen!
2 ◯ Sagt mal, ist das euer Ernst?
3 ◯ Oh, also in einem Monat.
4 ◯ Das schaffen wir schon selber.

In der WG in der Wagnergasse

e) Nina spricht sehr schnell. Sprechen Sie die Sätze 1–4 aus d) zuerst langsam, dann immer schneller.

f) *Das feiern wir im Marek!* Sehen Sie sich die Szene im Marek noch einmal an. Welche Wendungen hören Sie? Kreuzen Sie an.

◯ *Herzlichen Glückwunsch, Nico!*

◯ *Auf Nicos neue Wohnung!*

◯ *Alles Gute, Nico!*

◯ *Ich gratuliere dir!*

◯ *Das ist ja eine tolle Nachricht!*

◯ *Zum Wohl!*

g) *Das ist ja toll!* Lesen Sie die Situationen laut vor. Ihre Partnerin / Ihr Partner reagiert mit passenden Wendungen aus f).

h) Der Mann aus dem Hotel. Wer ist er? Was will er? Warum ist er so genervt? Sehen Sie sich die Szene im Marek noch einmal an, notieren Sie und berichten Sie.

Das ist …

Pepe Gonzales, ...

....

....

dreiundsechzig **63**

3 Viel zu tun

a) Nico hat bis jetzt bei Inge gewohnt. Morgen zieht er in die Wagnergasse um und Inge ist wieder allein. Sie langweilt sich oft. Was kann sie tun? Machen Sie Inge Vorschläge.

Ich sitze den ganzen Tag nur zuhause …

Gehen Sie doch mal ins Kino.

Machen Sie doch mal …

b) Max macht auch einen Vorschlag. Sehen Sie sich die Szene im Marek an und berichten Sie.

c) Welches Angebot haben die drei gebucht? Lesen Sie die Angebote, sehen Sie sich die Szene im Marek noch einmal an und berichten Sie.

www.busundbahnreisen-example.de/senioren/rhein/bingen

Angebote für Seniorengruppen

A Gruppenreise nach **Bingen am Rhein**
Hin- und Rückreise ab/nach Köln Hbf mit der Deutschen Bahn. Mit Stadtrundfahrt, Fahrt mit dem Schiff auf dem Rhein und Abendessen.
nur 95,00 €/Person
Mehr erfahren

B 3 Tage Rheintal: **Bingen und Rüdesheim**
Bequeme An- und Abreise mit dem Bus ab Bonn.
2 Übernachtungen mit Frühstück im 3-Sterne-Hotel, Stadtrundfahrt und Fahrt in die Weinberge.
ab 150,00 €/Person
Mehr erfahren

C Tagesausflug nach **Bingen am Rhein**
Erleben Sie eine Zugfahrt durch das Rheintal nach Bingen am Rhein inklusive Mittagessen und Stadtrundgang.
ab 50,00 €/Person
Mehr erfahren

d) Ein Tag in Bingen am Rhein. Was kann man dort machen? Recherchieren Sie Aktivitäten, Sehenswürdigkeiten, Preise und Fotos. Präsentieren Sie Ihren Plan.

e) Sebastian hilft Nico beim Umzug. Was haben die beiden heute schon gemacht? Sehen Sie sich die Bilder an und berichten Sie.

Sebastian und Nico haben ein großes Auto ….

f) Inge hat Stress. Welche Wendungen benutzt Sie? Sehen Sie sich die zweite Szene an und kreuzen Sie an.

1 ◯ Ich habe nur ganz wenig Zeit.
2 ◯ Ich möchte nicht lange stören.
3 ◯ Ich muss gleich wieder los.
4 ◯ Ich will euch nicht von der Arbeit abhalten.
5 ◯ Ich habe auch überhaupt keine Zeit.
6 ◯ Ich muss auch schon weiter.

g) Lesen Sie die Aussagen 1–6 aus f). Immer zwei Aussagen sind ähnlich. Verbinden Sie.

„Ich habe nur ganz wenig Zeit" ist so ähnlich wie …

h) Ein paar Kleinigkeiten. Was hat Inge Nico mitgebracht? Wozu braucht er das? Berichten Sie und kommentieren Sie wie im Beispiel.

Inge hat Nico/ihm eine Tasse mitgebracht.

Die Tasse braucht er zum Kaffeetrinken.

Die Serie „Nicos Weg" in voller Länge mit interaktiven Übungen und zahlreichen weiteren Materialien gibt es kostenlos bei der Deutschen Welle: dw.com/nico

PLATEAU 1

Goethe-Zertifikat A2: Lesen

Prüfungstraining

Der Prüfungsteil Lesen hat vier Teile mit 20 Aufgaben. Sie lesen einen Artikel aus einer Zeitung, eine Informationstafel in einem Kaufhaus, eine E-Mail und Anzeigen aus dem Internet. In den Teilen 1–3 müssen Sie jedes Mal [a], [b] oder [c] ankreuzen. In Teil 4 müssen Sie eine Anzeige einer Aufgabe zuordnen. Für jede Aufgabe gibt es nur eine richtige Lösung. Sie haben 30 Minuten Zeit. Wörterbücher und Mobiltelefone sind nicht erlaubt.

Lesen Teil 1: Sie lesen in einer Zeitung diesen Text. Wählen Sie für die Aufgabe die richtige Lösung [a], [b] oder [c].

Helene Fischer - der Pop-Star privat

Die 1984 in Krasnojarsk in Sibirien geborene deutsche Pop-Sängerin steht gern auf der Bühne und singt für ihre Fans. Aber privat ist sie ein ganz normaler Mensch. Sie joggt gern und liebt Schokolade. Glücklich ist sie, wenn sie Zeit mit ihrer Familie und ihrem Freund verbringen kann. Ihre Fans fragen sich, ob sie bald heiratet.

---

1 Helene Fischer… [a] ist glücklich. [b] will bald heiraten. [c] läuft gern.

Lesen Teil 2: Sie lesen die Informationstafel in einem Einkaufszentrum. Lesen Sie die Aufgaben und den Text. In welchen Stock gehen Sie? Wählen Sie die richtige Lösung [a], [b] oder [c].

Einkaufszentrum Neckar

4. Stock	CDs & DVDs, Computer, Notebooks & Tablets, Smartphones, Restaurant, Toiletten
3. Stock	Alles für die Küche, Sportmode für Damen und Herren, Taschen & Koffer
2. Stock	Damenmode, Herrenmode, Schuhe, Bücher, Bettwäsche

6 Sie möchten ein Handy kaufen. [a] 2. Stock [b] 3. Stock [c] anderer Stock

Lesen Teil 3: Sie lesen eine E-Mail. Wählen Sie für die Aufgabe die richtige Lösung [a], [b] oder [c].

Liebe Bianca,
ich habe schon lange nichts mehr von dir gehört. Rüdiger hat mir gesagt, dass du eine neue Stelle in Münster hast. Herzlichen Glückwunsch! Du weißt ja, dass unser 10-jähriges Klassentreffen in zwei Wochen stattfindet. Ich habe mich schon angemeldet und hoffe, du kommst auch.
Viele Grüße von Daniela

---

11 Daniela möchte wissen, ob …
[a] das Klassentreffen in zwei Wochen stattfindet.
[b] Bianca eine neue Stelle hat.
[c] Bianca zum Klassentreffen kommt.

Lesen Teil 4: Sechs Personen suchen im Internet nach Urlaubsmöglichkeiten. Lesen Sie die Aufgaben und die Anzeigen [a] bis [f]. Welche Anzeige passt zu welcher Person? Für eine Aufgabe gibt es keine Lösung. Markieren Sie so: [X].

16 Martina möchte in den Sommerferien eine Radreise machen. ☐
17 Klaus möchte sein neues Rad in den Urlaub mitnehmen und eine Fahrradkarte buchen. [X]

a
www.radsport.example.de
*Sie wollen mit dem **Rad Urlaub** machen? Bei uns sind Sie richtig. Wie bieten Rad-Reisen zu den schönsten Zielen in Deutschland. Viel Spaß!*

b
www.fahrräder.example.de
Sie suchen ein neues **Rad**? Wir haben, was Sie brauchen: Räder für jeden Tag, **Reiseräder** oder **E-Bikes**. Wir beraten Sie gern.

→ Tipps zum Prüfungsteil Lesen auf einen Blick

SO ARBEITEN WIR HEUTE

Alles neu, alles anders?!

Computer und Internet verändern die Arbeitswelt

HIER LERNEN SIE:
- berufliche Veränderungen beschreiben
- Vor- und Nachteile nennen, zustimmen oder ablehnen
- einen Lebenslauf lesen und schreiben
- telefonieren, formelle E-Mails schreiben

Mit der Digitalisierung entstehen viele neue Berufe, andere verändern sich. So z. B. der kreative Beruf von Paula Wessely (42), Hochzeitsfotografin. Früher hat sie Fotos von Hochzeiten gemacht und im Labor entwickelt. „Heute sind Fotos out. Die Paare möchten lieber ein Hochzeitsvideo", erzählt sie. Sie filmt die Hochzeit von der Trauung am Vormittag bis zur Party am Abend. Dann schneidet und vertont sie das ganze Video zu Hause am Computer. „Das ist kein 8-Stunden-Job und ohne Computer geht es nicht", sagt sie. Seit der Ausbildung zur Fotografin muss sie sich immer wieder in die aktuelle Technik einarbeiten. „Ich filme jetzt auch mit der Drohne. Bilder von oben sind bei den Hochzeitspaaren absolut in", fasst sie die letzten beruflichen Veränderungen zusammen. Sie arbeitet viel im Homeoffice. „Das ist ein Vorteil, aber mir fehlen die lieben Kolleginnen und Kollegen. Ich sehe sie oft nur in der Videokonferenz, nicht beim Kaffee. Das ist schade", findet Paula. Die neue Arbeitssituation liegt aber voll im Trend: Immer mehr Menschen arbeiten digital und mobil von zuhause oder unterwegs. Der genaue Arbeitsort ist heute oft egal, man braucht nur einen Laptop und Internet. Nicht egal ist die Arbeitszeit. „Man muss aufpassen, dass sich Arbeit und Freizeit nicht dauernd mischen", meint Paula. „Ab und zu muss ich abschalten. Nach der Ruhe mag ich auch den stressigen Job wieder!"

Paula Wessely, Hochzeitsfotografin

5

1 **So will ich arbeiten!**
   a) Lesen Sie und ergänzen Sie die Sketchnote.
   b) Markieren Sie in der Sketchnote und kommentieren Sie.
   🔴 *Ich möchte mit … arbeiten.*
   💬 *Für mich sind feste Arbeitszeiten wichtig.*

2 **Berufliche Veränderungen**
   a) Beschreiben Sie die Fotos.
   b) Lesen Sie den Magazinartikel. Ordnen Sie den Fotos Textstellen zu und formulieren Sie eine Bildunterschrift.
   c) Sammeln Sie Aufgaben, Arbeitsorte und Arbeitszeiten von Paula Wessely. Kommentieren Sie.
   🔴 *Bei Paula Wessely hat sich (nicht) viel verändert.*
   💬 *Früher hat sie …, heute arbeitet sie …*
   🔴 *Veränderungen sind doch normal.*

3 **Zwei Berufe im Interview**
   🔊 a) Hören Sie den Podcast. Notieren Sie die
   2.02 Veränderungen und vergleichen Sie.
   🔴 *Timur unterrichtet …*
   💬 *Samira füllt die Patientendokumentationen am Computer aus. Früher hat sie …*
   ➡ b) Vor- und Nachteile nennen. Welche Redemittel hören Sie im Podcast? Markieren und vergleichen Sie.
   ➡ c) Welche Vor- und Nachteile hat die Digitalisierung für Samira und Timur? Sammeln und kommentieren Sie. Die Redemittel aus b) helfen.
   🔴 *Es ist ein Nachteil, dass alle lange vor dem Computer sitzen.*
   💬 *Ich finde auch, dass die elektronische Dokumentation ein Vorteil ist.*

 Ich über mich – Der Lebenslauf

1 Schule, Ausbildung, Arbeit, …

 Haben Sie schon einmal einen Lebenslauf geschrieben? Welche Informationen waren wichtig? Berichten Sie. ODER Lesen Sie den Lexikoneintrag. Welche Informationen erwarten Sie im Lebenslauf? Sammeln und vergleichen Sie.

2 Fragen und Antworten zum Lebenslauf

 a) Lesen Sie den Lebenslauf von Felix Hochberger und notieren Sie Informationen zu den Fragen A. Ihr Partner / Ihre Partnerin notiert Informationen zu den Fragen B.

b) Fragen und antworten Sie im Wechsel. Wo finden Sie die Informationen?

> Von August 2012 bis Juli 2015 hat er … Das steht unter Ausbildung und Studium.

Lebenslauf
Felix Hochberger

Anschrift	Elisabeth-von-Thadden-Str. 32, 51373 Leverkusen
E-Mail	felix.hochberger@example.com
Mobil	0162 / 2090503
Geburtsdatum/-ort	29.12.1994 in Köln

Berufserfahrung und Praktika

Seit 05/2020	Gartenbauingenieur bei der Firma Gartenbau Schöller, Leverkusen
	• Einkauf von Pflanzen, Planung von Pflanzterminen, Mitarbeit bei der Kostenkalkulation und -kontrolle
03/2019 – 08/2019	Praktikum bei der Firma Hardy Plants in Banbury, Großbritannien
08/2015 – 07/2016	Gärtner in der Gärtnerei Landsiedel, Erfurt
	• Pflanzen pflegen, Kund*innen beraten

Ausbildung und Studium

09/2016 – 03/2020	Gartenbau (Bachelor of Science, B.Sc.) Fachhochschule (FH) Erfurt, Abschlussnote: 1,9
08/2012 – 07/2015	Ausbildung zum Gärtner bei der Firma Gartenbau Schulte, Köln

Schulausbildung

06/2012	Schiller Gymnasium, Köln Allgemeine Hochschulreife/Abitur, Note: 2,6

Sprachen & EDV-Kenntnisse

Deutsch	Muttersprache
Englisch	C1
Französisch	B1
Microsoft Office	Microsoft-Zertifikat in Word, Excel und PowerPoint

Hobbys
Marathon laufen, Musik machen, mein Hund

Checkliste Lebenslauf

○ Klare Überschriften
○ Persönliche Angaben (Name, Anschrift, Geburtsdatum und -ort)
○ Angaben zur Schulbildung (oft nur letzter Abschluss)
○ Angaben zum Studium oder zur Ausbildung (was, wo, wie lange?)
○ Angaben zu Berufserfahrungen und Praktika
○ Angaben zu Sprachen und besonderen Kenntnissen
○ Hobbys/Interessen
○ Ort, Datum, Unterschrift
○ In Deutschland oft ein professionelles (!) Foto

c) Checkliste Lebenslauf. Vergleichen Sie mit Felix Hochbergers Lebenslauf. Was fehlt? Kreuzen Sie an.

3 *Bei der Firma, zur Party, …*

 a) Lesen Sie den Merksatz und markieren Sie die Präpositionen auf den S. 66 und 68. Sprechen Sie den Merksatz laut nach.

> Von aus, bei, mit nach von, seit, zu kommst immer mit dem Dativ du.

Minimemo

zum:	zu + dem
zur:	zu + der
beim:	bei + dem
vom:	von + dem

 b) Eine Eselsbrücke. Welche hilft Ihnen? ODER Zeichnen Sie eine eigene und vergleichen Sie.

SO ARBEITEN WIR HEUTE

5

4 Vom Gärtner zum Gartenbauingenieur

a) Was mag Felix Hochberger im Beruf? Was findet er wichtig? Hören Sie das Interview. Kreuzen Sie an und vergleichen Sie.

○ die Sicherheit
○ das lange Studium
○ die gute Arbeitsatmosphäre
○ den festen Arbeitsablauf
○ die Arbeit im Büro

○ das Geld
○ die flexible Arbeitszeit
○ die Arbeit draußen
○ die netten Kolleg*innen
○ den frühen Arbeitsbeginn

○ den täglichen Kundenkontakt
○ die feste Arbeitszeit
○ die wissenschaftliche Perspektive
○ das kurze Praktikum

b) Und Sie? Was ist für Sie (auch/noch) wichtig? Ergänzen Sie Ihre Sketchnote auf den Seiten 66–67. Die Angaben in a) helfen.

> Ich arbeite von 7:00 bis 15:30.
> Ich mag die feste Arbeitszeit, weil …

5 Den ewigen Stress, …

a) Hören Sie, lesen Sie mit und sprechen Sie nach.

b) Sammeln Sie Adjektive mit bestimmtem Artikel im Nominativ und Akkusativ auf den S. 66–69. Machen Sie eine Tabelle und vergleichen Sie. Was ist anders? Notieren Sie die Regel.

Regel: _____

c) Schreiben Sie zwei Sätze wie in a). Lesen Sie vor, die anderen sprechen nach.

6 Die Ausbildung, die Erfahrung, …

a) Nomen mit -ung knacken. Lesen Sie den Lerntipp und notieren Sie die Verben.

die Begrüßung – _____   die Bewegung – _____   die Wiederholung – _____

b) Sammeln Sie Beispiele in der Einheit und ergänzen Sie die Regel.

Regel: Nomen mit -ung, Artikel immer _____ .

Lerntipp
In Nomen mit -ung ist oft ein Verb.

c) Hören Sie und lesen Sie mit. Achten Sie auf die Konsonanten *ng*.

1 Mit der Digitalisierung entstehen viele Veränderungen im Beruf.
2 Ich habe eine Ausbildung gemacht und Erfahrung gesammelt.

d) Hören Sie noch einmal und ergänzen Sie die Regel.

Regel: Bei den Endungen *-ung* im Singular und *-ungen* im Plural klingt *ng* wie

○ ein Laut.   ○ zwei Laute.

7 Mein CV

a) Schule, Ausbildung, Studium, Arbeit? Was haben Sie wann gemacht? Sammeln Sie Informationen und schreiben Sie Ihren Lebenslauf.

b) Stellen Sie Ihrem Partner / Ihrer Partnerin Fragen. Notieren und berichten Sie.

c) Was hat Sie (nicht) gewundert/überrascht? Kommentieren Sie.

> Ich habe nicht gewusst, dass …
> Mich hat überrascht, dass …
> Ich finde es spannend, dass …

 Telefon oder E-Mail?

1 Kommunikation am Arbeitsplatz

Telefonieren oder eine E-Mail schreiben. Was machen Sie lieber? Warum? Der Schüttelkasten hilft.

geht (nicht) schnell • man hat (keine) Zeit zum Formulieren • man kann Fragen (nicht) sofort klären • man muss (nicht) auf die Uhrzeit achten • ich fühle mich (nicht) sicher/wohl • ist (nicht) persönlich

Ich schreibe lieber E-Mails, weil ich ...

Beim Telefonieren fühle ich mich ...

Telefonieren ist super. Das geht schnell.

Beim Mailen muss man ...

2 Telefonieren trainieren

 2.04

a) Hören Sie das Telefongespräch und kreuzen Sie die richtigen Aussagen an.

1 ◯ Felix Hochberger spricht mit Verena Strasser.
2 ◯ Frau Nolte möchte mit Frau Strasser sprechen.
3 ◯ Felix Hochberger ruft an, weil er Blumen bestellen möchte.
4 ◯ Er möchte keine Nachricht hinterlassen.
5 ◯ Er kann Frau Nolte heute um 14:00 Uhr oder morgen um 10:30 Uhr anrufen.
6 ◯ Felix Hochberger ruft Verena Strasser noch einmal an.

Verena Strasser am Telefon

b) Verena Strasser macht eine Telefonnotiz. Hören Sie noch einmal und ergänzen Sie die Informationen.

TELEFONNOTIZ	Von *V. Strasser* An
Anruf von	Mitteilung *möchte wissen, ob ...*
📅 Datum *28.09.2021* 🕐 Zeit *11:20*	
Firma	
Telefon *0162 2090503*	
◯ ruft wieder an ◯ wünscht Rückruf	
◯ wünscht Termin ◯ Rückruf dringend	

 c) Fassen Sie die Informationen in b) zusammen und informieren Sie Frau Nolte.

Frau Nolte, Herr ... hat ...

 d) Welche Redemittel benutzen Frau Strasser und Herr Hochberger am Telefon? Hören Sie noch einmal und markieren Sie.

3 Am Telefon

Wechselspiel. Üben Sie. Partner*in A beginnt. Partner*in B antwortet. Partner*in A kontrolliert.

4 Kann ich Herrn Spitzer sprechen?

a) Spielen Sie den Dialog. Schreiben Sie eine Telefonnotiz und informieren Sie Herrn Spitzer.

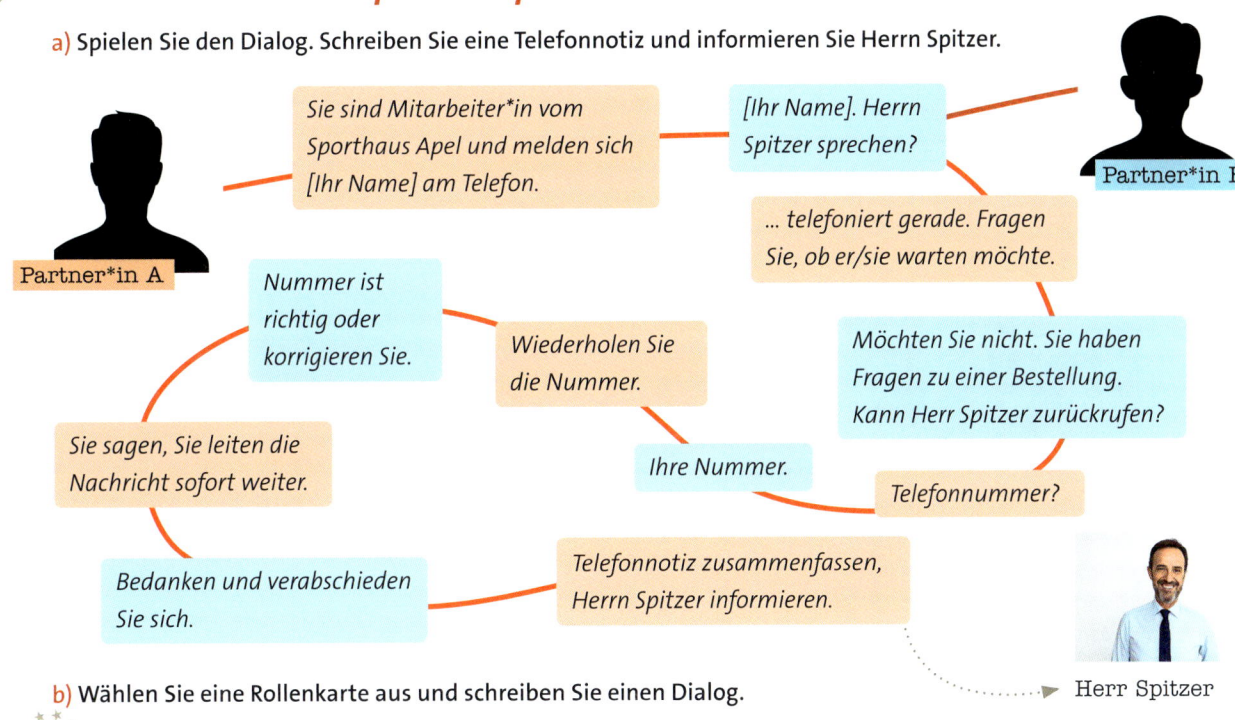

b) Wählen Sie eine Rollenkarte aus und schreiben Sie einen Dialog.

c) Präsentieren Sie Ihren Dialog aus b). Die anderen schreiben die Telefonnotiz.

5 Eine E-Mail an Herrn Nowotny

a) Was steht wo? Lesen Sie die E-Mail, verbinden Sie wie im Beispiel und beantworten Sie die Fragen.

1 der Empfänger: Wer bekommt die E-Mail?
2 der Absender: Wer hat die E-Mail geschrieben?
3 die Anrede
4 der Betreff: Was ist das Thema?
5 der Text: Was soll Herr Nowotny machen?
6 der Anhang: Die PDF-Datei
7 der Gruß
8 die Signatur: Woher kommt die E-Mail?

reisebuero.travel65@example.com

alexander.nowotny_gruber-logistics@example.com

Reservierung Flugtickets Prag

Sehr geehrter Herr Nowotny,

im Anhang finden Sie die Reservierung. Bitte kontrollieren Sie die Abflugzeiten und schicken Sie mir eine Bestätigung.

Mit freundlichen Grüßen
Regina Singer

___
Reisebüro travel65
Dr.-Brunner-Str. 131
26434 Hohenkirchen
Tel. 0162 208 27 84
http://www.travel65.example.com

04052021556_Flug_Prag_Nowotny.pdf (32 KB)

b) Die Flugzeiten sind in Ordnung. Schreiben Sie eine E-Mail an Frau Singer vom Reisebüro travel65.

6 Formell oder informell?

Sehr geehrte Damen und ..., weil ich niemanden kenne.

a) Welche Anrede und welchen Gruß verwenden Sie in den Situationen? Ordnen Sie zu und begründen Sie.

Auf Spanisch schreibt man ... Das ist sehr formell.

b) Formelle Anreden und Grüße in anderen Sprachen. Sammeln und vergleichen Sie.

c) Wählen Sie eine Situation aus a) und schreiben Sie die E-Mail. ODER Schreiben und spielen Sie den Dialog am Telefon.

ÜBUNGEN

1 Die Arbeit

a) Lesen Sie und ergänzen Sie die Gegenteile.

1 drinnen – _____
2 fest – _____
3 der Vorteil – _____
4 _____ – ablehnen
5 _____ – zu Hause
6 _____ – heute

b) Sehen Sie sich die Fotos an. Vergleichen Sie mit der Sketchnote auf S. 66–67 und ergänzen Sie die Sätze.

1 Ich möchte mit _____.
2 In meinem Job _____.
3 Am meisten _____.
4 Am liebsten _____.

2 Alles neu, alles anders?! Was ist richtig? Lesen Sie den Magazinartikel auf S. 66 noch einmal und kreuzen Sie an.

1 Mit der Digitalisierung …
   a (X) entstehen viele neue Berufe.
   b ( ) findet man schwerer einen Job.
   c ( ) gibt es weniger Arbeitsplätze.

2 Paula Wessely ist Hochzeitsfotografin. Sie …
   a ( ) geht auf Partys.
   b ( ) filmt Trauungen.
   c ( ) programmiert am Computer.

3 In ihrem Job hat sie …
   a ( ) keinen Urlaub.
   b ( ) feste Arbeitszeiten.
   c ( ) flexible Arbeitszeiten.

4 Nach der Ausbildung muss man …
   a ( ) nichts Neues mehr lernen.
   b ( ) sich in neue Technik einarbeiten.
   c ( ) ein Studium machen.

5 Im Homeoffice kann man …
   a ( ) jeden Tag Kolleg*innen treffen.
   b ( ) immer unterwegs sein.
   c ( ) von zu Hause arbeiten.

6 Paula Wessely ist die Arbeitszeit …
   a ( ) egal. Sie braucht keine Pausen.
   b ( ) nicht egal. Sie muss auch abschalten.
   c ( ) sehr wichtig. Sie möchte wenig arbeiten.

3 Arbeiten mit dem Computer

a) Samira (S) oder Timur (T)? Lesen Sie die Sätze. Hören Sie noch einmal und ordnen Sie zu. (2.05)

1 (T) ist der Meinung, dass wir immer mehr digitale Medien nutzen.
2 ( ) meint, dass man mit dem Handy mehr übt.
3 ( ) findet, dass die Dokumentation mit dem Computer schneller geht.
4 ( ) sagt, dass man mit dem Computer Informationen gut austauschen kann.
5 ( ) findet, dass die digitalen Medien teuer sind.
6 ( ) meint, dass sie heute länger am Computer sitzt als früher.

SO ARBEITEN WIR HEUTE

b) Wie verändert der Computer die Arbeitswelt? Ergänzen Sie.

schneller • Internet • ~~Dokumentation~~ • austauschen • Handy • Vorteil • online • speichern

1 Der Computer verändert die *Dokumentation*.
2 Man kann alle Informationen _____ und _____.
3 Mit dem Computer geht alles viel _____ als früher.
4 Die elektronische Dokumentation ist ein _____.
5 Viele Übungen für den Unterricht sind heute _____. Sie sind immer da.
6 Die Schülerinnen und Schüler brauchen nur ein _____ und _____.

c) Wie kann man zustimmen (+) oder ablehnen (-)?

1 (+) Das finde ich auch.
2 ( ) Nein, das denke ich nicht.
3 ( ) Das sehe ich nicht so.
4 ( ) Das stimmt.
5 ( ) Das sehe ich auch so.
6 ( ) Das sehe ich ganz anders.
7 ( ) Genau, du hast recht.
8 ( ) Das ist nicht richtig.
9 ( ) Das finde ich nicht.

🔊 2.06 **d) Hören Sie die Sätze aus c) und sprechen Sie nach.**

4 Informationen im Lebenslauf. Welche Überschrift steht nicht im Lebenslauf? Kreuzen Sie an.

1 (X) Pläne für die Zukunft
2 ( ) Berufserfahrung und Praktika
3 ( ) Schulausbildung
4 ( ) Ausbildung und Studium
5 ( ) Sprachen
6 ( ) EDV-Kenntnisse
7 ( ) Musik und Sport
8 ( ) Hobbys
9 ( ) Familie und Freunde

5 Martins Traumjob

a) Was ist richtig? Lesen Sie und kreuzen Sie an.

Martin arbeitet jetzt bei Media-Print.   ( ) richtig   ( ) falsch

„*Seit der Schulzeit* träume ich von der Arbeit mit Medien. Ich interessiere mich sehr für Kommunikation und habe auch Medienmanagement studiert. Ich war vom Studium positiv überrascht. Jetzt habe ich mich bei den Medien-Agenturen in Köln beworben. Ich hoffe, dass ich eine Einladung von der Firma Media-Print bekomme. Mit dem Arbeitsplatz habe ich dann sehr gute Perspektiven."

Martin, 29

b) Markieren Sie die Nomen mit Dativpräpositionen in Martins Aussage wie im Beispiel.

c) Ergänzen Sie wie im Beispiel.

1 die Schulzeit: *seit der Schulzeit*
2 die Arbeit: _____
3 das Studium: _____
4 die Medien-Agenturen: _____
5 die Firma: _____
6 der Arbeitsplatz: _____

ÜBUNGEN

6 Selbsttest

a) Ergänzen Sie die Artikel.

Mit _der_ ¹ (die) Digitalisierung verändern sich die Berufe. Paula macht Fotos und Videos von _____² (die, Pl.) Paaren und bei _____³ (die, Pl.) Partys. Nach _____⁴ (die) Feier arbeitet sie mit _____⁵ (der) Computer und sucht aus _____⁶ (die, Pl.) Fotos die schönsten aus. Paula arbeitet gern im Homeoffice, aber sie möchte gern mit _____⁷ (die, Pl.) Kolleginnen und Kollegen Kaffee trinken.

Paula Wessely, Hochzeitsfotografin

b) Ergänzen Sie die Dativpräpositionen.

~~von~~ • von • zur • zur • mit • beim • seit • bei

Früher hat Paula Wessely Fotos _von_ ¹ Hochzeiten gemacht. Sie filmt die Hochzeit _____² der Trauung am Vormittag bis _____³ Party am Abend. _____⁴ der Ausbildung _____⁵ Fotografin muss sie sich immer wieder in die aktuelle Technik einarbeiten. „Ich filme jetzt auch _____⁶ der Drohne. Bilder von oben sind _____⁷ den Hochzeitspaaren absolut in. Ich sehe die Kolleg*innen oft nur in der Videokonferenz, nicht _____⁸ Kaffeetrinken. Das ist schade", findet Paula.

c) Vergleichen Sie Ihre Angaben in b) mit dem Magazinartikel auf S. 66.

7 Checkliste zum Lebenslauf. Was gehört zusammen? Verbinden Sie. Der Lebenslauf auf S. 68 hilft.

Überschrift	Inhalt	Checkliste
1 Felix Hochberger	a 09/2016 – 03/2020 Gartenbau (Bachelor of Science, B.Sc.) Fachhochschule (FH) Erfurt ...	A Angaben zur Schulbildung
2 Berufserfahrung und Praktika	b Marathon laufen, Musik machen, mein Hund	B Persönliche Angaben
3 Ausbildung und Studium	c Anschrift: Elisabeth-von-Thadden-Str. 32, 51373 Leverkusen E-Mail: ...	C Hobbys/Interessen
4 Schulausbildung	d Deutsch Muttersprache Englisch C1 ... Microsoft Office Microsoft-Zertifikat in Word, Excel und ...	D Angaben zum Studium oder zur Ausbildung
5 Sprachen & EDV-Kenntnisse	e 06/2012 Schiller-Gymnasium, Köln Allgemeine Hochschulreife/Abitur ...	E Angaben zu Berufserfahrungen und Praktika
6 Hobbys	f Seit 05/2020 Gartenbauingenieur bei der Firma Gartenbau Schöller ...	F Angaben zu Sprachen und besonderen Kenntnissen

SO ARBEITEN WIR HEUTE

8 Wichtig im Beruf

a) Verbinden Sie die Gegenteile.

1 im Büro arbeiten
2 feste Arbeitszeiten
3 die Sicherheit
4 früher Arbeitsbeginn
5 fester Arbeitsablauf

a flexible Arbeitszeiten
b später Arbeitsbeginn (die Spätschicht)
c im Homeoffice / draußen arbeiten
d flexibler Arbeitsablauf
e die Unsicherheit

b) Welches Verb passt nicht? Streichen Sie durch.

1 ein Video — schneiden – vertonen – fotografieren
2 Geld — mitkommen – verdienen – bezahlen
3 flexible Arbeitszeiten — haben – wollen – sollen
4 nette Kolleg*innen — sitzen – treffen – haben

c) Wortverbindungen aus b). Sammeln Sie in der Einheit.

Sie schneidet und vertont das Video ...

9 Ich mag den netten Chef

a) Welche Form ist richtig? Markieren Sie.

1 Felix trifft den jung/<u>jungen</u> Kollegen.
2 Schalte bitte das laute/lauten Handy ab.
3 Carla beendet das langes/lange Studium.
4 Kannst du bitte die netten/nette Chefin anrufen?
5 Er findet die festen/feste Arbeitszeiten langweilig.

🔊 2.07 **b) Hören Sie die Sätze und ergänzen Sie die Adjektive im Akkusativ.**   kaputt • neu • flexibel • ewig

1 Ich mag den _____ Stress nicht.
2 Wir müssen das _____ Fenster reparieren.
3 Er findet die _____ Arbeitszeiten super.
4 Sie finden die _____ Büros in der dritten Etage.

10 Die Bewerbung für die Ausbildung. **Nomen mit -ung knacken. Ergänzen Sie.**

1 die Begrüßung — *begrüßen*
2 die Bewerbung — _____
3 die Wiederholung — _____
4 die Ausbildung — _____
5 die Entschuldigung — _____
6 die Wohnung — _____

11 Telefonieren trainieren

a) Ordnen Sie den Dialog.

a ◯ Danke. Ich rufe dann noch einmal an. Auf Wiederhören!
b ◯ Oh, das kann Ihnen nur Frau Nolte sagen. Möchten Sie eine Nachricht hinterlassen?
c ◯ Blumenhaus Book, Verena Strasser, guten Tag!
d ◯ Ich habe Blumen bestellt und möchte wissen, ob ich sie schon abholen kann.
e ◯ Tut mir leid, Frau Nolte ist in einem Termin. Kann ich Ihnen helfen?
f ◯ Nein, danke. Wann kann ich bitte mit Frau Nolte sprechen?
g ② Guten Tag, hier ist Felix Hochberger von Gartenbau Schöller. Kann ich bitte mit Frau Nolte sprechen?
h ◯ Heute gegen 14:00 Uhr. Oder Sie versuchen es morgen um 10:30 Uhr noch einmal.

b) Kontrollieren Sie mit dem Hörtext auf S. 144.

ÜBUNGEN

12 Ein Videogespräch mit dem Kollegen

a) Videokaraoke. Sehen Sie sich das Video an und antworten Sie.

b) Worum geht es? Sehen Sie sich das Video noch einmal an und kreuzen Sie an.

1 Ihr Kollege und Sie sind   a ◯ im Homeoffice.   b ◯ im Büro.
2 Im Videotelefonat geht es um a ◯ eine Bestellung.   b ◯ eine Bewerbung.
3 Herr Berger möchte   a ◯ die Bestellung ändern. b ◯ den Liefertermin ändern.
4 Sie sollen   a ◯ Herrn Berger anrufen.   b ◯ Herrn Berger treffen.

13 Wie kann ich Ihnen helfen?

a) Ergänzen Sie die Wendungen am Telefon.

> für Ihre Hilfe • guten Tag • zurückrufen • Können Sie mich • in einem Termin •
> eine Frage • kann ich Ihnen helfen

Visio-Designs, Andreas Petzold, _____!

Hallo, hier ist Hao Liu.
Ich habe _____.

Wie _____?

_____
mit Herrn Seitinger verbinden?

Leider ist Herr Seitinger gerade _____.

Ja bitte, das ist nett.
Vielen Dank _____.
Auf Wiederhören!

Kann er Sie _____?

Sehr gern, auf Wiederhören!

b) Hören Sie und kontrollieren Sie.

14 Sie oder du? Welche E-Mail ist formell und welche informell? Ergänzen Sie passende Anreden und Grüße.

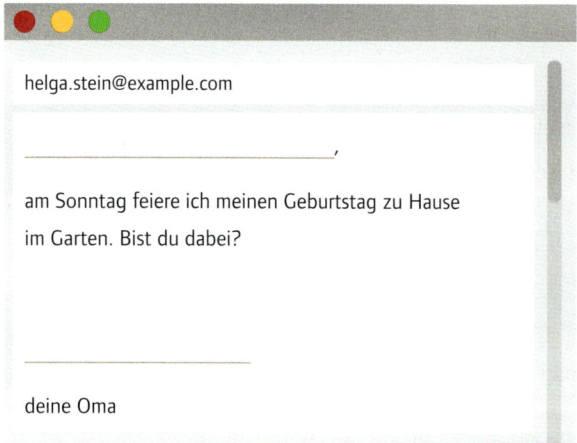

helga.stein@example.com

_____,

am Sonntag feiere ich meinen Geburtstag zu Hause im Garten. Bist du dabei?

_____
deine Oma

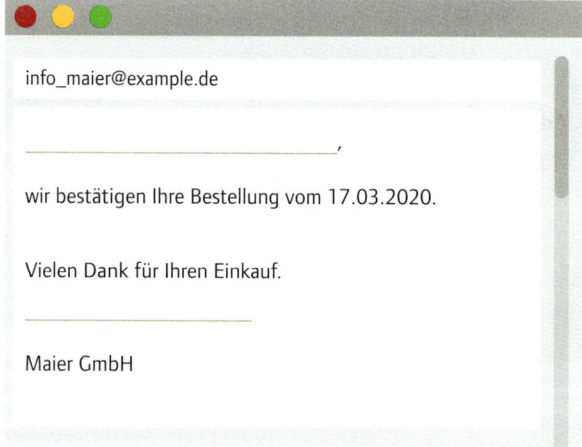

info_maier@example.de

_____,

wir bestätigen Ihre Bestellung vom 17.03.2020.

Vielen Dank für Ihren Einkauf.

_____
Maier GmbH

SO ARBEITEN WIR HEUTE

Fit für Einheit 6?

1 Mit Sprache handeln

berufliche Veränderungen beschreiben
Früher hat sie Fotos gemacht und im Labor entwickelt, heute macht sie Videos.
Seit der Ausbildung zur Fotografin muss sie sich immer wieder in die aktuelle Technik einarbeiten.
Bei mir hat sich beruflich (nicht) viel verändert.

Vor- und Nachteile nennen
Ich denke, dass ... ein Vorteil/Nachteil ist/sind.
Ich finde, ... ist/sind ein Vorteil/Nachteil, weil ...
Es ist ein Vorteil/Nachteil, dass ...
... hat/haben den Vorteil/Nachteil, dass ...

zustimmen
Das denke/finde ich auch.
Das sehe ich auch so.
Ja, du hast recht.

ablehnen
Nein, das denke/finde ich nicht.
Das sehe ich (ganz) anders.
Das sehe ich nicht so.

über neue Informationen sprechen
Ich habe nicht gewusst, dass ... / Mich hat überrascht, dass ... / Ich finde es spannend, dass ...

einen Lebenslauf lesen und schreiben
Berufserfahrung und Praktika
Seit ... Gartenbauingenieur bei der Firma ...

Telefonieren im Beruf
Müller GmbH, Sabine Otte, guten Tag. Ich rufe an, weil ... / Ich habe eine Frage. / Es geht um ...
Ich möchte mit Herrn/Frau ... sprechen.
Tut mir leid, ... ist in einem Termin / telefoniert gerade.

2 Wörter, Wendungen und Strukturen

Nomen mit -ung
die Ausbildung – ausbilden, die Begrüßung – (sich) begrüßen

formell
Sehr geehrte Damen und Herren, ...
Vielen Dank für Ihre Antwort.
Mit freundlichen Grüßen

informell
Hallo/Liebe/r ..., ...

Viele/Liebe Grüße

Präpositionen mit Dativ
aus dem Büro anrufen, **bei der** Hochzeit fotografieren, **mit den** Kolleg*innen sprechen, **seit der** Ausbildung arbeiten, **zu den** Kund*innen fahren

Adjektive mit bestimmtem Artikel im Nominativ und Akkusativ
Ich mag den flexibl**en** Arbeitsablauf.
Ich muss das kaputt**e** Fahrrad reparieren.
Er findet die lang**en** Nachtschichten anstrengend.
Sie finden die neu**en** Büros schön.

3 Aussprache

das **-ng-**: Mit der Digitalisieru**ng** entstehen viele Veränderu**ng**en im Beruf. Ich habe eine Ausbildu**ng** gemacht und Erfahru**ng**en gesammelt.

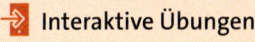 Interaktive Übungen

WAS LIEST DU GERADE?

HIER LERNEN SIE:
- über das Lesen sprechen
- Bilder beschreiben
- Bücher und Autor*innen vorstellen
- einen biografischen Text lesen und schreiben

Lesen statt surfen – das Buch lebt!

Buch aktuell

Die aktuellen Zahlen vom Buchmarkt zeigen, dass auch mit Internet und YouTube die
5 meisten Menschen in Deutschland, Österreich und in der Schweiz genauso viele Bücher wie früher lesen. Sie lesen heute auch E-Books, aber das klassische Buch
10 ist bei den Leserinnen und Lesern noch immer sehr beliebt. Im letzten Jahr kauften sie in Buchhandlungen und im Internet für etwas mehr als 8 Milliarden Euro Bücher und für ca. eine Milliarde Euro E-Books. Das waren fast 360 Millionen Bücher und
15 33 Millionen E-Books. Interessant ist, dass Frauen mehr Bücher kauften als Männer – vor allem Krimis und Romane. Männer interessierten sich besonders für Sachbücher wie z. B. Biografien und Reiseliteratur.
20 Bei den Jugendlichen zwischen 12 und 19 Jahren gibt es leider einen negativen Trend. Sie lesen in ihrer Freizeit weniger Bücher als früher.
Und wo lesen die Leserinnen und Leser? Die Menschen lesen überall: Unterwegs in Bus und
25 Bahn, zuhause auf dem Sofa oder im Bett, in Bibliotheken, im Café, im Urlaub.

Robert Hauck

7 Gründe, warum Lesen wichtig ist

Die Leseforscherin Susanne Graber nennt sieben Gründe, warum Lesen für Jung und Alt wichtig ist.

1.
Lesen reduziert Stress.

2.
Leser*innen haben im Leben oft mehr Erfolg.

3.
Lesen ist gut für die Kreativität.

4.
Lesen macht glücklich.

5.
Leser*innen haben einen größeren Wortschatz.

6.
Lesen hilft beim Schreiben.

7.
Leser*innen haben gute Smalltalk-Themen auf Partys. Das macht sie attraktiv.

In der Stadtbibliothek

Leseort und Treffpunkt – die Bibliothek

Die ca. 9.400 großen und kleinen Bibliotheken in Deutschland sind wichtig für das Leben und die Kultur. Dort können die Menschen mit einem
5 Bibliotheksausweis z. B. Bücher, E-Books, CDs und DVDs ausleihen, Literatur recherchieren oder Zeitungen und Zeitschriften lesen. In vielen Bibliotheken gibt es auch Autor*innenlesungen und
10 Ausstellungen. Sie sind Orte für Bildung und Kommunikation. Und der Vorteil ist: Man kann sie kostenlos nutzen.

---

1 **Leseorte**
a) Beschreiben Sie die Fotos. Die Redemittel helfen.
💬 *Im Foto in der Mitte liest eine Frau eine Geschichte vor. Die Kinder hören zu.*
b) Wie finden Sie die Leseorte? Kommentieren Sie.
💬 *Ich lese auch gern in Cafés. Ein Kaffee und ein schönes Buch – das finde ich echt gemütlich.*
💬 *Also ich lese nie in Cafés. Da ist es zu laut.*

2 *Das Buch lebt!*
a) Lesen Sie den Magazinartikel. Sammeln Sie Informationen zum Buchmarkt und zu den Leserinnen und Lesern.
b) Welche Informationen haben Sie (nicht) überrascht? Kommentieren Sie.
💬 *Ich hätte nicht gedacht, dass Bücher noch so beliebt sind.*
💬 *Ich habe mir schon gedacht, dass ...*

3 *Ich lese ...*
🔊 a) Eine Umfrage. Wo und was lesen die Personen? Hören Sie, notieren und berichten Sie über Orte und Bücher.
2.09
b) Was lesen Sie gerade? Berichten Sie.

4 **Gute Gründe für das Lesen.** Fragen und antworten Sie im Kurs.
💬 *Glaubst du, dass Lesen Stress reduziert?*
💬 *Nein, das glaube ich nicht. Und du?*

5 **Leseort Bibliothek**
a) Was kann man in Bibliotheken machen? Sammeln Sie.
b) Gehen Sie in eine Bibliothek? Warum (nicht)? Welche Angebote nutzen Sie oft/selten/...? Berichten Sie.

Neue Bücher, alte Bücher

1 Liest du gern …?

Fragen und antworten Sie.

Liest du gern	Romane/Krimis/Sachbücher? Zeitungen/Zeitschriften? auf einem Tablet / auf einem E-Reader? in der Bahn / in der Bibliothek / im Urlaub?	Ja, (sehr) gern. Ja, manchmal schon. Na ja, es geht so. Eigentlich nicht. Nein, Krimis / … mag ich (überhaupt) nicht.

2 Die Buchhandlung Blohm empfiehlt

a) Überfliegen Sie die Buchtipps und markieren Sie Titel, Autor*in und Thema. Berichten Sie.

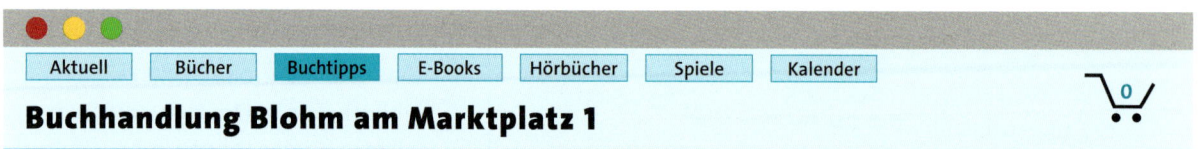

Buchhandlung Blohm am Marktplatz 1

Von uns für Sie. Entdecken Sie Ihr nächstes Lieblingsbuch!

Bella Germania aus dem Jahr 2016 ist der erste Roman von Daniel Speck. Er war sofort ein Bestseller. Daniel Speck erzählt eine Familiengeschichte zwischen Italien und Deutschland in drei Generationen. Sie beginnt 1954 in Mailand. Dort verlieben sich der junge deutsche Ingenieur Vincent und seine Dolmetscherin Guilietta. Sie können aber nicht heiraten, weil Guiletta schon mit Enzo verlobt ist. Sie kann Vincent aber nicht vergessen …
Daniel Speck hat eine tragische, aber wunderbare Liebesgeschichte geschrieben - perfekt für den Urlaub.

Verlag S. Fischer, 624 Seiten, 12,00 €.
Alle Empfehlungen von Britta Jäger

Die Geschichten über Kommissar Marthaler von Jan Seghers gehören für mich zu den besten Krimis in Deutschland. Bis jetzt hat er sechs Bände geschrieben. Sie spielen alle in Frankfurt. *Ein allzu schönes Mädchen* aus dem Jahr 2004 ist der erste Fall für Marthaler. Er ist mit seiner Freundin im Urlaub. Da bekommt er einen Anruf von der Polizei. Ein Fahrradfahrer hat im Frankfurter Stadtwald einen Toten gefunden. Marthaler und sein Team ermitteln. War das „allzu schöne Mädchen" die Mörderin? Jan Seghers schreibt sehr spannende Krimis.

Verlag rororo, 480 Seiten, 10,00 €.
Alle Empfehlungen von Jonas Ziegler

Haben Bäume eine eigene Sprache und können sie „reden"? Müssen Baumkinder in die Schule gehen? Diese und noch viele andere Fragen beantwortet der bekannte Autor und Förster Peter Wohlleben in seinem Sachbuch *Hörst du, wie die Bäume sprechen?* In seinem ersten Buch für Kinder stellt er den Wald und seine Bewohner vor. Wohlleben beschreibt in einfacher Sprache und mit vielen Fotos wie die Bäume Informationen austauschen können. Er nennt es das „wood wide web". Das Buch hat mich begeistert. Für Kinder ab sechs Jahren.

Verlag Friedrich Oettinger, 128 Seiten, 18,00 €.
Alle Empfehlungen von Karen Niemann

b) Ein Buch vorstellen. Wählen Sie ein Buch aus. Welche Redemittel nutzen die Buchtipps? Markieren Sie im Text und vergleichen Sie.

c) Stellen Sie Ihr Buch aus b) vor. Die Redemittel helfen.

3 Meine Buchempfehlung

> … ist ein Roman von …

Schreiben Sie eine Buchempfehlung und stellen Sie das Buch vor. **ODER** Autor*in, Titel, Thema, Verlag, Seitenzahl, Preis. Recherchieren Sie einen Bestseller im Internet. Zeigen Sie das Buch und berichten Sie.

WAS LIEST DU GERADE?

Alte Literatur mit aktuellen Themen?

Goethe, Shakespeare, Cervantes. Welche Literaturklassiker kennen Sie? Welche haben Sie gelesen? Wie finden Sie sie? Kommentieren Sie.

Bei uns in ... ist ... sehr berühmt. Alle müssen seine Bücher lesen. Ich persönlich finde ...

In der Schule haben wir Hamlet von Shakespeare gelesen. Das hat (keinen) Spaß gemacht.

Eine Liebesgeschichte

a) Autor, Orte, Hauptpersonen, Probleme. Lesen Sie den Artikel aus einem Literaturlexikon und sammeln Sie.

Hermann und Dorothea

Hermann und Dorothea von Johann Wolfgang von Goethe gehört zu den Literaturklassikern in Deutschland. Goethe veröffentlichte das Buch im Jahr 1797.

Inhalt

Die Geschichte spielt in einer kleinen Stadt in der Nähe von Straßburg. Es geht um Liebe, Krieg und Flucht. Die junge Dorothea ist auf der Flucht. Sie muss ihre Heimat in Frankreich verlassen, weil es dort Krieg gibt. Ihre Eltern sind tot. Sie reist allein und ohne Geld mit anderen Flüchtlingen von Frankreich über den Rhein. Dort lernt Hermann die schöne Frau kennen. Er ist der Sohn von reichen Eltern. Er bringt den Flüchtlingen Lebensmittel und alte Kleider. Hermann verliebt sich sofort in Dorothea und sagt seinen Eltern, dass er sie heiraten will. Die Mutter freut sich, aber der Vater ist gegen die Hochzeit. Hermann soll zuerst die Welt kennenlernen und dann eine junge Frau mit viel Geld aus einer guten Familie heiraten. Das möchte Hermann aber nicht. Da hat er eine Idee: Dorothea soll bei ihm zu Hause arbeiten. Hermanns Vater merkt dann, dass Dorothea und sein Sohn sich wirklich lieben. Zum Schluss gibt es ein Happy End: Hermann und Dorothea dürfen heiraten.

Wirkung

Hermann und Dorothea war sofort ein großer Erfolg. Viele kennen das Buch heute noch aus dem Deutschunterricht in der Schule.

b) Schreiben Sie Fragen und antworten Sie wie im Beispiel.

Warum muss Dorothea flüchten? Leben Dorotheas Eltern noch?

Dorothea muss flüchten, weil ...

Literaturklassiker noch aktuell?

Ist *Hermann und Dorothea* immer noch aktuell? Warum (nicht)? Lesen Sie die Zeitungsnotiz und diskutieren Sie.

Eine Welt im Chaos und die große Liebe

Goethes *Hermann und Dorothea* kommt am 23. Juni ins Theater nach Weimar. Peter Rauch liest, Dorothee Krause und Georg Bölk machen die Musik.

Liebesgeschichten

Welche kennen und mögen Sie? Wer sind die Hauptpersonen? Welche Probleme gibt es? Berichten Sie.

Ich bin ein großer Fan von Telenovelas und Serien. In meiner Lieblingssendung ... geht es um ... Die Hauptpersonen sind ...

... gehört zu meinen Lieblingsbüchern. Da geht es um ... Die Hauptpersonen sind ... Das Problem ist ...

einundachtzig 81

Biografien

1 Goethe – Ein Leben für die Kunst

a) Stationen im Leben von Goethe. Lesen Sie den Artikel und sammeln Sie Informationen in der Zeitleiste.

1749	von 1765	bis 1771	ab 1775	1786	1788	1806
in Frankfurt geboren	...	...	...	...	...	...

Johann Wolfgang von Goethe

war ein deutscher Dichter und Naturforscher. Er lebte von 1749 bis 1832. Er studierte von 1765–1768 Jura in Leipzig und dann in Straßburg. Aber er interessierte sich mehr für Literatur und Kunst als für den Anwaltsberuf. Er beendete sein Studium 1771 und
5 arbeitete dann als Anwalt in Frankfurt und Wetzlar. Im Sommer 1772 verliebte er sich in die junge Charlotte Buff, als er sie auf einem Tanz kennenlernte. Für Goethe war es aber eine unglückliche Liebe, weil sie schon verlobt war. Über diese unglückliche Liebe verfasste er seinen ersten Roman *Die Leiden des jungen Werthers*. Der Roman machte ihn über Nacht in ganz Europa berühmt.

10 Ab Oktober 1775 lebte er in Weimar und arbeitete dort als Minister in der Regierung von Herzog Carl August. 1786 reiste Goethe für zwei Jahre nach Italien. Goethe hatte viele Freundinnen, aber er war nur einmal verheiratet. 1806 heiratete er Christiane Vulpius. Sie hatten einen Sohn, August.

Goethe verfasste viele berühmte Gedichte, Theaterstücke und Romane. Er beschäftigte sich auch mit den Naturwissenschaften und veröffentlichte das Buch *Zur Farbenlehre*. 1788 lernte er Friedrich Schiller kennen.
15 Sie waren gute Freunde, sie besuchten sich oft und arbeiteten an vielen Texten zusammen.

Goethe war ein Genie mit vielen Interessen. Auch heute hat er noch viele Leser*innen.

b) *... studierte in ... / lebte in ... / arbeitete als ...* Sammeln Sie typische Wörter und Wendungen für biografische Texte.

c) Eine Autorin / Einen Autor vorstellen. Recherchieren Sie und machen Sie Notizen. Die Wendungen in a) und b) helfen.

2 Lebte, reiste, arbeitete, ...

a) Sprachschatten. Lesen Sie laut und kommentieren Sie wie im Beispiel.

Goethe	lebte von 1775 bis 1832 in Weimar.
	studierte Jura in Leipzig und Straßburg.
	arbeitete als Anwalt in Frankfurt und Wetzlar.
	verfasste die *Leiden des jungen Werthers*.
	reiste nach Italien.

Ach, er lebte in Weimar?

Ja, er lebte in Weimar.

b) Markieren Sie die Verben im Präteritum in 1a) und ergänzen Sie.

		leben	reisen	arbeiten
Singular	ich/er/sie	lebte		
Plural	wir/sie	lebten		

c) Ergänzen Sie den Lerntipp.

Regelmäßige Verben im Präteritum:

ich/er/sie: Verbstamm plus: _____   wir/sie: Verbstamm plus _____   Verben mit Verbstamm *-t* am Ende: plus _____

82 zweiundachtzig

WAS LIEST DU GERADE?

3 Goethe in Weimar – drei berühmte Orte

a) Lesen Sie die Texte aus einem Reiseführer. Hören Sie dann die Erklärungen von einer Stadtführerin. Präteritum oder Perfekt? Vergleichen und ergänzen Sie.

Goethe wohnte 50 Jahre lang im Haus am Frauenplan 1. Herzog Carl August schenkte ihm das große Haus im Jahr 1794.

Goethe liebte die Natur. Er war oft in seinem Gartenhaus im Park an der Ilm. Dort arbeitete er auch an seinen Gedichten und Theaterstücken.

Goethe leitete viele Jahre lang das Theater in Weimar. Dort führten Goethe und Schiller viele berühmte Theaterstücke auf.

schriftlich (im Reiseführer): _____

mündlich (die Stadtführerin): _____

b) Hören Sie die Stadtführerin noch einmal und notieren Sie weitere Informationen zu Goethes Wohn- und Gartenhaus und zum Theater. Vergleichen Sie.

In seinem Wohnhaus haben ihn ...

4 *Als Goethe ...* Fünf Fakten über Goethe

a) Wechselspiel. Partner*in A liest den Satzanfang, Partner*in B beendet den Satz.

b) Markieren Sie in a) die Verben in den Hauptsätzen und in den Nebensätzen mit *als*. Ergänzen Sie die Regel.

Lerntipp
Nebensätze mit *als* gibt es nur in der Vergangenheit.

Regel: Im Nebensatz mit *als* steht das Verb _____.

5 Jahreszahlen

a) Hören Sie die Kurzbiografie von Goethe und achten Sie auf die Jahreszahlen.

Johann Wolfgang von Goethe wurde 1749 geboren. Ab 1775 lebte er in Weimar. 1786 reiste er für zwei Jahre nach Italien. 1806 heiratete er Christiane Vulpius. Er lebte bis 1832.

b) Hören Sie die Jahreszahlen noch einmal und sprechen Sie nach.

1749 – 1775 – 1786 – 1806 – 1832

c) Jahreszahlen sprechen. Markieren Sie den Wortakzent und kontrollieren Sie mit dem Audio.

1968 – 1989 – 1995 – 2001 – 2015 – 2020

6 Eine Biografie

Fassen Sie die Informationen über Goethe oder eine berühmte Person aus Ihrer Stadt mündlich zusammen.
ODER Wer ist das? Bereiten Sie ein Quiz vor. Schreiben Sie vier bis fünf Sätze über eine berühmte Person mit den Verben aus 2 a). Die anderen raten.

ÜBUNGEN

1 **Thema Lesen.** Machen Sie ein Wörternetz.

in der Bibliothek — die Leseorte — Bücher lesen — die Lieblingsbücher — der Krimi

2 **Mein Leseort.** Sehen Sie sich die Bilder auf S. 78 an und ordnen Sie die Aussagen zu.

a ( ) „Meine Mutti weiß nicht, dass ich nachts lese."
b ( ) „Ich lese am liebsten im Garten oder im Park."
c (1) „Ein Kaffee und ein Buch sind für mich die perfekte Kombination."
d ( ) „Ich fahre jeden Tag mit der U-Bahn zur Arbeit. Die Fahrzeit nutze ich zum Lesen."
e ( ) „Ich sitze fast täglich in der Bibliothek. Zum Lernen brauche ich Ruhe."
f ( ) „Ich lese meinen Kindern oft Bücher vor."

3 **Fakten zum Buchmarkt.** Lesen Sie den Text auf S. 78 noch einmal und beantworten Sie die Fragen.

1 Lesen Menschen heute weniger als früher?
2 Wie viele digitale Bücher hat man letztes Jahr in Deutschland gekauft?
3 Welche Bücher kaufen Frauen vor allem?
4 Wo lesen die Menschen?
5 Wie ist der Trend bei den Jugendlichen?
6 Wo kaufen Menschen Bücher?

1 Im Text steht, dass ...

4 **Warum lesen Sie?** Schreiben Sie Gründe wie im Beispiel. Der Text auf S. 79 hilft.

Ich lese gerne, weil Lesen glücklich macht.

5 **Wir feiern das Buch**

🔊 2.14 **a)** Hören Sie den Radiobeitrag. Was ist richtig? Kreuzen Sie an. Es gibt mehrere Möglichkeiten.

1 Was ist das Thema?
  a ( ) der Welttag des Buches
  b ( ) die Frankfurter Buchmesse
  c ( ) Lesefeste in Österreich

2 Wann ist dieser Feiertag?
  a ( ) am 23. April
  b ( ) am 22. August
  c ( ) jedes Jahr im Oktober

3 Wer organisiert Veranstaltungen?
  a ( ) Verlage
  b ( ) Buchhandlungen und Bibliotheken
  c ( ) nur Schulen

4 Was gehört zum Programm?
  a ( ) Autor*innenlesungen
  b ( ) Buchvorstellungen
  c ( ) Konzerte in Schulen

b) *Der Welttag des Buches* in Ihrem Land / in anderen Ländern. Wo? Wann? Wer? Wie? Recherchieren Sie im Internet, machen Sie Notizen und berichten Sie im Unterricht.

WAS LIEST DU GERADE?

6 Wie heißt das auf Deutsch?

a) Lesen Sie und ergänzen Sie die Sätze mit passenden Begriffen. Die Texte auf S. 80–81 helfen. Zwei Wörter passen nicht.

der Verlag • die Bibliothek • die Buchhandlung • die Buchempfehlung • die Autorin • die Leser*innen

1 Eine _____ schreibt Bücher.

2 Ein _____ veröffentlicht Bücher, Zeitschriften oder Zeitungen.

3 _____ kaufen und lesen Bücher.

4 In einer _____ gibt es oft auch Kalender, Hörbücher und Postkarten.

b) Bücherwürmer und Leseratten lesen gern und viel. Wie nennt man diese Menschen in Ihrer Sprache / in anderen Sprachen?

In ... / Bei uns sagt man ...

die Leseratte

der Bücherwurm

7 Buchempfehlungen

a) Lesen Sie die Posts und ordnen Sie die Bücher zu. Ein Buch fehlt.

Bücherwurm > Forum > **Buchtipps**

○ 1 **Buchdoktor:** Ich suche Tipps für ein richtig spannendes Buch. Habt ihr eine Idee? Was lest ihr gerade?

○ 2 **Jessy1986:** Hallo liebe Eltern, ich suche neue Bücher für meine Kinder. Am besten ohne Text und mit vielen Bildern.

e 3 **wurm123:** Ich mag Bücher von Karl May. *Winnetou* habe ich gelesen. Was empfehlt ihr noch?

○ 4 **books4life:** Ich suche einen Comic über einen Mann und seinen Hund, aber ich kann mich an den Titel nicht erinnern. Wer kann helfen?

○ 5 **Erik:** Hallöchen, ich habe jetzt einen Garten und suche ein Buch mit Tipps und Tricks für Anfänger.

○ 6 **MrPixel:** Ich interessiere mich für Biografien über interessante Personen. Wer hat eine Buchempfehlung für mich?

   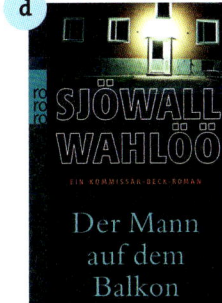 

a   b   c   d   e

b) Krimi oder ...? Ordnen Sie die Bücher aus a) zu.

1 ___ die Biografie   3 ___ der Krimi   5 ___ das Bilderbuch

2 ___ der Roman   4 ___ der Ratgeber   6 ___ der Comic

ÜBUNGEN

8 Auf dem Bücherflohmarkt

a) Videokaraoke. Sehen Sie sich das Video an und antworten Sie.

b) Richtig oder falsch? Sehen Sie sich das Video noch einmal an und kreuzen Sie an.

		richtig	falsch
1	Sie interessieren sich für Literaturklassiker.	○	X
2	Die Verkäuferin empfiehlt Ihnen einen Krimi von Jan Seghers.	○	○
3	Sie kennen den Autor nicht. Sie wissen aber, dass alle seine Bücher in Frankfurt spielen.	○	○
4	Die Verkäuferin bietet Ihnen das Buch für nur zwei Euro an.	○	○
5	Sie kaufen das Buch nicht und wollen eine weitere Buchempfehlung.	○	○
6	Sie lesen gerne Romane. Nur Biografien mögen Sie überhaupt nicht.	○	○

c) Sehen Sie noch einmal und ergänzen Sie *echt*, *doch* und *eigentlich*.

1 Ja, aber _____ suche ich einen Krimi.
2 Oh, das sind ja _____ viele.
3 Seine Krimis sind _____ spannend.
4 Die spielen _____ alle in Frankfurt, oder?
5 Nein, ich lese _____ nur Biografien und Krimis.

9 Goethe und die Liebe

a) Ordnen Sie die Sätze den Wendungen zu.

1 aus einer guten Familie kommen
2 vor allem
3 über Nacht berühmt werden
4 die unglückliche Liebe
5 gegen die Hochzeit sein
6 auf der Flucht sein
7 es geht um

a Goethe war in Charlotte Buff verliebt, aber Charlotte nicht in ihn.
b Der Vater will nicht, dass Hermann Dorothea heiratet.
c Goethes Eltern hatten eine gute Bildung und Geld.
d Goethes *Werther* war sofort ein großer Erfolg.
e Das Thema ist die Liebe zwischen zwei jungen Menschen.
f Goethe lebte am längsten in Weimar.
g Dorothea muss ihre Heimat verlassen, weil dort Krieg ist.

b) Lesen Sie den Artikel auf S. 81 noch einmal und ergänzen Sie. Die Redemittel auf S. 80 helfen.

Hermann und Dorothea ist eine Geschichte von ... / Sie spielt in ... / Es geht um ...

c) Wie finden Sie die Liebesgeschichte? Schreiben Sie Ihre Meinung.

Ich persönlich finde .... / Mir gefällt ... (nicht), ...

10 Nomen und Verben. Ergänzen Sie und vergleichen Sie mit S. 80–81.

1 *die Reise* – reisen
2 _____ – flüchten
3 die Arbeit – _____
4 die Liebe – _____
5 _____ – informieren
6 die Veröffentlichung – _____
7 _____ – anrufen
8 die Empfehlung – _____
9 die Sprache – _____
10 die Hochzeit – _____

WAS LIEST DU GERADE?

11 *Vater und Sohn* – Bildergeschichten von e.o.plauen. Lesen Sie die Informationen in der Zeitleiste und schreiben Sie eine kurze Biografie über Erich Ohser.

Erich Ohser lebte von ...

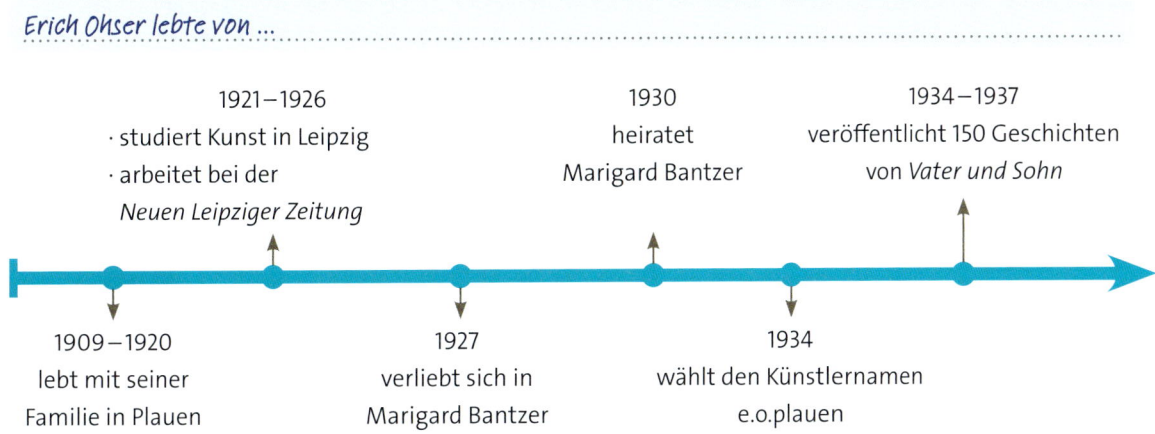

1921–1926
· studiert Kunst in Leipzig
· arbeitet bei der
Neuen Leipziger Zeitung

1930
heiratet
Marigard Bantzer

1934–1937
veröffentlicht 150 Geschichten
von *Vater und Sohn*

1909–1920
lebt mit seiner
Familie in Plauen

1927
verliebt sich in
Marigard Bantzer

1934
wählt den Künstlernamen
e.o.plauen

12 Eine Bildergeschichte von *Vater und Sohn*

a) Sehen Sie sich die Bildergeschichte an und ordnen Sie die Texte.

a Bild ( ) Der Vater stellt also das Buch in das Regal zurück. „Ich möchte ein sehr dickes Buch", sagt der Sohn. Und der Vater sucht ein Buch von Goethe.

b Bild (1) Der Sohn fragt seinen Vater: „Kann ich ein Buch haben?"

c Bild ( ) Aber als der Vater die Haustür öffnet, wundert er sich noch mehr. Sein Sohn hat andere Pläne ...

d Bild ( ) „Ich brauche noch zwei, bitte", sagt der Sohn. Er spaziert mit den drei Büchern auf dem Kopf nach draußen.

e Bild ( ) Der Vater wählt ein Buch aus. „Hier. Lies Robinson Crusoe", sagt er. Der Sohn antwortet: „Das Buch ist nicht dick genug."

f Bild ( ) „Mein Sohn will Goethe lesen?", wundert sich der Vater. Er freut sich sehr.

b) Markieren Sie die Verben in a). Schreiben Sie den Text im Präteritum.

Gestern fragte der Sohn seinen Vater: „Kann ich ein Buch haben?" ...

🔊 2.15 c) Kontrollieren Sie mit dem Hörtext.

🔊 2.16 d) Hören Sie die Verben im Präteritum und sprechen Sie nach. Achten Sie auf *-te*.

1 wählte
2 suchte
3 stellte
4 wunderte
5 öffnete
6 spazierte
7 sagte
8 fragte

ÜBUNGEN

13 Ingeborg Bachmann – eine Kurzbiografie

a) Lesen Sie die Kurzbiografie und ergänzen Sie die Verben im Präteritum.

kennenlernen • leben • besuchen • arbeiten • studieren • reisen • veröffentlichen

Ingeborg Bachmann (25. Juni 1926 bis 17. Oktober 1973) war eine erfolgreiche österreichische Dichterin und Romanschriftstellerin aus Klagenfurt (Österreich). Dort _____¹ sie auch die Schule bis 1944. Sie _____² von 1945 bis 1959 Philosophie, Germanistik und Psychologie in Innsbruck, Graz und Wien. Ihre ersten Gedichte _____³ sie 1948 in der Zeitschrift „Lynkeus". Im Oktober 1950 _____⁴ sie nach Paris, im Dezember nach London. In Wien _____⁵ sie bis 1951 in der Redaktion von Radio Rot-Weiß-Rot. Von 1953 bis 1957 war sie als freie Schriftstellerin in Italien. Am 3. Juli 1958 _____⁶ Ingeborg Bachmann den Schweizer Schriftsteller Max Frisch in Paris _____⁷. Für vier Jahre, von 1958 bis 1962, _____⁸ sie zusammen: Ingeborg Bachmann schrieb in ihrem Leben viele berühmte Gedichte und Romane. Das Hörspiel „Der gute Gott von Manhattan" und der Roman „Malina" sind international berühmt.

2.17

b) Hören Sie und kontrollieren Sie in a).

c) Wann war das? Lesen Sie die Biografie noch einmal und ergänzen Sie die Sätze mit *als*.

Max Frisch kennenlernen • 33 Jahre alt sein • in Italien wohnen • ihre ersten Gedichte veröffentlichen

Position 1 – Hauptsatz	Position 2 – Nebensatz
1 Ingeborg Bachmann war 22 Jahre alt,	*als* ...
2 Es war 1958,	

Position 1 – Nebensatz	Position 2 – Hauptsatz
3 _____	beendete sie ihr Studium.
4 _____	arbeitete sie als freie Autorin.

d) Tauschen Sie die Haupt- und Nebensätze in c) wie im Beispiel.

> *Als ..., war Ingeborg Bachmann 22 Jahre alt.*

14 Als Christiane und Goethe sich kennenlernten

a) Personen, Orte und Jahreszahlen. Lesen Sie den Artikel und sammeln Sie Informationen.

> Christiane Vulpius (1765–1816) war aus Weimar. Sie hatte einen Bruder, Christian August. Er besuchte das Weimarer Gymnasium und studierte an der Universität in Jena. Christiane lernte Lesen und Schreiben, aber nicht in der Schule. Die Familie hatte sehr wenig Geld. Ihr Bruder verfasste in Jena Gedichte, Romane und Theaterstücke. Als Schriftsteller hatte er aber keinen Erfolg. Er suchte Goethes Hilfe und schickte Christiane mit einem Brief zu ihm. So lernte sie Goethe kennen. Sie verliebten sich und bald lebte Christiane mit Goethe in seinem Haus zusammen. Sie heirateten aber erst 1806.
>
> *Weiterlesen ›*

b) Schreiben Sie den Text im Perfekt und spielen Sie Stadtführer/in. Nehmen Sie sich mit dem Handy auf.

WAS LIEST DU GERADE?

Fit für Einheit 7?

1 Mit Sprache handeln

über das Lesen sprechen
Ich gehe gern in die Bibliothek und lese dort internationale Zeitschriften.
Glaubst du, dass Lesen Stress reduziert?
Bücherwürmer und Leseratten lesen gern und viel.
Ich interessiere mich für Literaturklassiker und Romane. Krimis mag ich überhaupt nicht.
Ich bin ein großer Fan von …

Bilder beschreiben
Auf dem Bild/Foto oben rechts / unten links kann man … sehen.

Buchtipps geben
Ich suche einen richtig spannenden Krimi.
Können Sie mir ein Buch mit Tipps und Tricks für Blumen und Pflanzen empfehlen?

Jan Seghers schreibt echt gute Krimis.
Das große Gartenbuch hat mich sofort begeistert.
Kennen Sie das?

Bücher vorstellen
Mein Lieblingsbuch ist … von … / Mir gefällt … von …
… ist ein Krimi von …
Es geht um … / Die Handlung spielt in …
Es ist ein spannender Roman. / interessantes Sachbuch.

Autor*innen vorstellen
… ist ein bekannter Autor / eine bekannte Autorin aus …
Er/Sie schreibt …
Seine/Ihre Bücher handeln von …
Er/Sie hat schon viele Bestseller geschrieben.

2 Wörter, Wendungen und Strukturen

Bücher
das Bilderbuch, der Ratgeber, der Reiseführer, die Biografie, das Hörbuch

regelmäßige Verben im Präteritum
Goethe lebte von 1775 bis 1832 in Weimar. Er studierte Jura. 1786 reiste er nach Italien und arbeitete dort an Theaterstücken. Er verfasste viele Gedichte und Romane.

Nebensätze mit *als*
Christiane Vulpius war 23 Jahre alt,   als sie Goethe kennenlernte.
Als Christiane Vulpius Goethe kennenlernte,   war sie 23 Jahre alt.

3 Aussprache

Jahreszahlen: siebzehnhundertvierund**neun**zig – 1794, achtzehnhundert**sechs** – 1806

→ Interaktive Übungen

neunundachtzig **89**

LEBEN MIT TIEREN

HIER LERNEN SIE:
- über Haustiere sprechen
- ein Haustier beschreiben
- Videoclips kommentieren
- Suchanzeigen verstehen und schreiben

„Ach, die sind ja süß!"

Haben Sie das auch gedacht? Kein Wunder! Katzen leben schon sehr lange mit Menschen zusammen und sind heute die beliebtesten Haustiere. Sie schlafen viel, sind meistens sehr leise und wir dürfen ihr weiches Fell streicheln. Katzen spielen auch sehr gern und wissen ganz genau, was sie wollen. Das finden wir oft besonders niedlich oder lustig.

Aber die witzigen Mitbewohner brauchen auch gutes Futter, viel Liebe, Zeit und Pflege. Manchmal müssen sie zum Tierarzt und das kann ziemlich teuer sein. Fragen Sie sich also vor dem Kauf, ob eine Katze oder ein Kater wirklich das richtige Haustier für Sie ist.

7

Ich will gar nicht wissen, woher die kommen!

Neu auf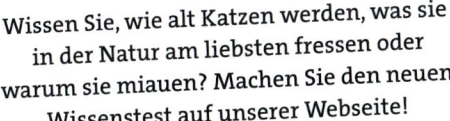

Katzen-Quiz

Wissen Sie, wie alt Katzen werden, was sie in der Natur am liebsten fressen oder warum sie miauen? Machen Sie den neuen Wissenstest auf unserer Webseite!

1 **Süß, niedlich oder …?**
   a) *Katzen sind …* Sammeln Sie und kommentieren Sie.
   b) Hören Sie die Umfrage und ergänzen Sie Ihr Ergebnis in a).
   🔊 2.18

2 **Erster Platz, zweiter Platz, …**
   ▶ 1.12–1.15
   a) Sehen Sie sich die Katzenvideos an und machen Sie eine Hitliste.
   b) Geben Sie den Gewinner-Videos passende Titel und vergleichen Sie.
   c) Wie finden Sie Katzenvideos? Kommentieren Sie.

3 **Katzen brauchen …**
   Lesen Sie den Magazinartikel und das Gewinnspiel. Markieren Sie und berichten Sie.

4 **Katzen-Quiz**
   Machen Sie das Quiz und kommentieren Sie.
   🔴 *Ich habe (schon / noch nie) gehört/gelesen, dass …*
   ⚪ *Ich hätte nicht gedacht, dass …*

5 **Haustiere**
   a) Wählen Sie ein Tier aus, recherchieren Sie und bereiten Sie ein Haustier-Quiz wie in 4 vor.
   b) Präsentieren Sie Ihr Quiz. Die anderen raten.

Mitmachen und gewinnen!

Noch mehr Katzenvideos …

Wie immer suchen wir auch in diesem Monat wieder das lustigste Katzenvideo. Machen Sie mit und gewinnen Sie tolle Preise! Für das beste Video gibt es eine praktische Transportbox, der zweite Preis ist ein 5 kg-Paket mit Katzenfutter und der dritte Preis das neueste Katzenbuch von Susanne Sanders.

Schicken Sie Ihr Video bis zum 31. Juli an: redaktion@katz&maus.example.com.

Katz & Maus gratuliert den Gewinner*innen aus dem Juni-Heft:

Auch im letzten Monat haben unsere Leser*innen wieder viele tolle Katzenvideos geschickt. Die besten zeigen wir auf unser Webseite.

1. Platz

Kater Franz von Martin Deutz aus Bochum findet seine Brille cool!

2. Platz

Kätzchen Miez und Maunz von Petra Jaschke aus Dresden besichtigen das neue Katzenklo.

3. Platz

Katze Lily von Ina Meier aus Flensburg googelt Mäuse.

1 In der Zoohandlung

🔊 2.19 a) Ines Lau recherchiert für einen Zeitungsartikel. Hören Sie das Gespräch und kreuzen Sie die Themen an.

In der Zoohandlung Heinzel

○ Pflegeprodukte
○ Tiere für Kinder
○ Zoobesuche
○ Futter
○ Ausbildung

der Kanarienvogel   der Wellensittich   der Papagei
der Hamster   der Goldfisch
das Kaninchen   das Meerschweinchen

b) *Der kleinste …, das beste …* Hören Sie noch einmal und wählen Sie aus.

1 Viele Kinder finden, dass Kaninchen a) (X) die niedlichsten b) ○ die günstigsten Haustiere sind.
2 Für Meerschweinchen und Hamster ist Gemüse a) ○ die billigste b) ○ die beste Nahrung.
3 Für Katzen ist a) ○ das teuerste b) ○ das neueste Shampoo nicht immer gut.
4 Ein echter Tierfreund ist für Bodo Heinzel a) ○ der größte b) ○ der beste Kunde.

c) Haustiere. Fragen und antworten Sie wie im Beispiel.

> Welches Futter ist am teuersten? — Das Hundefutter ist das teuerste Futter.

2 Zoohandlung Heinzel in neuen Räumen

a) Lesen Sie den Zeitungsartikel, wählen Sie passende Überschriften aus und vergleichen Sie.

„Wir haben uns schon lange gefragt, wo der beste Ort für eine größere Zoohandlung ist. Hier haben wir endlich viel Platz für die Tiere, das Zubehör, das Futter und viele andere Produkte", sagt Bodo Heinzel.

Man fragt sich gleich, welche Produkte für Kleintiere es hier nicht gibt. In einem langen Regal liegen kleine und große Bälle für Hunde, Katzen und Vögel. An den Wänden hängen Hundeleinen in vielen Farben und Größen. Aber natürlich gibt es hier nicht nur Zubehör. Es gibt auch viele Kleintiere, Futter und verschiedene Pflegeprodukte.

Hunde und Katzen kann man hier nicht kaufen. Bodo Heinzel begründet, warum das so ist: „Sie brauchen viel Platz, Bewegung und Zeit. Das brauchen die Kleintiere natürlich auch, aber nicht so viel. Und sie machen weniger Arbeit", meint der freundliche Zoohändler. „Den Tieren muss es auch im Geschäft gut gehen!"

Wissen Sie schon, was Sie am Samstag machen? Dann öffnet Heinzels neue Zoohandlung im Einkaufszentrum am Park um 10 Uhr endlich die Türen. Die Heinzels freuen sich schon und hoffen sehr, dass viele Gäste kommen!

Ines Lau

b) Markieren Sie die indirekten Fragen im Artikel in a) und auf S. 90/91. Ergänzen Sie die Regel.

Regel: In indirekten Fragen mit *Fragewort* und mit *ob* steht das konjugierte Verb am _____.

LEBEN MIT TIEREN

3 Haustiere

a) *Wie? Was? Wo? Warum?* Notieren Sie vier Fragen.

b) Fragen und antworten Sie mit Ihren Fragen aus a) wie im Beispiel.

1. Wie alt wird eine Katze?
2. Was …

> Wie alt wird eine Katze?

> Wie bitte?

> … möchte wissen, wie alt eine Katze wird.

> Ach so. Ich glaube, 12 bis 16 Jahre.

4 Welches Tier passt zu dir?

a) Partnerinterview. Sehen Sie sich die Tabelle an. Fragen Sie wie im Beispiel und kreuzen Sie die Antworten an.

> Kannst du mir sagen, was du mit dem Tier machen möchtest?

> Ich möchte ein Tier zum …

Heinzels Haustierampel

1 Was möchtest du mit dem Tier machen?								
○ Beobachten	🙂	🙂	🙂	🙂	😐	🙂	🙂	🙂
○ Spielen	🙂	🙂	🙂	🙂	😐	😐	😐	☹
○ Streicheln	🙂	🙂	😐	😐	😐	😐	😐	☹
○ Spazierengehen	🙂	☹	☹	☹	☹	☹	☹	☹
2 Wie viel Zeit hast du jeden Tag für das Tier?								
○ Eine halbe Stunde	☹	☹	☹	☹	☹	☹	☹	🙂
○ Eine Stunde	☹	😐	🙂	🙂	🙂	😐	😐	🙂
3 Wie viel kannst du im Monat für das Tier ausgeben?								
○ 20 Euro	☹	☹	☹	☹	😐	☹	😐	😐
○ 50 Euro	🙂	😐	😐	😐	😐	😐	😐	🙂
○ 100 Euro	🙂	🙂	🙂	🙂	🙂	🙂	🙂	🙂
4 Wie lange möchtest du mit dem Tier zusammenleben?								
○ 4–10 Jahre	🙂	🙂	🙂	🙂	☹	🙂	🙂	🙂
○ länger als 10 Jahre	🙂	🙂	😐	😐	☹	😐	😐	🙂

🙂 Das ist möglich.   😐 Das ist schwierig.   ☹ Das ist nicht möglich.

b) Sehen Sie sich das Ergebnis an und empfehlen Sie (k)ein Haustier. Berichten Sie und geben Sie Gründe für Ihre Entscheidung an.

> Ich empfehle … (k)einen Hund, weil …

> Für … ist ein Wellensittich oder ein Kanarienvogel das beste Haustier, weil …

5 Bellen und Miauen in anderen Sprachen. Vergleichen Sie.

> Auf Deutsch bellt ein Hund so: Wau, wau! Und eine Katze macht Miau!

> Meow!

> Blaff, blaff!

6 Mein Haustier ODER Haustiere in meinem Land

a) Recherchieren Sie und bereiten Sie eine Präsentation vor. Die Tipps und Redemittel helfen.

b) Stellen Sie Ihre Präsentation vor.

1 Eine Suchanzeige

a) Wer hat meinen Hund gesehen? Lesen Sie die Anzeige und ergänzen Sie.

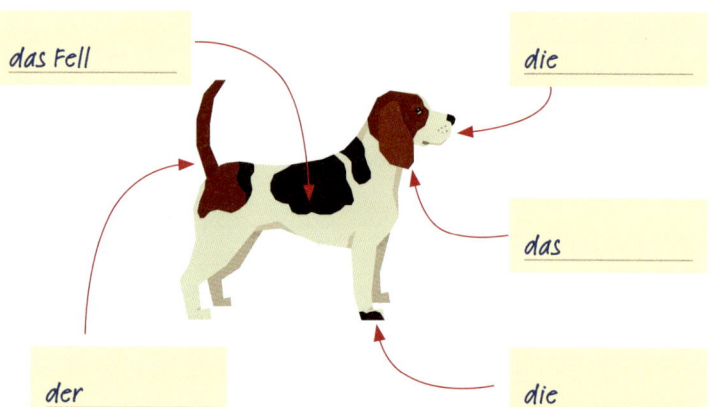

das Fell

die _____

das _____

der _____

die _____

Otto ist weg!

Unser Hund ist am 2. Mai im Stadtpark weggelaufen. Otto hat braune Ohren, eine schwarze Pfote, sehr kurzes Fell und einen braunen Schwanz. Wir vermissen unseren kleinen Liebling mit der weißen Schnauze!

Wer hat Otto gesehen?
Bitte melden Sie sich:

0162 2082784 | 0162 2082784 | 0162 2082784 | 0162 2082784 | 0162 2082784 | 0162 2082784

b) *Ich suche ...* Sprechen Sie schnell.

Ich suche einen Hund / eine Katze
- mit einem kurzen/langen/braunen/schwarzen/weißen Schwanz.
- mit einem kurzen/langen/braunen/schwarzen/weißen Ohr.
- mit einer braunen/schwarzen/weißen Schnauze.
- mit kleinen/großen/braunen/schwarzen/weißen Pfoten.

2 Ein Anruf im Tierheim

a) Hören Sie das Telefongespräch und ergänzen Sie die Gesprächsnotiz.

Paula Spitzweg
Tel: 0152 54599371
sucht ihren _____ Otto.

Landeskunde

In D-A-CH gibt es viele Tierheime. Dort warten viele Kleintiere auf ein neues Zuhause, weil ihre Besitzer z. B. zu wenig Platz oder keine Zeit für sie hatten. Für alte oder kranke Haustiere ist die Situation oft sehr schwierig, weil die meisten Menschen lieber ein junges, gesundes Tier möchten.

b) Ist Otto im Tierheim? Vergleichen Sie die Hunde mit Ihren Notizen in a). Kommentieren Sie.

> Der Hund mit der grauen Schnauze ist nicht Otto.

> Dieser Hund hat vier schwarze Pfoten. Das ist auch nicht Otto.

3 *Mein Papagei ist weg!*

a) *Au, äu, eu, ei, ai.* Lesen Sie den Dialog und markieren Sie die Diphthonge.

- Guten Morgen. Hier ist das Tierheim Mainz. Sie sprechen mit Klaus Häussler.
- Guten Morgen Herr Häussler. Hier ist Paula Seifert. Mein Papagei ist weg!
- Oh, das tut mir sehr leid! Wie sieht Ihr Papagei denn aus?
- Er ist blau und hat einen gelben Kopf.
- O. k. Kann er auch sprechen?
- Ja. Er sagt am liebsten „Schnauze, Paula!", aber eigentlich ist er sehr freundlich.

b) Hören Sie den Dialog und achten Sie auf die Diphthonge.

c) Spielen Sie den Dialog.

LEBEN MIT TIEREN

4 Wir suchen ein neues Zuhause

a) Piano, Nala und Jacky. Lesen Sie die Profile, sammeln Sie Informationen und vergleichen Sie.

Der kleine **Piano** ist ein besonders fitter und aktiver Hund. Seine Besitzerin hat ihn in Italien am Strand gefunden. Leider hat sie nicht genug Platz und kann nicht oft mit dem jungen Hund spielen. Piano ist jetzt 13 bis 16 Monate alt, mag andere Hunde, aber keine Katzen. Am liebsten möchte er in einem Haus mit Garten wohnen.

Hündin **Nala** ist schon vier Monate im Tierheim, weil ihr Besitzer krank ist. Sie ist zwei Jahre alt, sehr lieb und kann gut in einer Wohnung leben. Aber sie ist nicht gern alleine. Mit dem rechten Ohr hört sie nicht viel. Nala fährt gern Auto, mag lange Spaziergänge im Park und braucht ein ruhiges Zuhause mit netten Menschen.

Jacky hat man vor einem Jahr an einer Autobahn gefunden. Er war sehr krank, aber mit der guten Pflege im Tierheim geht es ihm schon viel besser. Jacky ist vier oder fünf Jahre alt, sehr intelligent und braucht klare Regeln, sehr viel Liebe und Bewegung. Mit den anderen Tieren im Tierheim und mit kleinen Kindern hat er Probleme.

Name	Piano	Nala	Jacky
Alter		2 Jahre	
Beschreibung			sehr intelligent
im Tierheim, weil ...	zu wenig Platz, ...		
hat Probleme mit ...			
braucht ...			

b) Hundefreund*innen. Lesen Sie die Profile, ordnen Sie den Personen einen Hund aus a) zu und begründen Sie.

Piano passt zu ..., weil ...   *Ich finde/meine ... passt zu ..., weil ...*

c) *Ich suche ...* Üben Sie Minidialoge wie im Beispiel.

das Meerschweinchen • die Katze • die Hamster (Pl.) • aktiv • klein • süß • niedlich • fit

Ich suche einen großen Hund.

Was möchtest du mit einem großen Hund machen?

Mit dem großen Hund möchte ich spielen und laufen.

Lerntipp

Nach Artikeln im Dativ ist die Adjektivendung immer *-en*.

5 Hund, Katze, Vogel, ...

Wählen Sie ein Tier aus, suchen Sie ein Foto und schreiben Sie eine Suchanzeige wie in 1 a). **ODER** Schreiben Sie ein Profil wie in 4.

ÜBUNGEN

1 Haustier Katze

a) Ordnen Sie in jeder Zeile passende Angaben aus der Wortwolke zu.

Wortwolke: sauber, klettern, miauen, gute Pflege, viel Liebe, leise, der Futternapf, interessant, in Wohnungen, einen Tierarzt, Viel Zeit, schlafen, auf Bauernhöfen, in der Stadt, die Transportbox, süß, gutes Futter, neugierig, witzig, der Katzenkorb, in der Natur, niedlich, klein, toll, spielen, nervig, in Häusern, weich, das Katzenklo

1 Dort leben Katzen: *in der Natur, ...*

2 Das brauchen Katzen: _____

3 Das machen Katzen: _____

4 So sind Katzen: _____

b) Ergänzen Sie weitere Informationen in a) oder in der Wortwolke.

c) Lieblingsmitbewohner Nr. 1. Wählen Sie in a) passende Informationen aus und ergänzen Sie den Magazinartikel. Es gibt viele Möglichkeiten.

Katzen sind nicht nur bei uns in Deutschland die beliebtesten Haustiere. Wir leben gern mit ihnen *in Wohnungen* ¹ zusammen, aber man trifft sie hier auch _____ ² oder _____ ³. Die meisten Menschen mögen Katzen, weil sie so _____ ⁴ und _____ ⁵ sind. Ganz kleine Kätzchen sind besonders _____ ⁶. Wie die großen Katzen _____ ⁷ sie viel und _____ ⁸ auch sehr gern. Als Haustiere brauchen Katzen gutes Futter, _____ ⁹, _____ ¹⁰ und _____ ¹¹. Sie wollen keine Probleme mit Ihrer Katze haben? Dann müssen _____ ¹² und _____ ¹³ immer sauber sein! 🐾

96 sechsundneunzig

LEBEN MIT TIEREN 7

2 *Klein, kleiner, am kleinsten*

a) Ergänzen Sie die Adjektive 1–7 wie im Beispiel.

1	klein	*kleiner*	am kleinsten		*größer*
2		*mehr*			
3		besser			
4	lang				
5		teurer			
6			am leisesten		
7	beliebt			unbeliebt	unbeliebter	am unbeliebtesten

b) Gegenteile. Ergänzen Sie in a) wie im Beispiel.

schlecht • laut • kurz • günstig • groß • ~~unbeliebt~~ • wenig

3 *Mitmachen und gewinnen!*

a) Welche Antwort ist richtig? Kreuzen Sie an.

Großes Gewinnspiel mit attraktiven Preisen

Machen Sie mit!

1 Das Meerschweinchen heißt so,
- a ○ weil es das kleinste Schwein ist.
- b ○ weil es über das Meer gekommen ist.
- c ○ weil es Salzwasser mag.

2 Die meisten Hamster werden
- a ○ 2–3 Jahre alt.
- b ○ 4–8 Jahre alt.
- c ○ 9–15 Jahre alt.

3 Für Papageien ist Obst und Gemüse
- a ○ die beste Nahrung.
- b ○ kein gutes Futter.
- c ○ besonders ungesund.

4 Welches Tier hat die längsten Ohren?
- a ○ Ein Meerschweinchen.
- b ○ Ein Kaninchen.
- c ○ Ein Hamster.

5 Der Goldfisch ist
- a ○ das beliebteste Haustier.
- b ○ der leiseste Mitbewohner.
- c ○ der teuerste Fisch.

6 Der größte Vogel in Heinzels Zoohandlung ist
- a ○ ein Wellensittich.
- b ○ ein Kanarienvogel.
- c ○ ein Papagei.

Und das können Sie gewinnen:
1. Preis: sportliche Hundeleine (**6 x** richtig)
2. Preis: praktischer Futternapf (**5 x** richtig)
3. Preis: schöner Katzenkalender (**4 x** richtig)
4. Preis: gesundes Vogelfutter (**3 x** richtig)

Wir haben ein Herz für Tiere! Heinzels Zoohandlung jetzt NEU im Einkaufszentrum am Park

b) Was haben Sie gewonnen? Ordnen Sie die Gewinne (6 x – 3 x) den Fotos zu und kontrollieren Sie Ihr Ergebnis aus a) auf S. 101.

a ○  b ○  c ○  d ○

ÜBUNGEN

4 *Der größte ..., das kleinste ...*

a) Markieren Sie die Superlative in 3a), sammeln Sie weitere Beispiele in der Einheit und machen Sie eine Tabelle.

Singular	Plural
das kleinste Schwein,	die meisten Hamster,

b) Sehen Sie sich die Angaben in der Tabelle in a) noch einmal an. Wie heißt die Adjektivendung? Ergänzen Sie.

Singular: _____   Plural: _____

c) Superlative. Wählen Sie passende Adjektive aus und ergänzen Sie wie im Beispiel.

unbeliebt • teuer • viel • klein • laut

1 In vielen Zoos sind die kleinen Graupapageien *die* _____ Tiere.

2 Ein japanischer Koi kann über 10.000 € kosten. Er ist _____ Fisch.

3 Singapura Katzen werden nur 20 cm groß. Sie sind _____ Katzen.

4 _____ Pferde brauchen täglich nur drei Stunden Schlaf.

5 Die Hausmaus ist für sehr viele Menschen _____ Mitbewohner.

5 Hören Sie und sprechen Sie nach. Achten Sie auf die Diphthonge.

2.22

1 Mitbewohner – ein unbeliebter Mitbewohner – Die Hausmaus ist ein unbeliebter Mitbewohner.

2 weich – ein weiches Fell – Meine Katze hat ein weiches Fell.

3 Fisch – ein teurer Fisch – Der japanische Koi ist ein teurer Fisch.

6 In der Zoohandlung Heinzel

2.23

a) Lesen Sie die Fragen und hören Sie das Gespräch zwischen Ines Lau und Bodo Heinzel noch einmal. Welche Fragen beantwortet Herr Heinzel? Kreuzen Sie an.

1 (X) Gibt es in der Zoohandlung Heinzel auch Tiere?

2 ( ) Wann öffnet Heinzels neue Zoohandlung im Einkaufszentrum am Park?

3 ( ) Welche Haustiere finden Kinder am niedlichsten?

4 ( ) Sind die teuren Pflegeprodukte für Hunde und Katzen wirklich gut?

5 ( ) Brauchen Hamster und Meerschweinchen auch so viel Zubehör wie Goldfische?

6 ( ) Welche Kundinnen und Kunden sind die besten?

b) Ines Lau hat Bodo Heinzels Antworten kurz notiert. Lesen Sie ihre Notizen und ordnen Sie passende Fragen aus a) zu.

Interview Heinzel, Zoohandlung im EKZ am Park

a ( ) nicht immer, Katzen brauchen kein Shampoo

b ( ) Kaninchen, zum Spielen und Streicheln

c ( ) nein, und das Futter ist auch günstig

d ( ) echte Tierfreunde

e ( ) kleine Haustiere ja, keine Hunde oder Katzen

LEBEN MIT TIEREN

7 *Können Sie mir sagen, ...*

a) Heinzels Kunden stellen viele Fragen. W-Frage (W) oder Satzfrage (S)? Kreuzen Sie an.

		W	S
1	Haben Sie auch kleine Kätzchen?	○	○
2	Welche Hundeleine ist am längsten?	○	○
3	Wie alt sind diese Papageien?	○	○
4	Dürfen Kaninchen Milch trinken?	○	○
5	Wo finde ich Zubehör für Fische?	○	○
6	Ist dieses Futter auch für kleine Hunde gut?	○	○

Herr Heinzel berät eine Kundin

b) Manchmal ist es in der Zoohandlung sehr laut. Dann fragen die Kund*innen noch einmal nach. Ergänzen Sie die indirekten Fragen wie im Beispiel.

1. Ich möchte wissen, *ob Sie auch kleine Kätzchen haben.*
2. Können Sie mir sagen, *welche Hundeleine am längsten ist?*
3. Wissen Sie, _____
4. Ich frage mich, _____
5. Können Sie mir sagen, _____
6. Wissen Sie, _____

8 *Haben Sie mein Kaninchen gesehen?*

a) Videokaraoke. Sehen Sie sich das Video an und antworten Sie.

kleines Kaninchen, ...

b) *Wie sieht es denn aus?* Sehen Sie sich das Video noch einmal an und ergänzen Sie die Notiz.

c) Im Tierheim. Ist Lotta dabei? Vergleichen Sie die Kaninchen mit Ihren Notizen aus a).

1 ○   2 ○   3 ○   4 ○   5 ○   6 ○

ÜBUNGEN

9 *In der Kleintierpraxis*

a) Sammeln Sie Informationen zu den Punkten 1–4 im Magazinartikel und notieren Sie die Zeilennummer(n).

1 Gründe für den Besuch in der Sprechstunde: _____

2 So arbeitet das Team in der Praxis: _____

3 Häufige Probleme: _____

4 Ein wichtiger Rat für alle Tierfreunde: _____

Sprechstunde in der Kleintierpraxis

Dr. Olga Novak-Langer

In einer ruhigen Straße in Köln liegt die Kleintierpraxis von Dr. Olga Novak-Langer. Jeden Tag bringen Menschen ihre Haustiere in die Sprechstunde, weil sie sich verletzt haben, krank sind oder eine Kontrolluntersuchung brauchen.

Die Tierärztin und ihr Team haben viel Erfahrung und sind mit den kleinen und großen Patienten sehr vorsichtig. Sie wissen, dass die meisten Tiere mit der fremden Situation Probleme haben. „Wir nehmen uns viel Zeit für unsere Patienten, weil jedes Haustier anders ist", sagt Dr. Novak-Langer. „Manche kennen wir schon lange, andere waren noch nie hier." Dann fragt sie die Besitzerinnen und Besitzer zuerst, wo und wie ihre Lieblinge leben. So findet sie schnell heraus, ob etwas nicht in Ordnung ist. „Besonders Hunde und Katzen sind oft zu dick und werden krank, weil sie das falsche Futter bekommen und sich nicht genug bewegen. Meistens können wir dann mit einfachen Tipps helfen", sagt Dr. Novak-Langer.

Mit der richtigen Pflege können manche Tiere sehr lange leben. Der älteste Patient von Dr. Novak-Langer ist der Papagei Lolo. Er ist schon 58 Jahre alt! „Es gibt viele Gründe, warum man sich auf jeden Fall sehr gut überlegen muss, ob man ein Haustier haben möchte", meint die Tierärztin.

b) Pro (+) und Kontra (-) Haustiere. Sammeln Sie Gründe im Magazinartikel in a) und in der Einheit.

(–) Sie brauchen manchmal einen Tierarzt. Das ist teuer.

10 Mensch und Tier

a) Oft sehen Hunde und ihre Besitzer*innen ähnlich aus. Welcher Hund gehört wem? Verbinden Sie.

Balou   Wotan   Kira   Mimi

b) Beschreiben Sie die Besitzer*innen wie im Beispiel.

Ich glaube, dass Mimi der Frau mit der grünen Bluse und ... gehört.

LEBEN MIT TIEREN 7

Fit für Einheit 8?

1 Mit Sprache handeln

über Haustiere sprechen

Ich finde kleine Kätzchen total süß!	Das stimmt. Kleine Katzen sind echt niedlich!
Wie alt wird eine Katze?	Eine Katze kann zwölf bis 16 Jahre alt werden.
Goldfische sind die billigsten Haustiere.	Ja, aber das Zubehör für Goldfische ist teuer.
Kannst du mir sagen, was du mit einem Haustier machen möchtest?	Ich möchte ein Tier zum Spielen, Streicheln und Spazierengehen.

ein Haustier beschreiben

Wie sieht Ihre Katze denn aus?	Sie hat braune Ohren, weiße Pfoten und einen schwarzen Schwanz. Haben Sie Miezi gesehen?

2 Wörter, Wendungen und Strukturen

Superlativ vor Nomen

Der größte Vogel in Heinzels Zoohandlung ist ein Papagei.
Ein Kaninchen ist das beste Haustier für kleine Kinder.
Die witzigste Katze gewinnt eine Transportbox.
Singapura Katzen sind die kleinsten Katzen.

indirekte Fragen mit Fragewort

Können Sie mir sagen,	wo ich das Katzenfutter finde?
Wissen Sie,	welches Hundeshampoo das Beste ist?
Kannst du mir sagen,	was ein Goldfisch kostet?
Weißt du,	wie ein Hund auf Japanisch bellt?
Wer weiß,	warum Papageien sprechen können?

Adjektive mit Artikel im Dativ

Der Hund mit dem schwarzen Kopf, der hellen Schnauze und dem braunen Ohr heißt Mango.
Ich suche einen Hund mit einem schwarzen Kopf, einer hellen Schnauze und einem braunen Ohr.
Das Kätzchen mit den großen Augen ist süß!
Ich finde, ein Kätzchen mit großen Augen ist süß!

3 Aussprache

Diphthonge *au, äu, eu, ei, ai*: Guten Morgen Herr Häussler. Hier ist Paula Seifert aus Mainz. Mein Papagei ist weg! Er ist blau und sehr freundlich.

Lösung Gewinnspiel
1b; 2a; 3a; 4b; 5b; 6c

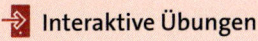 Interaktive Übungen

GLOBAL UND REGIONAL

HIER LERNEN SIE:
- eine Stadt vorstellen
- über regionale Gerichte und Spezialitäten berichten
- über Berufe am Flughafen sprechen
- Personen und Sachen beschreiben

eine echte Tradition:
der Apfelwein aus dem Krug

die Europäische Zentralbank

die Altstadt

der Frankfurter Flughafen

das Nachtleben

die Skyline

die Frankfurter Grüne Soße

die Alte Oper

der Wochenmarkt in
der Berger Straße

Frankfurt am Main

Weltstadt mit Tradition

„Frankfurt ist eine internationale Großstadt", sagen die einen. „Frankfurt ist gemütlich und traditionell", sagen die anderen. Ich finde, Frankfurt hat Charme, weil es so viele Gegensätze gibt. Ein Besuch in der Altstadt mit dem Rathaus ist eine Reise in die Vergangenheit. Frankfurt ist aber auch eine internationale Messestadt, die bekannt für ihre moderne Skyline mit vielen Banken und Hochhäusern ist. Wie zum Beispiel die Europäische Zentralbank (EZB). Ich finde, der Name „Mainhattan" passt wunderbar zu der Stadt am Main.

International:
Wie kommt man hin?

Zum Beispiel mit dem Flugzeug oder der Bahn. Der Flughafen Frankfurt Rhein-Main gehört zu den größten Flughäfen in Europa. Dort arbeiten rund 78.000 Menschen. Das Leben in Frankfurt ist multikulturell. In der Metropole am Main leben Menschen aus etwa 180 Nationen. Viele internationale Firmen sind in Frankfurt. Die Lufthansa, die Deutsche Bahn und die Börse sind wichtige Unternehmen. International bekannt ist auch die Frankfurter Buchmesse.

Kultur:
Wo geht man hin?

Frankfurt ist bekannt für seine Museen, wie z. B. das Jüdische Museum oder das Städel, das alte und moderne Kunst zeigt. Tolle Sehenswürdigkeiten sind die Alte Oper und der Dom. Kultur erlebt man aber auch in Stadtvierteln wie Bornheim oder Sachsenhausen. Ich empfehle die kleinen Cafés und Geschäfte z. B. in der Berger Straße. Dort kann man wunderbar einkaufen und entspannen. Am Abend kann man nicht nur toll essen, es gibt auch viele Bars und Clubs.

Tradition:
Was isst Frankfurt?

In Frankfurt trinkt man Apfelwein (*Ebbelwoi*). Apfelwein ist ein alkoholisches Getränk, das man aus Äpfeln macht. Ich empfehle auch die Frankfurter Grüne Soße. Das traditionelle Gericht ist eine kalte Soße, die aus grünen Kräutern besteht. Man isst sie mit Kartoffeln und Ei – vegetarisch und sehr lecker. Eine weitere Tradition ist der *Handkäs mit Musik*, der kein Musikinstrument ist. Es ist ein Käse, der in einer Essig-, Öl- und Zwiebelsoße liegt.

Svenja Larssen

1 **Frankfurt auf den ersten Blick.** Sehen Sie sich die Fotos an. Kommentieren Sie.
 💬 *Die Skyline sieht aus wie Manhattan.*
 💬 *Die Altstadt finde ich schön.*

2 **In Frankfurt.** Welche Orte sehen Sie? Sehen Sie sich das Video an. Sammeln und berichten Sie. 1.17

3 **Weltstadt mit Tradition**
 a) Typisch Frankfurt. Lesen Sie den Magazinartikel und berichten Sie.
 b) Ordnen Sie Fotos und Textstellen zu.
 c) Ankommen, ausgehen und essen in Frankfurt. Sammeln Sie Informationen.
 d) Aussagen über Frankfurt. Ordnen Sie die Aussagen den Textabschnitten zu.

4 **Handkäs mit Musik**
 a) Was ist was? Ordnen Sie zu.
 b) Hören Sie und sprechen Sie die Sätze nach. 2.24

5 **Digitale Stadt-Rallye.** Recherchieren Sie, stellen Sie die Ergebnisse vor und zeigen Sie Fotos.

Frankfurt regional

1 Frankfurter Wochenmärkte

a) Welche Lebensmittel kaufen Sie auf dem Markt? Machen Sie ein Wörternetz.

b) Wo kauft Maja ein? Was mag sie? Warum? Lesen Sie den Blogartikel. Berichten Sie.

AVOCADO BLOG
Majas Food Blog

SCHLEMMEN AUF DEM WOCHENMARKT

Frankfurt ohne Wochenmärkte: Das kann man sich nicht vorstellen! Am liebsten mag ich den Bornheimer Wochenmarkt, weil man dort regionale Produkte kaufen kann. Also direkt vom Bauern aus der Region. Ich kaufe immer am gleichen Stand, bei Familie Bruhn. Sie verkaufen Obst und Gemüse, das sie auf ihrem Hof anbauen. Die Lebensmittel sind frisch, günstig und saisonal. Erdbeeren gibt es zum
5 Beispiel nur im Mai und im Juni Spargel, der aus der Region kommt. Das ist ja auch das Schöne. Im Winter kaufe ich Kartoffeln und Kohl und im Sommer Erdbeeren und Bohnen.
Aber ich kaufe auf dem Markt nicht nur ein. Ich treffe mich hier auch mit Freunden und Nachbarn. Wir trinken Kaffee oder Wein und essen zusammen. Es gibt viele kleine Stände, die auch kleine Gerichte verkaufen. Der Besuch auf dem Markt gehört für mich zum Wochenende!

c) Wie beschreibt Maja regionale und saisonale Produkte im Text? Vergleichen Sie.

Regionale Produkte sind ...   *Ja, das stimmt, und es heißt auch ...*   *Saisonal bedeutet ...*

2 Ein Interview mit Gemüsebauer Peter Bruhn

 2.25

a) Hören Sie Teil 1, ergänzen Sie den Steckbrief und berichten Sie.

Steckbrief

Name: *Peter Bruhn*   Gemüsehof seit: _____

Beruf: _____   Wer arbeitet auf dem Hof? _____

Wohnort: _____

 2.26

b) Obst und Gemüse aus der Region. Was nennt Peter? Hören Sie Teil 2 und kreuzen Sie an.

1 die Orange   2 die Kirsche   3 die Himbeere   4 die Erdbeere   5 der Spargel   6 die Ananas   7 die Mango   8 die Avocado

c) Informationen verstehen. Hören Sie noch einmal, verbinden und vergleichen Sie.

1 Gemüsebauer ist ein Beruf,   die aus der Nähe kommen.
2 Die Gemüsekiste ist eine Box,   die nicht in Deutschland wächst.
3 Saisonales Obst ist ein Produkt,   der viel Arbeit macht.
4 Die Orange ist eine Frucht,   die man online bestellen kann.
5 Regionale Lebensmittel sind Produkte,   das zu einer bestimmten Jahreszeit wächst.

GLOBAL UND REGIONAL

8

3 Personen beschreiben

a) Lesen Sie die Sätze und markieren Sie wie im Beispiel. Sammeln Sie weitere Relativsätze auf S. 103–104.

Hauptsatz	Relativsatz
1 Ein Gemüsebauer ist ein Mann,	der Gemüse anbaut.
2 Eine Bloggerin ist eine Frau,	die Online-Artikel schreibt.
3 Ein Schulkind ist ein Kind,	das in die Schule geht.
4 Obsthändler sind Verkäufer,	die Obst auf dem Markt verkaufen.

b) Was ist richtig? Lesen Sie noch einmal und kreuzen Sie an.

1 ◯ Relativsätze erklären Sachen oder Personen genauer.
2 ◯ Das Relativpronomen gehört zu einem Nomen im Hauptsatz.
3 ◯ Der Relativsatz ist ein Hauptsatz.
4 ◯ Der Relativsatz ist ein Nebensatz.

4 Erdbeeren und Spargel ...

a) Hören Sie und markieren Sie die betonten Wörter.

1 Erdbeeren und Spargel sind Lebensmittel, die aus der Region kommen.
2 Auf dem Markt gibt es viele Stände, die auch Essen verkaufen.
3 Die Gemüsekiste ist eine Box, die man online bei uns bestellen kann.
4 Ein Familienbetrieb ist ein Betrieb, der einer Familie gehört.

b) Hören Sie und sprechen Sie nach.

5 So isst Frankfurt

Was finden Sie lecker? Wählen Sie drei Spezialitäten aus und beschreiben Sie wie im Beispiel.

Der Frankfurter Kranz ist eine Torte. Sie besteht aus Buttercreme und Teig. Sie schmeckt gut, aber sie hat viele Kalorien.

die Kirsche   der Teig   die Buttercreme

Was ist ein Frankfurter Kranz?

Der Frankfurter Kranz ist eine Torte, die aus Buttercreme und Teig besteht.

Der Frankfurter Kranz ist eine Torte, die gut ...

6 Spezialitäten aus meiner Region

Notieren Sie Spezialitäten aus Ihrer Region. Recherchieren Sie Fotos und präsentieren Sie. ODER Was sind saisonale und regionale Produkte und Gerichte in Ihrer Region? Wann gibt es was? Beschreiben Sie.

Bei uns in ... gibt es ...

Das klingt lecker. Isst man das mit ...?

Die Mango ist eine Frucht, die man bei uns in Brasilien von Januar bis März auf dem Markt kaufen kann.

1 Menschen am Flughafen

a) Die Fluggäste. Sehen Sie sich die Fotos an. Kennen Sie die Situation?

> Ich bin auch immer aufgeregt. Hoffentlich klappt alles!

> Ich fliege auch nicht gern, weil es immer stressig ist.

> Ich bin auch ganz entspannt. Endlich Urlaub!

b) Testen Sie Ihr Wissen über den Frankfurter Flughafen und kommentieren Sie.

> Mich wundert, dass ...

2 Wer arbeitet am Flughafen?

a) Berufe am Frankfurter Flughafen. Sehen Sie sich das Bild an. Ordnen Sie zu und ergänzen Sie.

1 ○ der Flugbegleiter 4 ○ der Fluglotse 7 ○ der Koch
2 ○ die Pilotin 5 ○ der Polizist 8 ○ die Mechanikerin
3 ○ die Zollbeamtin 6 ○ die Sicherheitsmitarbeiterin

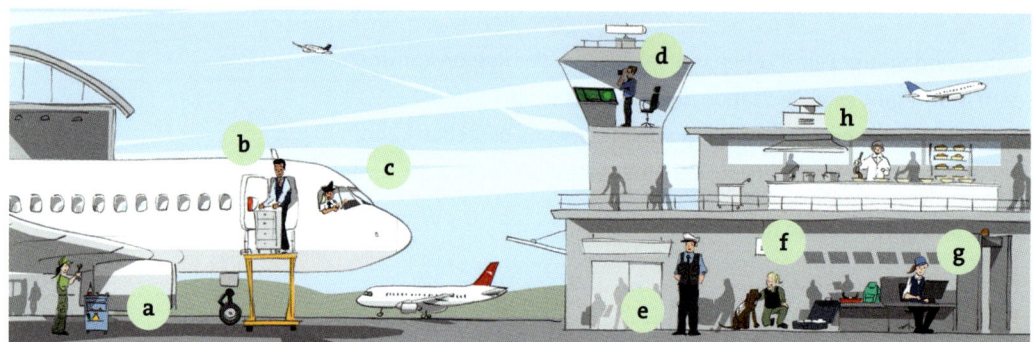

b) Typische Sätze am Flughafen. Ordnen Sie Berufe aus a) zu. Es gibt mehrere Möglichkeiten.

1 Ihren Ausweis, bitte.
2 Öffnen Sie bitte Ihren Koffer.
3 Haben Sie ein Taschenmesser im Koffer?
4 Möchten Sie Kaffee oder Tee?
5 Herzlich willkommen. Ich bin Ihr Co-Pilot.
6 Kommen Sie bitte einen Moment mit. Ich habe ein paar Fragen.

> Ihr Ticket, bitte, das sagt ...

c) Wählen Sie einen Beruf aus und lesen Sie das Porträt. Welchen Aussagen stimmt die Person zu? Kreuzen Sie an.

der Bundespolizist

die Flugbegleiterin

die Mechanikerin

1 ○ Ich bin immer unterwegs.
2 ○ Ich lerne bei der Arbeit viele Leute kennen.
3 ○ Die Arbeit macht sehr viel Spaß.
4 ○ Ich arbeite im Schichtdienst.
5 ○ Ich arbeite nicht gern am Wochenende.
6 ○ Es gibt auch unfreundliche Passagiere.

d) Lesen Sie noch einmal. Ergänzen Sie die Informationen zu Ihrer Person und vergleichen Sie.

Ausbildung und Tätigkeit: ...   *Vorteile im Job: ...*

arbeitet am Flughafen seit ...   *Nachteile im Job: ...*

3 Spezialitäten aus aller Welt

a) Lesen Sie und vergleichen Sie die Sätze. Markieren Sie die Relativpronomen im Akkusativ und ergänzen Sie wie im Beispiel.

1. Baklava ist ein Kuchen, den ich am Flughafen in Istanbul gekauft habe.

   der Kuchen = *den*

2. Mate ist ein Getränk, das ich in Buenos Aires getrunken habe.

   das Getränk = _____

3. Turrón ist eine Süßigkeit, die ich in Sevilla probiert habe.

   die Süßigkeit = _____

Baklava

Mate

Turrón

b) Wechselspiel. Spezialitäten und Personen beschreiben.

c) Was haben Sie auf Flughäfen oder auf Reisen probiert? Beschreiben Sie wie in a).

> *Matcha. Das ist ein grüner Tee, den ich in Japan getrunken habe.*

> *Medovnik. Das ist eine Torte, die ich in Moskau probiert habe.*

4 Ab in den Urlaub!

a) Saskia und Thea fliegen nach Spanien. Hören Sie die Mini-Dialoge und bringen Sie die Bilder in die richtige Reihenfolge.

a Saskia hasst den neuen Koffer. Sie kann den Koffer nicht schließen.

b Sie treffen den Flugbegleiter Jörg. Saskia findet ihn süß.

c Sie bestellen einen Kaffee. Sie trinken den Kaffee schnell.

d Saskia bekommt eine SMS von Jörg. Saskia liest sie sofort.

e Sie haben die Tickets gebucht. Die Tickets waren günstig.

f Saskia hat einen schweren Koffer. Sie kann ihn nicht tragen.

b) Saskia und Thea. Lesen Sie die Bildunterschriften und berichten Sie wie im Beispiel.

> *Saskia und Thea haben die Tickets gebucht, die günstig waren.*

5 Souvenirs aus …

Welche Souvenirs haben Sie wo gekauft? **ODER** Welche Souvenirs kaufen Touristen in Ihrem Land? Berichten Sie.

> *Ich habe eine Tasse, die ich in … gekauft habe.*

> *Ich habe ein Handtuch vom FC Bayern München, das ich in …*

> *In Südfrankreich habe ich Seife gekauft.*

ÜBUNGEN

1 Frankfurt hat Charme

a) Lesen Sie den Magazinartikel von Svenja Larssen auf S. 103 noch einmal und beantworten Sie die Fragen.

1 Welche Gegensätze nennt Svenja Larssen für die Stadt Frankfurt?
2 Warum passt der Name „Mainhattan" zu der Stadt?
3 Wie viele Menschen arbeiten am Flughafen Frankfurt Rhein-Main?
4 Warum ist Frankfurt multikulturell?
5 Was kann man in der Berger Straße machen?
6 Was sind typische Frankfurter Gerichte?
7 Was kann man sich im Städel Museum ansehen?

Frankfurt ist eine internationale Großstadt, aber Frankfurt ist auch ...

b) Was empfiehlt Svenja Larssen? Kreuzen Sie an.

1 ◯ die kleinen Cafés
2 ◯ die Geschäfte
3 ◯ die Grüne Soße
4 ◯ einen Besuch auf dem Flughafen

2 Frankfurt am Main an einem Tag

🔊 2.30

a) Über welches Thema spricht Isabelle? Hören Sie den Podcast und kreuzen Sie an.

1 ◯ der Frankfurter Flughafen
2 ◯ die Sehenswürdigkeiten in Frankfurt
3 ◯ die internationale Küche in Frankfurt
4 ◯ das Studium in Frankfurt

b) Eine Tour durch Frankfurt. Hören Sie noch einmal und ordnen Sie die Fotos.

a die Alte Oper
b die Altstadt
c eine Kneipe
d der Hauptbahnhof
e ein Restaurant
f die Europäische Zentralbank

c) Das war ein schöner Ausflug! Kreuzen Sie die richtigen Aussagen an und korrigieren Sie die falschen Aussagen.

1 ◯ Isabelle ist mit dem Zug nach Frankfurt gefahren.
2 ◯ Die Frankfurter Grüne Soße hat Isabelle nicht geschmeckt.
3 ◯ Im Restaurant haben Isabelle und Joanne Handkäs mit Musik gegessen.
4 ◯ Abends haben sie Apfelwein getrunken.

GLOBAL UND REGIONAL   8

3 Frankfurter Spezialitäten

a) Wie heißt das? Ergänzen Sie.

die _____   _____   _____   _____

b) Zwei Definitionen sind richtig. Lesen Sie und kreuzen Sie an.

1 Der Apfelwein …
- a ◯ ist ein Getränk ohne Alkohol.
- b ◯ ist ein Getränk aus Äpfeln.
- c ◯ heißt auch Ebbelwoi.

2 Die Grüne Soße …
- a ◯ heißt auch Gri Soß.
- b ◯ ist eine warme Soße.
- c ◯ besteht aus sieben grünen Kräutern.

3 Der Handkäs mit Musik …
- a ◯ ist ein Käse.
- b ◯ ist ein Musikinstrument.
- c ◯ liegt in einer Essig-, Öl- und Zwiebelsoße.

4 Der Zwiebelkuchen …
- a ◯ besteht aus Teig, Zwiebeln und Schinken.
- b ◯ heißt auch Zwiwwellkuuche.
- c ◯ ist ein süßer Kuchen.

4 Saisonal und regional

a) Ergänzen Sie wie im Beispiel. Das Wörterbuch hilft.

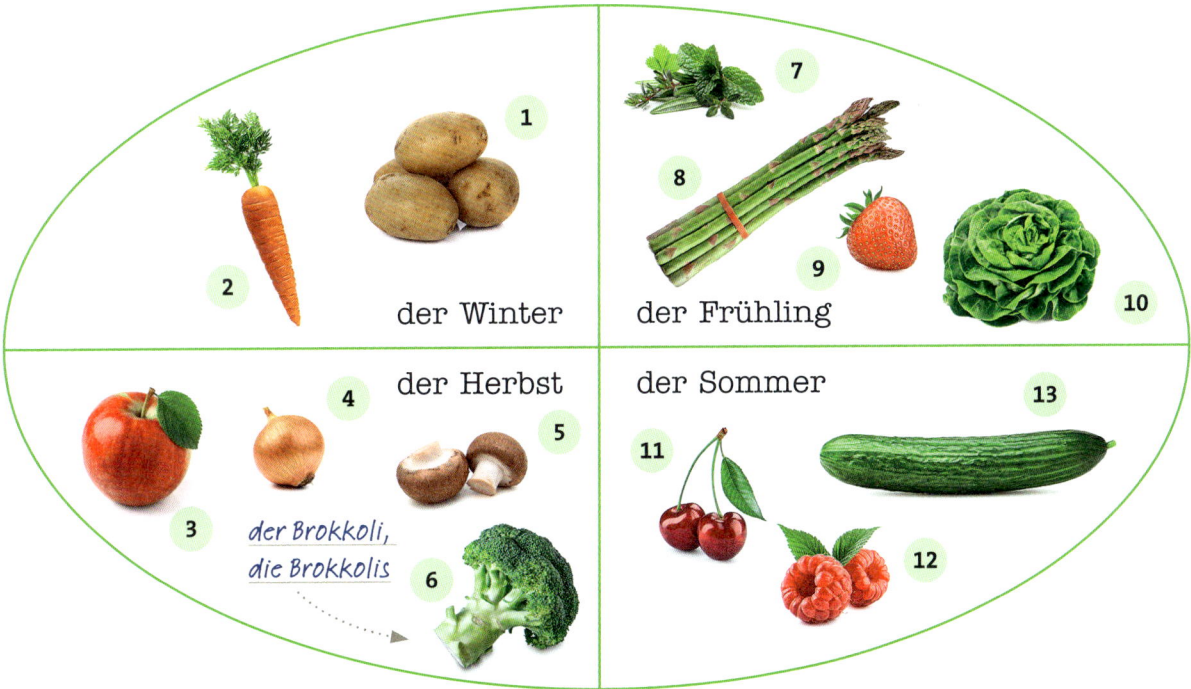

3 der Brokkoli, die Brokkolis

b) Saisonal und regional. Wann isst man traditionell Grüne Soße und Zwiebelkuchen? Kreuzen Sie an.

	im Frühling	im Sommer	im Herbst	im Winter
die Grüne Soße	◯	◯	◯	◯
der Zwiebelkuchen	◯	◯	◯	◯

ÜBUNGEN

5 Warum regional und saisonal?

a) Lesen Sie den Blogartikel. Welche Aussagen sind richtig? Kreuzen Sie an.

1 ○ Edgar isst morgens gern einen Obstsalat oder ein Brot.
2 ○ Orangen aus Spanien und Mangos aus Indien mag er am liebsten.
3 ○ Aber er möchte lieber regional einkaufen.
4 ○ Die Obst- und Gemüsekiste muss man nicht unbedingt online bestellen.
5 ○ Im Frühling waren Spargel und Kirschen in der Kiste.
6 ○ Im Sommer sind auch Himbeeren in der Kiste.

Edgars_Welt

Ein Obstsalat mit Mango, Orange und Banane ist ein Frühstück, das ich total lecker finde. Manchmal esse ich auch ein Brot mit Avocado und Ei. Aber es gibt ein Problem. Mangos, die aus Indien kommen, Bananen, die aus Israel kommen und Orangen, die aus Spanien
5 kommen ... Das sind mehr als 12.500 km auf dem Frühstückstisch! Das ist echt nicht regional und muss nicht jeden Morgen sein! Seit drei Monaten teste ich eine Obst- und Gemüsekiste, die man online bestellen oder auf dem Markt kaufen kann. Ich finde die Kiste super, weil es immer saisonale Produkte aus der Region gibt.
10 Im Mai war zum Beispiel frischer Spargel in der Kiste, der super geschmeckt hat. Ich freue mich schon auf die Kiste im Juli. Dann gibt es Kirschen und Himbeeren aus der Region!

Gefällt 88 Mal

b) Der Relativsatz. Was passt? Ergänzen Sie.

das Verb • der Relativsatz • das Relativpronomen • ein Nomen

_____¹ ist ein Nebensatz. Im Relativsatz steht _____² am Ende und

_____³ steht am Anfang. Der Relativsatz erklärt _____⁴ im Hauptsatz.

6 Was macht ein(e)...? Schreiben Sie Relativsätze im Nominativ wie im Beispiel.

1 Ein Ingenieur ist ein Mann. Er entwickelt Produkte.
2 Eine Hochzeitsfotografin ist eine Frau. Sie macht Fotos und Videos von einer Hochzeit.
3 Gemüsehändler sind Verkäufer. Sie verkaufen Obst und Gemüse auf dem Markt.
4 Eine Journalistin ist eine Frau. Sie schreibt Zeitungsartikel.
5 Ein Zoohändler ist ein Mann. Er arbeitet in einer Zoohandlung.
6 Eine Bäckerin ist eine Frau. Sie backt Brot, Brötchen und Kuchen.

Ein Ingenieur ist ein Mann, der ...

7 *Günstiges Gemüse*

🔊 2.31 a) Hören Sie und achten Sie auf ä, ö und ü.

1 Der Frankfurter Flughafen gehört zu den größten Flughäfen in Europa.
2 Auf den Märkten gibt es Bäcker, die frische Brötchen verkaufen.
3 Günstiges Gemüse gibt es auch in vielen Gemüsegeschäften.

b) Hören Sie noch einmal und sprechen Sie nach.

GLOBAL UND REGIONAL

8 Frankfurt international

a) **Internationale Küche.** Hören Sie das Interview und kreuzen Sie die passenden Aussagen an.

1. ◯ Das Restaurant von Familie Legowo heißt Makanan.
2. ◯ Im Makanan gibt es indonesisches Essen.
3. ◯ Viele Gäste haben noch nie indonesisch gegessen und freuen sich auf die Gerichte.
4. ◯ In Frankfurt gibt es viele internationale Restaurants.
5. ◯ Herr Legowo erzählt von Indonesien.
6. ◯ Die Journalistin möchte im Restaurant einen Kochkurs machen.

b) **Was ist das?** Hören Sie noch einmal und beschreiben Sie die Gerichte. Das Beispiel auf S. 105 hilft.

Rujak. Das ist ein Obstsalat mit einer Soße. Die Soße schmeckt zuerst sehr süß und dann scharf.

Ikan Bakar. Das ist ein Fischgericht mit einer scharfen Soße. Das Gericht ist in Indonesien sehr beliebt.

Rujak ist ein Obstsalat mit einer Soße, die ...

9 Wie heißen die Berufe?

a) **Ergänzen Sie.**

1. Ein Mann, der Ausweise kontrolliert.
2. Eine Frau, die im Flugzeug Getränke bringt.
3. Männer, die den Flugverkehr regeln.
4. Ein Mann, der auf Sicherheit achtet.
5. Frauen, die Koffer kontrollieren.
6. Ein Mann, der in der Küche arbeitet.
7. Eine Frau, die Flugzeuge fliegt.
8. Ein Mann, der Maschinen repariert.

(1 = B)

b) **Wie heißt das Lösungswort?** Ordnen Sie die markierten Buchstaben.

Lösung: der ☐☐☐☐☐☐☐☐

ÜBUNGEN

10 Eine Reise nach Italien

a) Videokaraoke. Sehen Sie sich das Video an und antworten Sie.

b) Sehen Sie sich das Video noch einmal an und sammeln Sie Informationen.

- Reiseziel: Gardasee
- Reisepartner:
- Kosten:
- Verkehrsmittel:
- Aktivität:

11 Flüssig sprechen. Hören Sie und sprechen Sie nach.

1. Einen Koffer – Ich habe einen Koffer. – Ich habe einen Koffer, den ich in Lissabon gekauft habe.
2. Ein Ticket – Ich habe ein günstiges Ticket. – Ich habe ein günstiges Ticket, das ich online gekauft habe.
3. Seine Sonnenbrille – Er sucht seine Sonnenbrille. – Er sucht seine Sonnenbrille, die er in den Urlaub mitnehmen möchte.
4. Unsere Freunde – Wir treffen unsere Freunde. – Wir treffen unsere Freunde, die wir lange nicht gesehen haben.

12 *Italien war mega!*

a) Was hat Manu aus Italien mitgebracht? Lesen Sie die Nachricht und kreuzen Sie an.

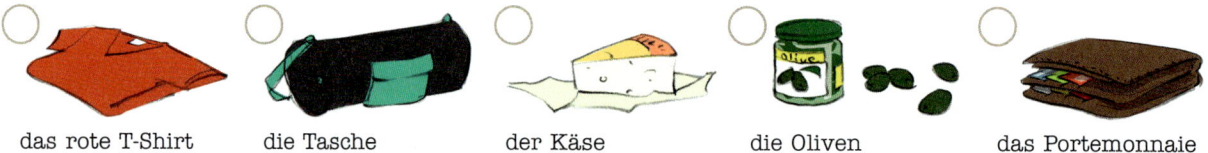

das rote T-Shirt   die Tasche   der Käse   die Oliven   das Portemonnaie

> Hey Lena,
> wie geht's dir? Thomas und ich hatten einen mega schönen Urlaub in Italien. Wir waren am Gardasee. Ich habe dort ein paar coole Sachen gesehen, die ich auch gekauft habe. Ich schicke dir gleich Fotos. Am besten finde ich das rote T-Shirt, das ich in einem kleinen Laden entdeckt habe. Und Thomas hat mir eine Tasche geschenkt, die ich total schön finde. Natürlich waren wir nicht nur einkaufen. Wir haben auch viele Ausflüge gemacht, waren am Strand und haben sehr gut gegessen. Ich liebe die Pizza, die man dort überall bekommt! Und ich mag den tollen Kaffee, den wir jeden Morgen zum Frühstück getrunken haben. Für dich habe ich auch noch etwas …
> Bis bald und liebe Grüße!
> Manu

b) Lesen Sie die Nachricht noch einmal und markieren Sie die Relativpronomen im Akkusativ.

c) Sie waren in Frankfurt. Was haben Sie dort gemacht? Was haben Sie mitgebracht? Schreiben Sie eine E-Mail an einen Freund / eine Freundin. Die E-Mail in a) hilft.

13 Selbsttest. Verbinden Sie die Sätze mit Relativpronomen im Akkusativ.

1. Nimmst du den Salat mit Avocado? Du magst den Salat so gerne.
2. Hast du das gelbe T-Shirt gefunden? Ich habe das T-Shirt in den Schrank gelegt.
3. Ich liebe die große Tasse. Meine Freundin hat die Tasse aus Prag mitgebracht.
4. Sie nimmt viele Zeitschriften mit. Sie liest unterwegs am liebsten Zeitschriften.

GLOBAL UND REGIONAL

Fit für Einheit 9?

1 Mit Sprache handeln

eine Stadt vorstellen
Ich finde, … hat Charme. / Die Stadt ist bekannt für …
Tourist*innen besuchen/kaufen besonders gern …
Tolle Sehenswürdigkeiten sind … / Ich empfehle einen Besuch in …

über regionale Gerichte und Spezialitäten berichten
Der Frankfurter Kranz ist eine Torte, die viele Kalorien hat.
Die Grüne Soße besteht aus sieben grünen Kräutern. Man isst sie mit Kartoffeln.
Im Winter kaufe ich Kartoffeln und Kohl aus der Region.

über Berufe am Flughafen sprechen
Er ist Bundespolizist und arbeitet im Schichtdienst.
Die Pilotin fliegt das Flugzeug.

Personen und Sachen beschreiben
Das Städel ist ein bekanntes Museum für alte und moderne Kunst in Frankfurt.
Erdbeeren und Spargel sind Produkte, die aus der Region kommen.
Ein Zollbeamter ist ein Mann, der das Gepäck kontrolliert.

2 Wörter, Wendungen und Strukturen

Saisonale Produkte
im Frühling: der Spargel, die Erdbeeren
im Sommer: die Himbeeren, die Bohnen

regionale Spezialitäten
aus Frankfurt: der Handkäse mit Musik, der Apfelwein
aus Indonesien: Ikan Bakar

Berufe am Flughafen
der/die Flugbegleiter*in, der/die Pilot*in, der/die Sicherheitsmitarbeiter*in

Relativsätze im Nominativ

Gemüsebauer ist ein Beruf. Er macht viel Spaß.	Gemüsebauer ist ein Beruf, **der** viel Spaß macht.
Handkäse mit Musik ist ein Gericht. Es schmeckt gut.	Handkäse mit Musik ist ein Gericht, **das** gut schmeckt.
Frankfurter Grüne Soße ist eine Soße. Sie besteht aus grünen Kräutern.	Frankfurter Grüne Soße ist eine Soße, **die** aus grünen Kräutern besteht.

Relativsätze im Akkusativ

Ich liebe den Kaffee. Wir haben ihn jeden Morgen zum Frühstück getrunken.	Ich liebe den Kaffee, **den** wir jeden Morgen zum Frühstück getrunken haben.
Am besten finde ich das blaue Kleid. Ich habe es in einem kleinen Laden entdeckt.	Am besten finde ich das blaue Kleid, **das** ich in einem kleinen Laden entdeckt habe.
Wie findest du die rote Tasse? Ich habe sie aus New York mitgebracht.	Wie findest du die rote Tasse, **die** ich aus New York mitgebracht habe?

3 Aussprache

Satzakzent: Ein Gemüsebauer ist ein **Mann**, der Ge**mü**se anbaut. Regionale Lebensmittel sind Pro**du**kte, die aus der **Nä**he kommen.

 Interaktive Übungen

1 Was bin ich?

a) Sammeln Sie Berufe, Tätigkeiten und Arbeitsorte.

Beruf	Arbeitsorte	Tätigkeit(en)
der Gärtner	in der Gärtnerei	Pflanzen pflegen, Kund*innen beraten
die Lehrerin	in der Schule	Schüler*innen unterrichten, Hausaufgaben …

b) Schreiben Sie jeden Beruf aus a) auf eine Karte. Mischen Sie die Karten und ziehen Sie eine. Die Gruppe fragt, Sie antworten mit *ja* oder *nein*. Nach fünfmal *nein* haben Sie gewonnen.

Arbeiten Sie / Arbeitest du	in der Schule / in der Universität? im Krankenhaus / im Büro / …? in der Bank / in der Werkstatt / draußen /…? bei der Firma XY / bei …? mit älteren Menschen / mit Kindern / mit dem Computer / …?
Verkaufen Sie / verkaufst du	Fahrkarten/Brötchen/…?
Kannst du / Müssen Sie …	Kund*innen beraten / Autos reparieren / Fremdsprachen sprechen / Sportkurse planen / kochen / …?

2 Neue Liebe gesucht

a) Lesen Sie die Kontaktanzeigen. Kombinieren Sie und schreiben Sie eine.

Kreativer, sehr sportlicher (Marathon, Fußball) Mann (29/179 cm/85 kg) möchte romantische, verrückte, fröhliche Traumfrau kennenlernen. Ein Bild ist toll!
Firstdate_2022@example.de

Romantische, etwas verrückte, blonde Studentin (26) wünscht sich großen, sportlichen, sensiblen Supermann für gemeinsame Hobbys.
Bitte mit Bild an 545545p.

Sportlich, elegant, attraktiv, sympathisch, intelligent, kreativ, sensibel, blond, …	Er/Sie Mann/Frau/Mensch Ingenieur/Busfahrer/ Zahnärztin/ Katzenfreund/…	sucht wünscht sich möchte … kennen lernen
klein, groß, fröhlich, lustig, verrückt, romantisch, …	Sie/Ihn/Menschen Mann/Frau/Menschen Supermann/Batgirl/…	für immer / für gemeinsame Hobbys / für eine große Familie / zum Lachen / zum Glücklichsein / …

b) Lustig, romantisch, sportlich, … Lesen Sie die Kontaktanzeigen laut vor und übertreiben Sie etwas.

c) Diskutieren Sie, wer wen treffen soll.

> *Der sportliche Mann passt zu der verrückten Studentin!*

> *Echt? Warum?*

> *Weil er eine romantische … sucht.*

> *Ich finde, sie passt besser zu …*

PLATEAU 2

3 Lernen mit Bewegung

a) *Das Katzenklo*. Notieren Sie zehn Komposita aus den Einheiten 1–8. Stellen Sie sich im Kreis auf. Sprechen Sie die Wörter laut und gehen Sie im Kreis. Jede Silbe ist ein Schritt. Der rechte Fuß beginnt.

b) Hören Sie die Collage und notieren Sie den Satz.

c) Formulieren Sie einen Satz. Gruppe A geht durch den Raum und macht eine Hör-Collage wie in b). Gruppe B rät den Satz und stellt die Sprecher*innen in der richtigen Reihenfolge auf. Wechseln Sie dann.

4 Wortsuchrätsel Tiere

a) Finden Sie die sechs Tiernamen im Rätsel und vergleichen Sie. Die Sätze helfen.

1 Kann man mit einem Shampoo für Hunde auch eine … waschen?

2 Sie sind klein und weich. Kinder sind von … immer sehr begeistert.

3 Mit einem … muss man dreimal am Tag vor die Tür gehen.

4 Der blaue … ist gestern aus dem Fenster geflogen. Wir haben ihn nicht mehr gefunden.

5 Mit einem … kann man nicht sprechen. Der antwortet nicht.

6 Zum ersten Schultag habe ich einen … bekommen. Er war sehr klein und hat am liebsten Schokolade gefressen.

← →

N	G	O	L	D	F	I	S	C	H	F	D	V
B	P	W	Z	N	C	N	M	R	U	J	C	K
U	Z	F	K	U	V	R	Z	S	N	Z	L	A
V	L	Z	F	H	O	E	S	F	G	K	H	N
U	Z	U	K	D	E	T	K	N	X	Q	W	I
Q	E	B	E	P	V	S	I	Y	E	Q	O	N
E	I	U	O	N	I	M	Y	I	V	I	A	C
P	D	L	J	V	L	A	I	E	E	B	T	H
H	T	A	R	M	G	H	U	E	W	Q	U	E
V	C	Y	J	O	Q	P	K	Z	B	D	D	N
W	E	L	L	E	N	S	I	T	T	I	C	H
O	X	W	Q	Q	K	Q	K	A	Q	H	U	M
A	N	G	K	R	S	J	A	K	T	B	O	Y

↑ ↓

b) Markieren Sie die Präpositionen mit Dativ in a).

5 Das erste und das letzte Mal. Wer formuliert die meisten sinnvollen Sätze in 60 Sekunden? Verbinden Sie und vergleichen Sie.

Als ich das erste / letzte Mal	in Deutschland war, gezeltet habe, ein Liebesgedicht gehört habe, Spaghetti gekocht habe, Fußball gespielt habe, eine Jeans gekauft habe, meine/n Partner*in gesehen habe,	habe ich mich sofort verliebt. hat die Soße nicht geschmeckt. hat es viel geregnet. hat sie nur 20 € gekostet. habe ich viel gelacht. hat meine Mannschaft gesiegt. habe ich kein Wort verstanden.

GROSSSTADTGERÄUSCHE

Berliner Stadtgeflüster

47 Gedichte *aus und über Berlin*

1 Großstadtatmosphäre

a) Was sehen Sie? Beschreiben Sie das Titelbild von Ulrike Sallós-Sohns. Die Redemittel helfen.

b) Was hören Sie? Vergleichen Sie mit dem Bild und berichten Sie.
2.34

c) Lesen Sie, was die Malerin über ihr Bild sagt. Was meinen Sie?

PLATEAU 2

Das kann ich mit Bildern, Hörcollagen und Gedichten machen
- Bilder zu Gedichten zeichnen
- Texte zu Bildern schreiben
- Gedichte laut vorlesen
- Gedichte variieren oder selbst schreiben
- Geschichten zu Hörcollagen schreiben
- eigene Hörcollagen machen

Gedicht IV
von Laura Nielsen

Ich bin wieder hier

Die eine Stadt, diese eine Stadt.
Es war mal meine Stadt.
Jetzt nicht mehr, schon lange nicht mehr.
Ganz fremd ist sie mir und doch so bekannt.
5 Ich bin wieder hier.
Das erste Mal seit 15 Jahren.
Ich steige aus dem Taxi aus.
Und ich bin wieder hier.
Ich kann nicht anders, ich liebe diese Stadt.
10 Lieben, aber auch hassen. Ich kann nicht anders.
Es ist immer zu voll, zu laut, zu chaotisch.
Aber es ist auch so schön. Wo ist es so schön wie hier?
Ich bin wieder hier.
Wie es hier riecht! Wie konnte ich das vergessen?
15 So gut, und auch so schlecht. So riecht nur diese eine Stadt.
Es ist Abend. Aber richtig dunkel ist diese Stadt nie.
Sie ist hell und bunt. So viele Lichter und Farben.
Rot, gelb, blau. Und kalt und nass.
Diese Gegensätze hat nur diese eine Stadt.
20 Ich bin wieder hier.
Es ist laut, so viele Autos, Taxis, Busse, Radfahrer.
Alle sind unterwegs. Wo fahren sie alle hin?
Und ich?
Ich stehe ganz still. Ich bewege mich nicht. Ich schaue nur.
25 Schaue mir diese eine Stadt an.
Ich bin wieder hier.
Ja, endlich bin ich wieder hier.
Ich atme tief ein.
Und frage mich, wie konnte ich so lange ohne sie leben und glücklich sein.
30 Berlin. Ich bin wieder hier!

15

2 *Diese eine Stadt*

a) Wo ist die Autorin? Ist sie glücklich? Hören Sie das Gedicht und berichten Sie.

b) Lesen Sie das Gedicht. Was wiederholt die Autorin? Warum?

c) Wie beschreibt die Autorin die Stadt? Lesen Sie noch einmal und sammeln Sie die Gegensätze.

d) Meine Stadt. Schreiben Sie ein Gedicht. Die Beispiele helfen.

1 Liest du gerne?

a) Sehen Sie sich das Video an. Ergänzen Sie die Namen: Lisa, Sebastian, Nina, Selma.

a ○ _____ bringt Nico und Selma Deutsch bei.
b (1) _____ fragen Nico nach Pepe.
c ○ _____ freut sich über die Zusage.
d ○ _____ will wissen, was in der Post war.
e ○ _____ verspricht Selma, dass er ihr hilft.
f ○ _____ glaubt, dass Nico lügt.

Deutschunterricht im Wohnzimmer

b) Bringen Sie die Aussagen a–f in die richtige Reihenfolge. Kontrollieren Sie mit dem Video.

c) *Wer ist das?* Partner/in A liest einen Satz vor. Partner/in B antwortet mit einer Aussage aus a) wie im Beispiel. Wechseln Sie sich ab.

> Sie hat eine neue Stelle an der Abendschule.

> Das ist Lisa. Sie ...

d) *Ich bin ihm egal.* Was sagt Nico über Pepe? Kommentieren Sie.

> Nico meint, dass Pepe in Spanien ...

> Das stimmt (nicht) / ist (nicht) richtig. Er sagt auch/aber, dass sein Bruder/er ...

e) Sport, Filme, Musik, ... Ordnen Sie passende Verben zu.

hören • machen • spielen • sammeln • sehen • ~~lesen~~ • lernen • besuchen

1 Sport _____   3 Musik _____   5 Fußball _____   7 Kulturfestivals _____
2 Filme _____   4 Bücher *lesen*   6 Sprachen _____   8 Comics _____

f) *Interessierst du dich für ...?* Fragen und antworten Sie mit den Angaben aus e) wie im Beispiel.

💬 Interessierst du dich für Bücher?
💬 Wie bitte?
💬 Ich möchte wissen, ob du gerne Bücher liest.
💬 Ja/Nein, ich interessiere mich (nicht/sehr) für Bücher / ich lese (nicht/sehr) gerne Bücher.

g) *Zum Beispiel Romane oder Krimis.* Sehen Sie sich die Szene im Wohnzimmer noch einmal an, beobachten Sie Lisas Strategie und erklären Sie die Wörter.

> Verkehrsmittel?

> Zum Beispiel ...

h) Unterhalten Sie sich über *Nicos Weg*. Die Fragen helfen.

> Erinnerst du dich an Nicos ersten Tag in Deutschland?

> Klar. Er ist am Flughafen angekommen und hat seine Tasche verloren.

PLATEAU 2

2 Coole Fotos

a) Sehen Sie sich die erste Szene an, notieren Sie und vergleichen Sie.

1 Wie ist das Wetter? _____
2 Wo sind Nico und Selma? *Unterwegs,*
3 Wohin gehen sie? _____
4 Wer ruft Selma an? _____
5 Warum? _____

b) Beschreiben Sie die Situation. Die Angaben aus a) helfen.

> *Das Wetter ist ... Nico und Selma sind ...*

c) Ein Foto aus Sebastians Projekt. Was beschreibt Selma? Sehen Sie sich die zweite Szene an und kreuzen Sie an.

1 ◯ der Vordergrund
2 ◯ die Kleidung
3 ◯ die Farben
4 ◯ das Wetter
5 ◯ die Personen
6 ◯ der Hintergrund
7 ◯ das Alter
8 ◯ der Beruf

d) Ein Bild beschreiben. Was tragen die Personen? Ergänzen Sie die Kleidung.

der Pullover

Kemal _____ Laura _____

der Rock • **der Pullover** • das Kleid • die Jacke • der Anzug • das Hemd • das T-Shirt • die Hose • die Jeans

e) Hören Sie die Beschreibung, ergänzen Sie Namen und Farben. Berichten Sie.

> *Die Frau mit dem blauen Kleid und den blonden Haaren rechts neben Kemal heißt ...*

f) Wer ist das? Wählen Sie ein Foto aus und beschreiben Sie die Person oder beschreiben Sie eine Person aus Ihrem Kurs. Die anderen raten.

einhundertneunzehn 119

3 Darf ich ...?

a) Inges Ausflug nach Bingen am Rhein. Wer, wo, was? Sehen Sie sich das Video an, ergänzen und vergleichen Sie.

1 Inge *sitzt in einem Restaurant. Sie nimmt ein Buch und ihre Brille aus der Tasche.*

2 Jacques *kommt ins Restaurant. Er* _____

3 Inge und Jacques _____

4 Jacques _____

5 Inge _____

6 Jacques _____

b) *Darf ich ...?* Stellen Sie höfliche Fragen und antworten Sie höflich.

Darf ich
- Sie/dich etwas fragen?
- mich vorstellen?
- mich zu Ihnen/dir setzen?
- Sie/dich zu einer Tasse Kaffee oder Tee einladen?
- Ihnen/dir ein Buch empfehlen?

(Ja,) Bitte.
(Ja,) Gerne.
(Nein,) Tut mir leid.
(Nein,) Lieber nicht.

c) Wer ist Jacques? *Der Mann, der/den ...* Berichten Sie wie im Beispiel.

Inge hat ihn in Bingen kennengelernt.

> *Jacques ist der Mann, den Inge in Bingen kennengelernt hat.*

d) Inge hat sich ein Buch über Hildegard von Bingen gekauft. Wer war die Frau, die vor über 900 Jahren in Bingen lebte? Lesen Sie die Kurzbiografie und berichten Sie.

Hildegard von Bingen, Briefmarke von 1979

Hildegard von Bingen (*1098, † 1179 in Bingen) war eine Dichterin, Autorin, Musikerin und frühe Naturforscherin. Im Alter von acht Jahren bringen ihre Eltern sie zur Ausbildung in ein Kloster in die Nähe von Bingen am Rhein, das sie später auch leitet. Als sie 1179 stirbt, ist sie 81 Jahre alt.

In ihrer Zeit ist Hildegard von Bingen eine ganz besondere Frau. Sie reist viel, sagt ihre oft unbequeme Meinung laut und schreibt Briefe an den Kaiser Barbarossa.

Hildegard interessiert sich für ein gesundes Leben, Krankheiten und medizinische Pflanzen. Sie weiß z. B., dass die Ringelblume bei Verletzungen hilft.

Bis heute sind ihre Gesundheitstipps, Gedichte und Musik bei vielen Menschen sehr beliebt.

die Ringelblume (Lat. Calendula)

> *Hildegard von Bingen hat vor über 900 Jahren in Bingen am Rhein gelebt.*

> *Als sie acht Jahre alt war, haben ihre Eltern sie ...*

e) Welches Buch hat Inge gekauft? Was meinen Sie? Begründen Sie Ihre Wahl.

Die Serie „Nicos Weg" in voller Länge mit interaktiven Übungen und zahlreichen weiteren Materialien gibt es kostenlos bei der Deutschen Welle: dw.com/nico

Goethe-Zertifikat A2: Hören

Der Prüfungsteil Hören kommt nach dem Prüfungsteil Lesen und hat auch vier Teile mit 20 Aufgaben. Sie haben 30 Minuten Zeit. Wörterbücher und Mobiltelefone sind nicht erlaubt.

Hören Teil 1: Sie hören fünf kurze Texte. Sie hören jeden Text zweimal. Wählen Sie für die Aufgaben die richtigen Lösungen a , b oder c .

1 Wie wird das Wetter?
- a Im Süden und Osten sonnig.
- b Im Norden ungemütlich.
- c Im Westen kälter.

Hören Teil 2: Sie hören ein Gespräch. Sie hören den Text einmal. Was machen die Frau und der Mann in der Urlaubswoche? Wählen Sie für jede Aufgabe ein passendes Bild aus. Wählen Sie jeden Buchstaben nur einmal. Sehen Sie sich jetzt die Bilder an.

6 Was machen die Frau und der Mann in der Urlaubswoche?

	6	7	8	9	10
Tag	Dienstag	Mittwoch	Donnerstag	Freitag	Samstag
Lösung					

a
b
c

Hören Teil 3: Sie hören fünf kurze Gespräche. Wählen Sie für die Aufgaben die richtigen Lösungen a , b oder c .

11 Mit welchem Verkehrsmittel ist der Mann nach Hamburg gekommen?

a
b
c

Hören Teil 4: Sie hören ein Interview. Sie hören den Text zweimal. Wählen Sie für die Aufgaben Ja oder Nein . Lesen Sie jetzt die Aufgaben.

16 Herr Trung hat erst in Deutschland Deutsch gelernt.   Ja   Nein

Tipps zum Prüfungsteil Hören auf einen Blick

GRAMMATIK

Grammatik im Überblick

Einheiten 1–8

Sätze

1 Kommentieren, Informationen weitergeben. Nebensätze mit *dass*
2 Gründe nennen. Nebensätze mit *weil*
3 Einen Zweck beschreiben. *Wozu ...? Zum ...*
4 Indirekte Fragen
    4.1 Satzfragen. *Weißt du, ob ...*
    4.2 W-Fragen. *Können Sie mir sagen, wie ...*
5 Gleichzeitigkeit in der Vergangenheit
    5.1 Nebensätze mit *als*
    5.2 Nebensatz vor Hauptsatz
6 Etwas genauer beschreiben. Relativsätze im Nominativ und Akkusativ

Wörtern und Wendungen

7 Nomen verbinden mit Genitiv
    7.1 Genitiv *-s*: Patricks Freunde
8 Partikeln *noch* und *schon*
    8.1 *noch*
    8.2 *schon*
9 Personalpronomen im Dativ
10 Reflexivpronomen im Akkusativ. *Sich freuen auf*
11 Etwas genauer beschreiben. Adjektive vor Nomen
    11.1 Adjektive ohne Artikel im Nominativ und Akkusativ
    11.2 Adjektive mit bestimmtem und unbestimmtem Artikel im Nominativ und Akkusativ
    11.3 Adjektive mit Artikel im Dativ
12 Vergleiche mit Superlativ
13 Wortbildung
    13.1 Komposita. Nomen + Adjektiv
    13.2 Aus Verben Nomen machen
    13.3 Nomen mit *-ung*
    13.4 Präpositionen *von, aus, bei, mit, nach, seit, zu* + Dativ
14 Modalverb *dürfen*. Präsens und Präteritum
15 Verben mit Ergänzungen
16 Vergangenheit
    16.1 Perfekt oder Präteritum?
    16.2 Präteritum. Regelmäßige Verben

Sätze

1. Kommentieren, Informationen weitergeben. Nebensätze mit *dass* ▶E1

Hauptsatz	Nebensatz
Ich habe gehört,	dass du jetzt in Hamburg arbeitest.
Wir freuen uns,	dass ihr gekommen seid.
Ich hoffe,	dass du zum Klassentreffen kommst.
Weißt du schon,	dass Patrick heute auch kommt?

Regel: Im Nebensatz steht das Verb am Ende. Vor *dass* steht ein Komma.

Häufige Wendungen

Ich habe gehört/gelesen, dass er wieder geheiratet hat.
Ich hätte nicht gedacht, dass es heute regnet.
Ich freue mich, dass du gekommen bist.

2. Gründe nennen. Nebensätze mit *weil* ▶E2

Hauptsatz	Nebensatz
Sascha fährt lieber mit dem Auto,	weil die Fahrt mit dem Bus länger dauert.
Noah fährt lieber mit dem Bus als mit der Bahn,	weil das billiger ist.
Carina nimmt am liebsten das Fahrrad,	weil das in Münster am praktischsten ist.

Regel: Im Nebensatz steht das Verb am Ende. Vor *weil* steht ein Komma.

3. Einen Zweck beschreiben. *Wozu ...? Zum ...* ▶E4

● Wozu hast du ein Handy?
● Zum Telefonieren. Und du?
● Ich benutze es meistens zum Schreiben von Nachrichten.

4. Indirekte Fragen ▶E4

Does this streetcar go directly to the railway station?

Er hat gefragt, ob diese Straßenbahn direkt zum Bahnhof fährt.

Ja, die Nummer 5 fährt direkt zum Hauptbahnhof.

4.1 Satzfragen. *Weißt du, ob ...* ▶E4

● Weißt du, ob wir am Montag einen Test schreiben?
● Nein, der Test ist erst am Dienstag.

● Entschuldigung, können Sie mir sagen, ob der Kurs am Freitag auch stattfindet?
● Ja, um 15 Uhr.

Ich frage mich, ob du wirklich Zeit für ein Haustier hast.
Ich weiß nicht, ob Hunde in Deutschland einen Pass haben.

GRAMMATIK

4.2 W-Fragen. *Können Sie mir sagen, wie ...* ▶ E7

Können Sie mir sagen,	wie spät es ist?
Weißt du,	wo mein Schlüssel ist?
Ich weiß nicht,	warum wir schon wieder einen Test schreiben müssen.
Weißt du schon,	was du am Wochenende machst?
Ich habe mich schon lange gefragt,	woher du das Geld für diese Uhr hast.
Wissen Sie,	wann der Zug kommt?

> **Häufige Wendungen**
>
> Weißt du, was das gekostet hat?
> Ich frage mich, wie lange das noch dauert.
> Ich habe keine Ahnung, warum wir so lange warten müssen.

5 Gleichzeitigkeit in der Vergangenheit ▶ E6

5.1 Nebensätze mit *als*

Hauptsatz	**Nebensatz**
Goethe war erst 16 Jahre alt,	als er in Leipzig Jura studierte.
Goethe malte viele Bilder,	als er in Italien war.

5.2 Nebensatz vor Hauptsatz

Position 1	**Position 2**
Als Goethe in Leipzig Jura studierte,	war er erst 16 Jahre alt.
Als Goethe in Italien war,	malte er viele Bilder.

Regel: Der Nebensatz steht auf Position 1. Das Verb bleibt auf Position 2.

> **Häufige Wendungen**
>
> Als ich klein war, ...
> Als ich noch studiert habe, ...
> Als wir in Deutschland gearbeitet haben, ...

6 Etwas genauer beschreiben. Relativsätze im Nominativ und Akkusativ ▶ E8

der Dresdner Christstollen

das Bündner Birnbrot

die Linzer Torte

Nominativ	Der Dresdner Christstollen ist ein Kuchen,	der aus Dresden kommt.
Akkusativ	Der Dresdner Christstollen ist ein Kuchen,	den man in ganz Deutschland isst.
Nominativ	Das Bündner Birnbrot ist ein süßes Brot,	das aus der Schweiz kommt.
Akkusativ	Das Bündner Birnbrot ist ein süßes Brot,	das man aus Birnen macht.
Nominativ	Die Linzer Torte ist eine Torte,	die aus Linz in Österreich kommt.
Akkusativ	Die Linzer Torte ist eine Torte,	die man mit Mehl und Nüssen macht.
Nominativ	Printen sind kleine Kuchen,	die aus Aachen kommen.
Akkusativ	Printen sind kleine Kuchen,	die man im Winter isst.

Regel: Im Relativsatz steht das Relativpronomen (*der/den, das, die*) am Anfang, das Verb steht am Ende. Der Relativsatz beschreibt ein Nomen im Hauptsatz genauer.

Wörter und Wendungen

7 Nomen verbinden mit Genitiv

7.1 Genitiv -s: *Patricks Freunde* ▶ E1

Katta und Basti sind Freunde von Patrick.
Katta und Basti sind Patricks Freunde.

● Hast du die Handynummer von Manu?
○ Nein, Manus Handynummer habe ich nicht.

● Ist das der Motorroller von Lotte?
○ Ja, das ist Lottes Motorroller.

8 Partikeln *noch* und *schon* ▶ E1, E7

Lerntipp
Partikeln immer im Kontext lernen und üben.

8.1 *noch*

Beispiel
Noch einmal: Ich esse keinen Fisch.
Ich habe noch eine Frage …
Noch ein Bier, bitte!

Bedeutung
etwas wiederholen
etwas hinzufügen

Häufige Wendungen
Erinnerst du dich noch an unsere Schule?
Wo ist Benni? Der ist noch im Büro.
Treffen wir uns noch nach dem Kurs?

GRAMMATIK

8.1 *schon*

Beispiel

Ich war schon immer Wintersportfan.
Ich habe schon lange nichts mehr von Lotte gehört.

Bedeutung

in Verbindung mit Zeit (Vergangenheit)

> **Häufige Wendungen**
>
> Warst du schon mal in Deutschland? Nein, noch nicht.
> Hast du schon mal Tennis gespielt? Ja, schon oft.
> Musst du dich noch anmelden? Nein, das habe ich schon gemacht.

9 Personalpronomen im Dativ ▶ E4, E13

	Nominativ	Akkusativ	Dativ
Singular	ich	mich	mir
	du	dich	dir
	er	ihn	ihm
	es	es	ihm
	sie	sie	ihr
Plural	wir	uns	uns
	ihr	euch	euch
	sie/Sie	sie/Sie	ihnen/Ihnen

> **Häufige Wendungen**
>
> Wie geht es Ihnen?
> Das gefällt mir wirklich gut!
> Du fehlst mir!
> Ihm geht es nicht gut, er ist krank.

Kannst du mir helfen?

10 Reflexivpronomen im Akkusativ. *Sich freuen auf* ▶ E1, E3

Patrick freut sich auf das Klassentreffen. Er hat sich schon angemeldet. Vor 10 Jahren hat er sich in Lotte verliebt. Er schreibt an Lotte: „Freust du dich auch? Wir haben uns 10 Jahre nicht gesehen. Treffen wir uns in Gotha? Mich interessiert auch, was Katta und Basti heute machen."

	Personalpronomen im Akkusativ	Reflexivpronomen im Akkusativ
Singular	mich	mich
	dich	dich
	ihn	sich
	es	sich
	sie	sich
Plural	uns	uns
	euch	euch
	sie/Sie	sich

> **Häufige Wendungen**
>
> Sie interessiert *sich* für Literatur.
> Ich erinnere *mich* nicht an unsere Lehrer.
> Ich ärgere *mich* über meine Nachbarn.
> Sie informieren *sich* über die Stadt Gotha.
> Wir freuen uns auf das Wochenende.

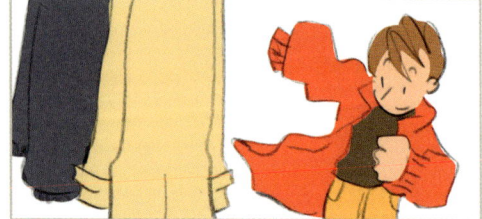

Mascha zieht sich an.

Maschas Mutter zieht sie an.

11 Etwas genauer beschreiben. Adjektive vor Nomen

11.1 Adjektive ohne Artikel im Nominativ und Akkusativ ▶ E3

Schöne Wohnung sucht neue Mieter

44791 Bochum (Zentrum), Blumenstr.
✓ Bad mit Fenster, Keller

395 € — Kaltmiete
50,45 m² — Wohnfläche
2 Zimmer — ab 01.11.
103,55 € — Nebenkosten
1150 € — Kaution

✉ Anbieter kontaktieren
☆ Merken   ✎ Notizen

Verkaufe schönes Auto

VW-Golf, Baujahr 1974
sehr gut gepflegt!
Nur 15.000 Euro.

Tel.: 0162 2082784

✉ Anbieter kontaktieren
☆ Merken   ✎ Notizen

Singular	der	das	die
Nominativ	großer Balkon	großes Sofa	große Terrasse
Akkusativ	großen Balkon	großes Sofa	große Terrasse
Plural (die) Nominativ/Akkusativ	große Balkone/Sofas/Terrassen		

GRAMMATIK

11.2 Adjektive mit bestimmtem und unbestimmtem Artikel ▶E5

> Was magst du an deinem Beruf?

> Ich mag meine tolle Chefin, den täglichen Kontakt mit Kunden und das große Büro. Ich finde auch gut, dass ich keine festen Arbeitszeiten habe.

bestimmter Artikel	Nominativ	Akkusativ
Singular	der neue Computer das neue Büro die neue Chefin	den neuen Computer das neue Büro die neue Chefin
Plural (Nom. = Akk.)	die neuen Computer/Büros/Chefinnen	

unbestimmter Artikel	Nominativ	Akkusativ
Singular	(k)ein neuer Computer (k)ein neues Büro (k)eine neue Chefin	(k)einen neuen Computer (k)ein neues Büro (k)eine neue Chefin
Plural (Nom. = Akk.)	keine neuen Computer/Büros/Chefinnen	

Regel: Adjektive nach Possessivartikel und Negation (*kein-*) haben die gleiche Endung wie Adjektive nach unbestimmten Artikeln.

11.3 Adjektive mit Artikel im Dativ. Ein/Der Hund mit einem/dem weißen Schwanz ▶E7

Das ist ein/der Hund mit einer/der weißen Schnauze und einem/dem weißen Schwanz.

Das ist eine/die Kuh mit einem/dem braunen Fell, einem/dem weißen Kopf und (den) braunen Ohren.

Das sind (die) Schweine mit (den) schwarz-weißen Beinen und (den) schwarzen Ohren.

Regel: Adjektive mit Artikeln, Plural im Dativ: Die Endung ist immer *-en*.

GRAMMATIK

Vergleiche mit Superlativ ▶ E2, E7

Die Wolga ist der längste Fluss Europas. Sie ist länger als die Donau.
Die Donau fließt aber durch die meisten Länder: Insgesamt zehn Länder!
Das ist Weltrekord. Der drittlängste Fluss in Europa ist der Dnepr,
aber die Wolga ist am längsten.

Die Donau in Regensburg

	Adjektiv	Komparativ	Superlativ	
regelmäßig	billig	billiger als	am billigsten	der/das/die billigste
	schnell	schneller als	am schnellsten	der/das/die schnellste
	praktisch	praktischer als	am praktischsten	der/das/die praktischste
mit Umlaut	groß	größer als	am größten	der/das/die größte
	jung	jünger als	am jüngsten	der/das/die jüngste
	alt	älter als	am ältesten	der/das/die älteste
unregelmäßig	gern	lieber als	am liebsten	der/das/die liebste
	gut	besser als	am besten	der/das/die beste
	viel	mehr als	am meisten	der/das/die meiste
	hoch	höher als	am höchsten	der/das/die höchste

Plural: die schnellsten/größten/ältesten Tiere

Lerntipp

dunkler als, teurer als, flexibler als

Wortbildung

13.1 Komposita. Nomen + Adjektiv ▶ E2

Münster ist eine fahrradfreundliche Stadt mit vielen Radwegen. Das ist umweltfreundlich.
Die große Fußgängerzone in der Altstadt zeigt, dass die Stadt auch fußgängerfreundlich ist.

13.2 Aus Verben Nomen machen. Das Grillen ▶ E3

Hausordnung:

Das Grillen auf dem Balkon ist verboten.
Das Spielen im Treppenhaus ist auch nicht erlaubt.
Das Abstellen von Fahrrädern im Fahrradkeller ist erlaubt.

Die Hausverwaltung

| wohnen | das Wohnen | spielen | das Spielen |
| grillen | das Grillen | abstellen | das Abstellen |

Regel: Aus Verben Nomen machen. Der Artikel ist immer *das*.

13.3 Nomen mit -ung ▶ E5

die Ausbildung – ausbilden
die Bewegung – (sich) bewegen
die Veränderung – (sich) verändern
die Wohnung – wohnen
die Planung – planen

Lerntipp

In Nomen mit *-ung* findet man meistens ein Verb.

Regel: Nomen mit *-ung*: Artikel *die*.

einhundertneunundzwanzig **129**

GRAMMATIK

13.4 Präpositionen *aus, bei, mit, nach, von, seit, zu* + Dativ ▶E5

Im Sommer fahren wir immer mit dem Auto zu meiner Familie nach Bayern.
Das machen wir seit vielen Jahren. Wir bleiben dann bei der Familie.
Am 19. August hat mein Bruder Geburtstag und wir feiern mit der ganzen Familie.
Nach einer Woche fahren wir dann wieder zurück. Wenn wir aus dem Urlaub
zurückkommen, müssen wir sofort wieder arbeiten.

> Von *Aus bei mit* nach *Von seit zu* kommst immer mit dem Dativ du.

Lerntipp

Verben und Wendungen mit Präpositionen lernen, z. B. anfangen *mit*, bleiben *bei*.

Häufige Wendungen

Ich fange mit dem B1 Kurs an. / Ich höre mit dem Kurs auf. /
Ich bin mit Angela verheiratet. / Ich habe keine Angst vor
der Zukunft. / Ich erzähle nicht gern von meiner Familie.

Modalverb *dürfen* ▶E3

Tut mir leid, hier dürfen Sie nicht parken. Das ist verboten!

Entschuldigung, aber mein Auto ist kaputt.

	Präsens
ich	darf
du	darfst
er/es/sie	darf
wir	dürfen
ihr	dürft
sie/Sie	dürfen

Häufige Wendungen

Tut mir leid, das darf ich nicht (essen).
Wo darf man hier rauchen?
Nein, hier darf man nicht rauchen.
Rauchen ist hier verboten.
Hier dürfen keine Autos fahren.

Verben mit Ergänzungen ▶E1

	Akkusativergänzung	
Viele Menschen kaufen	teure Bio-Produkte.	
Ich habe	ein neues Fahrrad.	
Kennst du	den neuen Roman von Volker Kutscher?	
Ich besuche jetzt	einen A2-Kurs.	
	Dativergänzung	
Das Auto gehört	meinem Vater.	
Hilfst du	ihm	am Wochenende beim Umzug?
Die Hose passt	mir	leider nicht.
Das neue Restaurant gefällt	den Touristen.	

16 Vergangenheit ▶E6

16.1 Perfekt oder Präteritum?

Perfekt

1806 *habe* ich Christiane *geheiratet*.

Präteritum

1806 heirat*ete* Goethe Christiane Vulpius.

16.2 Präteritum. Regelmäßige Verben ▶E6

Singular	ich	leb**te**
		arbeit**ete**
	er/es/sie	reis**te**
		lern**te** … kennen
Plural	wir	studier**ten**
	sie/Sie	heirat**eten**
		lieb**ten**

Lerntipp 1

Die 2. Person (*du, ihr*) verwendet man im Präteritum fast nur bei Modalverben und *haben* und *sein*.

Lerntipp 2

Verbstamm endet auf *-t*: du brauchst noch ein *-e*.

LISTE DER UNREGELMÄSSIGEN VERBEN

Diese Verben aus „Das Leben" A1 und A2.1 wechseln den Vokal in der 3. Person Präsens, im Präteritum und im Perfekt. Diese Verben finden Sie in einer oder mehreren der folgenden Listen: Goethe-Zertifikat A1, Start Deutsch 1, Goethe-Zertifikat A2, Deutschprüfung für Erwachsene, DUDEN-Korpus (5,3 Milliarden Wörter): die 200 häufigsten Verben. Kursiv ausgezeichnete Wörter sind nicht in den Listen.

*Perfekt mit *sein*

	er/es/sie	
ab|fahren	fuhr ab	abgefahren
an|bieten	bot an	angeboten
an|fangen	fing an	angefangen
an|kommen	kam an	angekommen*
an|rufen	rief an	angerufen
an|sehen	sah an	angesehen
an|ziehen (sich)	zog sich an	angezogen
auf|laden	*lud auf*	*aufgeladen*
auf|stehen	stand auf	aufgestanden*
aus|fallen	fiel aus	ausgefallen*
aus|geben	gab aus	ausgegeben
aus|gehen	ging aus	ausgegangen*
aus|schlafen	*schlief aus*	*ausgeschlafen*
aus|sehen	sah aus	ausgesehen
aus|ziehen (sich)	zog sich aus	ausgezogen
beginnen	begann	begonnen
bekommen	bekam	bekommen
beraten	beriet	beraten
bestehen	bestand	bestanden
bewerben (sich)	bewarb sich	beworben
bieten	bot	geboten
bitten	bat	gebeten
bleiben	blieb	geblieben*
bringen	brachte	gebracht
denken	dachte	gedacht
dürfen	durfte	gedurft
ein|laden	lud ein	eingeladen
ein|ziehen	zog ein	eingezogen*
empfehlen	empfahl	empfohlen
entstehen	entstand	entstanden*
erfahren	erfuhr	erfahren
erkennen	erkannte	erkannt
essen	aß	gegessen
fahren	fuhr	gefahren*
finden	fand	gefunden
fliegen	flog	geflogen*
fressen	*fraß*	*gefressen*
geben	gab	gegeben
gefallen	gefiel	gefallen
gehen	ging	gegangen*
genießen	genoss	genossen
gewinnen	gewann	gewonnen
gießen	goss	gegossen
haben	hatte	gehabt
hängen	hing	gehangen
heißen	hieß	geheißen
helfen	half	geholfen

LISTE DER UNREGELMÄSSIGEN VERBEN

herunter|laden	lud herunter	heruntergeladen
hin|fahren	fuhr hin	hingefahren*
hin|fallen	fiel hin	hingefallen*
hin|gehen	ging hin	hingegangen*
hin|kommen	kam hin	hingekommen*
hinter|lassen	hinterließ	hinterlassen
kennen	kannte	gekonnt
klingen	klang	geklungen
kommen	kam	gekommen*
können	konnte	gekonnt
laufen	lief	gelaufen*
leid|tun	tat leid	leidgetan
leihen	lieh	geliehen
lesen	las	gelesen
liegen	lag	gelegen
lügen	log	gelogen
mit|bringen	brachte mit	mitgebracht
mit|kommen	kam mit	mitgekommen
mit|nehmen	nahm mit	mitgenommen
mögen	mochte	gemocht
müssen	musste	gemusst
nach|denken	*dachte nach*	*nachgedacht*
nach|sprechen	*sprach nach*	*nachgesprochen*
nehmen	nahm	genommen
nennen	nannte	genannt
raten	riet	geraten
raus|bringen	*brachte raus*	*rausgebracht*
recht haben	hatte recht	recht gehabt
riechen	roch	gerochen
schaffen	schuf	geschaffen
scheinen	schien	geschienen
schlafen	schlief	geschlafen
schließen	schloss	geschlossen
schneiden	schnitt	geschnitten
schreiben	schrieb	geschrieben
schwimmen	schwamm	geschwommen*
sehen	sah	gesehen
sein	war	gewesen*
sitzen	saß	gesessen
sollen	sollte	gesollt
sprechen	sprach	gesprochen
statt|finden	fand statt	stattgefunden
stehen	stand	gestanden
sterben	starb	gestorben*
teil|nehmen	nahm teil	teilgenommen
tragen	trug	getragen
treffen	traf	getroffen
trinken	trank	getrunken
tun	tat	getan
übertreiben	*übertrieb*	*übertrieben*
überweisen	überwies	überwiesen
um|steigen	stieg um	umgestiegen*

LISTE DER UNREGELMÄSSIGEN VERBEN

um|ziehen	zog um	umgezogen*
unterhalten (sich)	unterhielt sich	unterhalten
verbringen	verbrachte	verbracht
vergessen	vergaß	vergessen
vergleichen	verglich	verglichen
verlassen	verließ	verlassen
verlieren	verlor	verloren
versprechen	versprach	versprochen
verstehen	verstand	verstanden
wachsen	wuchs	gewachsen*
waschen	wusch	gewaschen
weg|bringen	brachte weg	weggebracht
weglaufen	lief weg	weggelaufen*
weh|tun (sich)	tat sich weh	wehgetan
werden	wurde	geworden*
werfen	warf	geworfen
wissen	wusste	gewusst
wollen	wollte	gewollt
ziehen	zog	gezogen
zurück|fahren	fuhr zurück	zurückgefahren*
zurück|kommen	kam zurück	zurückgekommen*
zurück|rufen	*rief zurück*	*zurückgerufen*

LISTE DER VERBEN MIT PRÄPOSITIONEN

Diese Verben aus „Das Leben" A2.1 werden oft mit Präpositionen und Akkusativ- oder Dativergänzung verwendet. Lernen Sie die Verben immer zusammen mit den Präpositionen.

Akkusativ

achten	auf	Man muss auf die Radfahrer achten.
anmelden, sich	für	Hast du dich schon für den Sprachkurs angemeldet?
ärgern, sich	über	Ich ärgere mich oft über meinen Chef.
bedanken, sich	für	Ich bedanke mich für das Geschenk.
berichten	über	Sie möchte über ihre Ferien berichten.
bestehen	aus	Das Gericht besteht aus Nudeln und Spinat.
bewerben, sich	um	Er bewirbt sich um eine Stelle als Krankenpfleger.
bitten	um	Sie bittet ihn um Hilfe.
denken	an	Ich denke oft an meine Schulzeit.
diskutieren	über	Wir diskutieren viel über Ernährung.
erinnern, sich	an	Sie erinnert sich oft an die Schulzeit.
freuen, sich	über	Ich freue mich über das Geschenk.
freuen, sich	auf	Die Kinder freuen sich auf die Ferien.
hoffen	auf	Ich hoffe auf gutes Wetter am Wochenende.
interessieren, sich	für	Interessierst du dich für Literatur?
streiten, sich	über	Meine Eltern streiten sich immer über die gleichen Themen.
unterhalten, sich	über	Ich möchte mich mit dir über deine Zukunft unterhalten.
verlieben, sich	in	Ich habe mich in dich verliebt.
wundern, sich	über	Er wundert sich über seine Kinder.

Dativ

beschäftigen, sich	mit	In meiner Freizeit beschäftige ich mich mit Kunst.
chatten	mit	Meine Tochter chattet viel mit ihren Freundinnen.
fertig sein	mit	Bist du schon fertig mit den Hausaufgaben?
melden	bei	Melden Sie sich bitte bei Herrn Krüger.
teilnehmen	an	Wir nehmen an der Feier teil.
träumen	von	Sie träumt von einem Haus in Spanien.
unterhalten, sich	mit	Ich unterhalte mich gerne mit ihm.
verabschieden, sich	von	Übermorgen müssen wir uns von Frau Müller verabschieden.

PHONETIK AUF EINEN BLICK

Wortakzent in Jahreszahlen ▶E6

1968 – neunzehnhundertachtundsechzig   2001 – zweitausendeins   2021 – zweitausendeinundzwanzig

Satzakzent und Satzmelodie (Hauptsatz + Nebensatz) ▶E2, E8

Hauptsatz

Erdbeeren und Spargel sind Lebensmittel,

Ich fahre gern mit nach Paris,

Nebensatz

die aus der Region kommen.

weil ich Französisch lerne.

Emotionales Sprechen ▶E10

Mega! Toll! Krass! Genial! Echt? Wirklich?

- Wie war das Festival?
- Das Festival war toll!
- Und wie war die Musik?
- Die Musik war mega! Einfach genial! Ich habe ein Foto mit der Band gemacht.
- Echt? Das ist ja krass!

Die Aussprache von z ▶E3

- [ts] Ich suche eine Zwei-Zimmer-Wohnung in Zittau.
- Hier! Zweihundertzweiundzwanzig Euro Kaltmiete.

Die Aussprache von -ng ▶E5, E7

[ŋ] Mit der Digitalisierung entstehen viele Veränderungen im Beruf.

Die Aussprache der Adjektivendungen -bar ▶E11

bewohnbar   bezahlbar   lesbar   essbar

Deine Schrift ist echt nicht lesbar!

Vokale in englischen Wörtern auf Deutsch ▶E4

das Smartphone – der Podcast – das E-Book – scannen – posten – liken – downloaden

Die Diphthonge ai, au, äu, ei, eu ▶E7

Paula Seifert ruft Klaus Häussler im Tierheim Mainz an. Ihr Papagei ist weg. Er ist blau und eigentlich freundlich, aber am liebsten sagt er: „Schnauze Paula!".

Langes und kurzes ü ▶E16

lang   Gemüse
Ich esse gern Gemüse.

kurz   glücklich
Ich bin so glücklich!

Die Aussprache von i ▶E16

Immer Glück im Leben haben.

PHONETIK AUF EINEN BLICK

Die Aussprache von *h* ▶ E14

Vor einem Vokal hört man den Konsonanten *h*. Nach einem Vokal hört man *h* nicht. Der Vokal ist lang.

vor dem Vokal der Hund   **nach dem Vokal** der Stuhl
                   Das ist mein Hund.   Die Zeitung liegt auf dem Stuhl.

Die Aussprache von *ch* ▶ E1

Nach *i*, *eu* und *n* spricht man *ch* als [ç].   dich – euch – manchmal
Nach *o* und *au* spricht man *ch* als [x].   doch – auch

Die Aussprache von *w* und *b* ▶ E13, E15

w   Wir möchten wissen, wo wir wandern können.
b   Im Backhaus backen wir Brot.

Die Aussprache von *schr* und *str* am Wortanfang ▶ E12

schr   die Schraube – der Schraubenzieher
str   die Straße – der Strand

Die Aussprache *-em*, *-en* und *-er* am Wortende ▶ E9

In meinem Alltag bin ich oft mit unseren Kunden in unserer Werkstatt.

HÖRTEXTE

Einheit 1: Klassentreffen

1.03
- Mensch, Basti. Lange nicht gesehen! Na, wie geht's?
- Hallo Lotte! Alles gut. Und wie geht's dir so? Hast du Kinder?
- Ich? Nein. Sag mal, du bist doch jetzt in Konstanz, oder? Gefällt es dir dort?
- Ja, super! Hast du Patrick schon gesehen?
- Ja, er steht dort an der Tür.
- Das gibt's doch nicht! Er sieht noch genauso aus wie früher.
- Stimmt.
- Was macht er eigentlich beruflich?
- Patrick arbeitet hier in Gotha als Journalist bei einer Zeitung. Das war doch klar!
- Wirklich? Das hätte ich nicht gedacht. Er war doch damals so verliebt in dich.
- Ach, das ist lange her. Patrick ist verheiratet und hat schon zwei Kinder.
- Das gibt's nicht! Aber jetzt erzähl mal, was machst du denn so?

1.04
- Hallo Caro. Wir haben uns lange nicht mehr gesehen!
- Aber den Satz habe ich heute bestimmt schon hundertmal gehört ...
- Ich auch. Alle fragen mich: Und was machst du beruflich? Hast du Kinder? Wo wohnst du jetzt eigentlich? Naja. Das ist auf Klassentreffen wohl normal. Und? Ist alles in Ordnung?
- Klar, wir haben ja auch alles sehr gut vorbereitet.
- Sag mal, Caro, ist das Basti?
- Genau. Der hat sich wirklich nicht verändert. Ich finde, er sieht noch genauso aus wie früher.
- Stimmt, aber vor zehn Jahren hatte er kürzere Haare.
- Ich finde, dass er so auch sehr gut aussieht.
- Naja. Was macht er denn beruflich?
- Ich habe gehört, dass er Physiotherapeut geworden ist.
- Aha, und wo lebt er jetzt?
- In Konstanz, am Bodensee.
- Das passt. Sag mal, ist Basti noch immer mit Nina zusammen?
- Nein, schon lange nicht mehr. Aber er hat eine neue Partnerin. Lotte sagt, dass sie aus Korea kommt. Sie leben schon ein paar Jahre zusammen.
- Interessant.

1.05
- Hallo Manu! Long time no see! Wie geht's dir so?
- Gut, und dir, Anna?
- Danke, alles prima! Wohnst du noch in Gotha?
- Nein. Ich wohne schon seit dem Abi nicht mehr hier.
- Sag mal, hast du Franzi schon gesehen?
- Ja. Die ist schon hier. Sie sieht etwas anders aus als vor zehn Jahren.
- Wo ist sie denn? Ich sehe sie nicht.
- Franzi sitzt dort am Tisch, neben Patrick.
- Und was macht sie beruflich?
- Ich habe gehört, dass sie Ärztin geworden ist und in Bremen lebt.
- Sie hat doch ein Jahr nach dem Abi schon geheiratet, oder?
- Stimmt. Aber ich habe von Lotte gehört, dass Franzi schon geschieden ist.
- Und du, Manu? Bist du auch schon geschieden?
- Nein, ich bin immer noch Single ...

1.06
- Hey Patrick! Das gibt's nicht! Du siehst noch genauso aus wie 2011!
- Mensch, Franzi. Lange nicht gesehen! Wie geht's? Was machst du so?
- Mir geht's gut. Ich habe Medizin studiert und lebe jetzt in Bremen.
- Cool. Bist du verheiratet?
- Nein, ich bin geschieden. Entschuldigung, sag mal, das ist doch Anna, oder?
- Genau. Sie hat sich nicht verändert. Aber vor zehn Jahren waren ihre Haare noch schwarz!
- Stimmt. Sie waren auch schon mal blau. Kannst du dich erinnern?
- Na klar. Die hellen Haare stehen ihr aber besser.
- Das finde ich auch. Was macht sie denn jetzt so?
- Tobi hat erzählt, dass sie als Assistentin in einer Musikfirma arbeitet.
- In London, New York oder in Tokio?
- Nein, in Berlin.
- Typisch Anna! Sie hat vor zehn Jahren schon immer gesagt, dass sie Berlin cool findet.

Einheit 1 Übungen

1.07
1.
   - Hast du die Einladungen schon verschickt?
   - Nein, ich muss sie noch verschicken.
2.
   - Musst du die Getränke noch bestellen?
   - Nein, das habe ich schon gemacht.

3 🗨 Haben wir schon alles vorbereitet?
🗨 Nein, wir müssen die Abizeitung noch kopieren.
4 🗨 Hat Katta sich schon angemeldet?
🗨 Nein, ich habe noch nichts von Katta gehört.
5 🗨 Seid ihr schon fertig?
🗨 Nein, wir sind noch nicht fertig.

1.08
1 Hast du die Einladungen schon verschickt?
2 Musst du die Getränke noch bestellen?
3 Haben wir schon alles vorbereitet?
4 Hat Katta sich schon angemeldet?
5 Seid ihr schon fertig?

1.09
Und jetzt das Wetter für Samstag. Es ist auch heute wieder sehr warm, aber nicht mehr so schön wie in den letzten Tagen. Am Morgen ist es noch etwas kühler und man kann schon die ersten Wolken sehen. Der Vormittag ist mit 30 bis 32 Grad heiß und bewölkt. Am Mittag regnet es und es wird etwas kühler. Wir haben dann nur noch 23 Grad. Nachmittags ist es wieder sonnig und mit 25 Grad etwas wärmer. Am Abend gibt es Gewitter. Es wird sehr windig. Um 20 Uhr haben wir nur noch 18 Grad. In der Nacht …

1.18
🗨 Hallo Felix, wie geht's?
🗨 Gut. Und dir? Ich habe schon von Ella gehört, dass die Party im Park total toll war!
🗨 Ja, das stimmt. Und das Wetter war am Sonntag auch wieder schön! Es war sonnig und warm. Schade, dass du nicht dabei warst!
🗨 Ja, schade. Aber ich hatte am Sonntag schon eine andere Einladung. Ist Leo denn gekommen?
🗨 Ja, klar! Leo war dabei. Er hat seinen Grill und Getränke mitgebracht. Ich habe Würstchen und Getränke gekauft, Liam hat einen großen Kartoffelsalat gemacht und die anderen haben auch alle etwas mitgebracht.
🗨 Schön. Hattet ihr auch Musik?
🗨 Ja, ich habe meine Gitarre mitgebracht.
🗨 Wie lang habt ihr denn gefeiert?
🗨 Ich glaube, bis zehn. Genau. Die letzten Gäste sind um zehn gegangen. Es war auch schon ziemlich dunkel.
🗨 Und wo findet die nächste Party statt?
🗨 Keine Ahnung, vielleicht auf Leos Balkon. Er hat doch bald Geburtstag.
🗨 Stimmt. Na gut. Ich hoffe, dass ich dann Zeit habe! Ich muss jetzt los. Mach's gut!
🗨 Du auch! Bis bald. Moment, warte! Kommst du heute Abend zum Essen? Es gibt Salate und ein paar Würstchen.
🗨 Gerne. Sagen wir, um sieben?
🗨 Ja, das passt. Bis denn! Tschüss, Felix!

1.19
🗨 Hallo Felix! Schön, dass du gekommen bist!
🗨 Hallo Nina! Was ist das denn hier?
🗨 Das ist noch von gestern. Ein paar Gäste sind etwas früher gegangen und haben nicht alles mitgenommen.
🗨 Das ist doch der Grill von Leo, oder?
🗨 Genau, das ist Leos Grill.
🗨 Und wem gehört der Tisch?
🗨 Das ist Liams Tisch.
🗨 Ach, und der Stuhl? Gehört der auch Liam?
🗨 Nein, das ist Ellas Stuhl.
🗨 Und wem gehören der Pullover und die Jacke?
🗨 Das ist Ellas Pullover und das ist Toms Jacke.
🗨 Na, dann …

1.20
1 Das ist doch der Grill von Leo, oder?
2 Und wem gehört der Tisch?
3 Ach, und der Stuhl? Gehört der auch Liam?
4 Und wem gehören der Pullover und die Jacke?

Einheit 2: Mobil leben

1.21
Dialog 1
🗨 Guten Morgen. Sie sind mit dem Rad unterwegs. Wohin fahren Sie?
🗨 In die Uni. Ich habe ein Seminar.
🗨 Was bedeutet für Sie Mobilität?
🗨 Mobilität ist für mich ziemlich wichtig, weil ich immer viele Termine in der Stadt habe. Zur Uni, zum Supermarkt, zum Sportstudio – mit dem Rad geht das am schnellsten und das ist auch am billigsten. So bin ich immer flexibel.
🗨 Aha. Fahren Sie auch mit dem Bus oder mit der Bahn?
🗨 Manchmal, im Winter. Ich bin Studentin und habe ein Semesterticket. Aber ich warte nicht gerne auf den Bus. Das Rad ist am praktischsten.
🗨 Hm, verstehe. Nutzen Sie auch andere Verkehrsmittel?
🗨 Ich habe mal einen E-Roller gemietet. Das macht Spaß, aber in Münster braucht man das eigentlich nicht.

HÖRTEXTE

Dialog 2

- Guten Morgen. Sie sind mit dem Auto unterwegs. Wohin fahren Sie?
- Zur Arbeit, nach Münster. Ich bin Automechaniker und muss um sieben in der Werkstatt sein.
- Was heißt für Sie Mobilität?
- Autofahren. Das sehen Sie ja. Wissen Sie, wir wohnen auf dem Land, 20 Kilometer von hier. Für meine Familie und mich ist das Auto am wichtigsten.
- Nutzen Sie auch andere Verkehrsmittel? Die Bahn oder den Bus?
- Ich eigentlich nicht, aber meine Kinder fahren mit dem Bus zur Schule und am Wochenende machen wir gerne Radtouren in der Region.
- Vielen Dank und gute Fahrt!

1.23

- Frau Stadler, seit wann arbeiten Sie als Kundenbegleiterin bei der SBB?
- Ich arbeite jetzt schon seit vier Jahren als Kundenbegleiterin. Ich habe zuerst Bäckerin gelernt. Ich backe immer noch gern, aber der Beruf hat mir nicht so gefallen. Dann habe ich die Ausbildung und die Prüfung bei der SBB gemacht. Das hat acht Monate gedauert.
- Auf welchen Strecken fahren Sie besonders oft?
- Ich fahre regelmäßig von Zürich nach Bellinzona oder nach Genf. Auf der Strecke muss ich die Sprachen wechseln: Von Deutsch nach Italienisch oder Französisch.
- Oh, das ist interessant. Wie viele Sprachen sprechen Sie denn?
- Ich spreche Deutsch, Englisch und Französisch, und im Moment lerne ich Italienisch. Für den Job braucht man mindestens zwei Sprachen. Unsere Ansagen sind mehrsprachig, weil unsere Kundinnen und Kunden international sind.
- Welche Aufgaben haben Sie im Zug?
- Ich kontrolliere Billets, mache Durchsagen und berate die Kundinnen und Kunden. Manche haben ihr Velo dabei und brauchen noch ein Velobillet.
- Was ist in dem Beruf am wichtigsten?
- Das ist die Pünktlichkeit. Unsere Kundinnen und Kunden wollen pünktlich ankommen.
- Was lieben Sie an Ihrer Arbeit?
- Ich mag Menschen und fahre gern mit ihnen durch die Schweiz. Das Land ist so schön. Wälder, Berge, Seen, Städte. Und ich sehe das jeden Tag. Am liebsten im Winter. Dann haben wir Schnee.
- Wie entspannen Sie nach der Arbeit?
- Naja, das ist gar nicht immer so einfach. Ich brauche dann Ruhe und leckeres Essen. Das finde ich nach der Arbeit am wichtigsten.

Einheit 2 Übungen

1.24

1.
   - Fährst du über Frankfurt nach Köln?
   - Nein, ich habe eine andere Verbindung.
2.
   - Hast du schon eine Fahrkarte?
   - Nein, ich muss noch eine Fahrkarte kaufen.
3.
   - Nimmst du den Bus?
   - Nein, ich fahre mit der Bahn.
4.
   - Kommt dein Zug pünktlich an?
   - Nein, ich habe Verspätung.

1.25

- Schade, dass das Wochenende schon wieder vorbei ist.
- Ja, finde ich auch. Aber Hamburg liegt leider nicht in der Nähe von Leverkusen. Ich kann freitags nicht früher hier sein, weil die Fahrt auch ohne Verspätung immer so lange dauert!
- Das stimmt. Und am Sonntag musst du auch immer schon nach dem Mittagessen los …
- Ich weiß. Ich habe eine Idee. Nächstes Wochenende treffen wir uns Münster! Warst du schon mal dort?
- In Münster? Nein, aber unterwegs nach Hamburg komme ich mit der Bahn immer durch Münster.
- Genau. Und nächstes Wochenende steigst du dort aus. Wir können uns nächsten Freitag in Münster am Hauptbahnhof treffen. Das ist für mich nicht so weit. Und dann machen wir uns ein paar schöne Tage in der Stadt, o.k.?
- Klar! Das ist eine super Idee! Dann müssen wir aber noch viel organisieren.
- Kein Problem! Ich habe heute auf der Rückfahrt nach Hamburg im Bus viel Zeit und recherchiere mal im Internet.
- Klasse. So machen wir das!

1.26

1.
   - Wann fährt dein Zug nach Düsseldorf?
   - Erst abends um halb neun.
   - Dann haben wir noch Zeit …
2.
   - Wann fährt dein Bus morgen?
   - Schon morgens um sieben.
   - Oh, dann müssen wir früh aufstehen.
3.
   - Wir müssen los. Unser Bus fährt um kurz vor vier.
   - Ja … ich komme schon.
4.
   - Weißt du, wie lange die U-Bahnen fahren?
   - Ja. Immer bis abends um elf.
5.
   - Entschuldigung. Wissen Sie, wann der nächste Bus kommt?
   - Normalerweise um 17.05 Uhr.
   - Danke.

1.27
- Lara, wir müssen noch die Fahrkarten nach Leipzig buchen.
- Stimmt. Das machen wir jetzt gleich. Wann wollen wir los?
- Vielleicht schon um sieben? Dann haben wir in Leipzig mehr Zeit.
- Ja. Moment … Also … Es gibt einen Zug um kurz nach sechs. Der kostet 29,90 Euro. Und einen Zug um sieben. Der kostet 39,90.
- Sechs Uhr? Lieber den Zug um sieben. Und zurück?
- Hm … Da gibt es einen Zug um halb sechs für 32,90 Euro und einen um halb sieben für 26,90 Euro.
- Der Zug um halb sieben ist billiger. Den nehmen wir.
- Gut. Dann kostet das für zwei Personen 133,60 Euro.

1.28
- Wann fährt der nächste Zug nach Paris?
- Der nächste Zug nach Paris fährt morgen um 6.29 Uhr.
- Wann komme ich an?
- Sie kommen um 13.16 Uhr an.
- Wo muss ich umsteigen?
- Sie müssen in Stuttgart umsteigen.
- Wie viel kostet die Fahrkarte?
- Die Fahrkarte kostet 79,90 Euro.
- Wo kann ich die Fahrkarte kaufen?
- Die Fahrkarte können Sie im Reisezentrum kaufen. Das ist dort.

1.31
1. Wir müssen jetzt echt los! Beeil dich.
2. Tut mir leid, ich spreche kein Chinesisch. Kannst du bitte mal übersetzen?
3. Ich habe Hunger. Machst du eine Pizza für mich?
   - Jetzt? Wir haben schon vor einer Stunde gegessen!

Einheit 3: Wohnen und zusammenleben

1.33
- König Immobilien, Franziska Lotze, guten Tag!
- Guten Tag. Hier ist Dimitris Michelakis. Ich habe Ihre Anzeige gelesen und interessiere mich für die Drei-Zimmer-Wohnung in Bochum-Zentrum. Ist sie noch frei?
- Ja, frei ab sofort und noch nicht vermietet.
- Das ist gut. Sagen Sie, hat die Wohnung ein Bad mit Badewanne?
- Nein, nur eine Dusche. Aber das Bad hat ein Fenster.
- Und die Küche? Ist eine Küche drin?
- Ja, alles drin, also Schränke, Herd und einen Kühlschrank.
- Sehr gut. Und … wir haben einen kleinen Hund. Viele Vermieter wollen keine Tiere. Darf man in der Wohnung einen Hund haben?
- Ja, das dürfen Sie.
- Das hört sich alles gut an! Wo ist die Wohnung denn genau und kann ich sie mir ansehen?
- Natürlich. Die Wohnung ist in der Franzstraße 35. Treffen wir uns am Donnerstag um 16 Uhr?
- Franzstraße 35, Donnerstag, 16 Uhr. Ja, das passt. Danke, Frau Lotze.
- Und Ihr Name war …?
- Michelakis. Dimitris Michelakis.
- O.k., Herr Michelakis. Dann bis Donnerstag!

1.34
Draußen ist es schon fast dunkel. Es ist schön warm im Zimmer. Ich sitze auf dem Sofa. Ich trage bequeme Kleidung. Ich höre ruhige Musik. Ich bin entspannt. Ich trinke Tee. Ich lese ein Buch. Das ist gemütlich!

Einheit 3 Übungen

1.35
- Immobilienbüro Wohnglück, Arndt, guten Tag!
- Ja, guten Tag Frau Arndt. Hier ist Alexander Ivanov. Ich interessiere mich für die Drei-Zimmer-Wohnung in der Heinickestraße in Hamburg-Eppendorf. Ist die Wohnung noch frei?
- Ja, die Wohnung ist noch frei.
- Sehr gut. Die Wohnung ist 70 m² groß, richtig?
- Ja, genau. Die Wohnung hat drei Zimmer, eine große Küche und ein Bad mit Badewanne.
- Gut, in welcher Etage ist die Wohnung und gibt es einen Balkon?
- Die Wohnung ist im dritten Obergeschoss. Einen Balkon gibt es leider nicht.
- Hm, o.k. Wann kann ich mir die Wohnung ansehen?
- Treffen wir uns am Dienstag um 14 Uhr?
- Ja, Dienstag, 14 Uhr. Das passt.
- O.k., Herr Ivanov. Dann bis Dienstag in der Heinickestraße 6.
- Gut, vielen Dank Frau Arndt. Auf Wiederhören.
- Auf Wiederhören, Herr Ivanow.

1.36
- Larissa, hallo?
- Ja, hallo Larissa. Hier ist Franz Krahner. Ich habe eure Anzeige für das Zimmer gelesen. Ist das Zimmer noch frei?

HÖRTEXTE

- Hey Franz. Ja, super. Das Zimmer ist noch frei. Du kannst es dir gern ansehen.
- Sehr gut. Das Zimmer hat 20 m² und einen Balkon, richtig?
- Ja, genau. Der Balkon gehört zum Zimmer. Wir sitzen aber auch oft gemeinsam auf dem Balkon.
- Ja, das klingt sehr gut. Wie viel kostet das Zimmer?
- Hm, also die Kaltmiete beträgt 250 Euro. Dazu kommen noch 65 Euro Nebenkosten.
- O.k., das passt. Wo ist eure Wohnung denn genau und kann ich sie mir ansehen?
- Die Wohnung ist in der Schillerstraße 10. Kannst du am Freitag um 17 Uhr?
- Ja, Freitag, 17 Uhr, ist o.k. Also, bis dann. Tschüss.
- Bis Freitag. Tschüss.

1.37

- Farkas-Immobilien, Sie sprechen mit Daniel Farkas, guten Tag.
- Guten Tag Herr Farkas, hier ist Sarah Winter. Ich interessiere mich für die Zwei-Zimmer-Wohnung in Bonn-Beuel. Ist die Wohnung noch frei?
- Ja, frei ab sofort.
- Sehr gut, hat die Wohnung einen Balkon?
- Nein, aber eine Terrasse. Die Wohnung ist im Erdgeschoss.
- Hm, o.k., im Erdgeschoss. Aber eine Terrasse ist sehr schön. Ist eine Haltestelle in der Nähe?
- Ja, die Haltestelle „Konrad-Adenauer-Platz" ist in der Nähe. Mit der Bahn brauchen Sie nur sieben Minuten bis in die Innenstadt.
- Sehr gut. Wie hoch ist die Kaltmiete und wie hoch sind die Nebenkosten?
- Die Kaltmiete beträgt 600 Euro, die Nebenkosten 150 Euro.
- O.k., das passt. Wo ist die Wohnung denn genau und kann ich sie mir ansehen?
- Natürlich. Die Wohnung ist in der Friedrich-Breuer-Str. 15. Treffen wir uns am Mittwoch, 10 Uhr?
- Ja, Mittwoch, 10 Uhr, das passt. Vielen Dank, ich freue mich.
- Sehr gut, Frau Winter. Dann treffen wir uns am Mittwoch, 10 Uhr in der Friedrich-Breuer-Str. 15. Auf Wiederhören.
- Alles klar. Auf Wiederhören, Herr Farkas.

1.39

Wir wohnen in einem Mietshaus. Zu unserem Mietvertrag gehört eine Hausordnung mit Regeln für das Zusammenleben im Haus. Wir dürfen zum Beispiel nicht auf dem Balkon grillen. Die Mieter dürfen aber hinter dem Haus grillen. Im Haus gibt es Ruhezeiten. Die Mittagsruhe ist von 13 bis 15 Uhr. Die Nachtruhe beginnt um 22 Uhr und endet um 7 Uhr. Dann darf man keine Wäsche waschen. Das Spielen im Treppenhaus ist verboten, aber die Kinder können hinter dem Haus spielen. Fahrräder dürfen wir nur im Keller abstellen. Nur Kinderwagen dürfen im Treppenhaus stehen.

Einheit 4: Hast du Netz?

1.40

- Ich bin hier gerade in Berlin an der Bushaltestelle am Brandenburger Tor. Das Thema ist heute das Smartphone. Was machen die Leute mit dem Smartphone? Egal ob jung, alt, Tourist oder Berlinerin, alle haben es in der Hand. Wozu nutzen Sie es? Hallo. Darf ich dich fragen, was du gerade mit dem Smartphone machst?
- Wie bitte?
- Wozu nutzt du gerade dein Handy?
- Ähm, zum Recherchieren. Also, ich suche ein Fahrrad.
- Und das machst du mit dem Handy?
- Ja, klar. Da gibt es eine App. Ich suche das Fahrrad auf der Karte. Das ist ganz einfach.
- Toll, danke.
  Guten Tag. Sie nutzen gerade Ihr Smartphone, oder?
- Wie bitte?
- Ich habe gefragt, ob Sie Ihr Smartphone nutzen?
- Ach so, ja. Warum?
- Wozu nutzen Sie es?
- Zum Lernen. Ich mache einen Online-Kurs.
- Und was lernen Sie?
- Marketing. Der Kurs bietet viele Videos, das ist praktisch.
- Hallo, wozu nutzt du gerade dein Handy?
- Zum Telefonieren. Ich habe mit meiner Freundin telefoniert.
- Aber mit Video, oder?
- Ja, klar. Wie telefonieren Sie denn?
- Guten Tag. Darf ich fragen, was Sie gerade mit dem Handy machen?
- Ich buche Theaterkarten für heute Abend.
- Geht das gut mit dem Handy?
- Ja, das geht ganz einfach. Drei Klicks und fertig.
- Aha. Und wozu nutzen Sie es noch?
- Zum Fotografieren.
- Ja, klar. Super, vielen Dank.
  Hey, entschuldige bitte, was machst du gerade mit dem Handy?
- Ich buche ein Ticket für den Bus.
- Und wozu nutzt du dein Smartphone noch?
- Zum Musik hören. Ich höre immer Musik oder auch Podcasts oder Hörbücher.

HÖRTEXTE

Einheit 4 Übungen

1.44
Dialog 1
- Wie oft siehst du eigentlich deinen Freund? Chattet ihr oft?
- Ich sehe ihn leider nur am Wochenende. Er chattet nicht gern, aber wir telefonieren oft.

Dialog 2
- Bea postet den ganzen Tag Fotos von Essen auf Instagram.
- Ja, das nervt! Ich like ihre Fotos nie.

Dialog 3
- Ich möchte ein Online-Video auf meinem Computer speichern. Kannst du mir helfen?
- Kein Problem, ich kann das Video für dich downloaden.

Dialog 4
- Herr Waseda, haben Sie schon die Dokumente für die Konferenz morgen gescannt?
- Ja, ich habe Ihnen gerade eine E-Mail mit den Dokumenten geschickt.

1.45
- Hallo und willkommen bei „Campusradio". Unser Thema heute ist Ferienjobs. Wir möchten gern wissen, was die Leute in den Ferien arbeiten. Neben mir sitzt Chris.
- Hallo!
- Hallo Chris. Schön, dass du hier bist. Erzähl uns von dir. Wo lebst du und was arbeitest du?
- Ja, gerne! Also, mein Name ist Chris. Ich bin 24 Jahre alt und studiere Geschichte in Wien. Ich liebe die Stadt, ihre Geschichte und ihre Kultur. In den Semesterferien arbeite ich als Reiseführer. Ich mache mit Touristen Touren mit dem E-Roller durch Wien. Ich spreche Deutsch, Englisch und Französisch. Mein Handy ist immer dabei, weil ich es für meine Arbeit brauche. Dort sehe ich zum Beispiel die Reservierungen. Alles funktioniert mit einer App: Die Touristen können die Touren nur online buchen. Dann bekommen sie von mir eine Nachricht und das Handy-Ticket. Alle Informationen über die Route und den Treffpunkt sind in der App. Nach der Tour schreiben viele Touristen Kommentare. Ich lese alle Posts. Mein Profil hat viele Likes. Das freut mich natürlich.

Einheit 5: So arbeiten wir heute

2.02
- „Radio 3" fragt heute: Wie verändert sich die Arbeitswelt? Bei uns sind Timur Pamuk und Samira Kasun. Hallo ihr beiden.
- Hallo.
- Servus.
- Ladies first. Samira, du bist Krankenpflegerin. Verändert der Computer deine Arbeit?
- Ja, klar. Der Computer verändert nicht die Pflege, aber die Dokumentation. Wir müssen alles aufschreiben, zum Beispiel wie es den Patientinnen und Patienten geht, die Medikamente und so. In der Ausbildung haben wir alles mit der Hand geschrieben – in Schönschrift! Das war ein echter Nachteil! Heute gibt es die elektronische Dokumentation. Die schreiben wir am Computer.
- Du sitzt also jeden Tag auch ganz schön lange am Computer, oder?
- Ja, auf jeden Fall länger als früher, das ist der Nachteil. Super ist aber, dass man jetzt alles gut lesen kann. Und man kann die Informationen speichern und austauschen. Alles geht viel schneller als früher. Ich denke, dass die elektronische Dokumentation ein Vorteil ist.
- Das kann ich mir auch vorstellen. Timur, du bist Lehrer für Biologie und Deutsch. Tolle Kombination.
- Ja, ja, die Deutschlehrer – schon klar.
- Aber – verändert der Computer den Unterricht?
- Ja doch, es stimmt: Seit ein paar Jahren nutzen wir digitale Medien. Viele Übungen sind heute online. Und die Schülerinnen und Schüler lieben das Handy. Ich finde, das ist ein echter Vorteil, weil sie mehr üben. Die digitalen Übungen sind einfach immer da. Die Schülerinnen und Schüler suchen sich die Zeit und den Ort zum Üben aus. Sie brauchen nur ein Handy und Internet. Es ist aber ein Nachteil, dass beides teuer ist. Ja, und dann gibt es die neuen elektronischen Bücher …
- Oh, ich seh' schon, die Schule und das Lernen haben sich sehr verändert. Deshalb die nächste Frage an euch …

2.03
- Felix, du bist Gartenbauingenieur. Was sind deine Aufgaben?
- Also, ich kaufe Pflanzen ein und plane alle Pflanztermine. Ja, und ich muss auch die Kosten kalkulieren und kontrollieren.
- Hm. Das hört sich nach einem Bürojob an, oder?
- Nein, ich muss nicht den ganzen Tag im Büro sitzen. Ich bin zum Beispiel viel unterwegs,

informiere mich über neue Blumen oder Pflanzen und rede mit den Kundinnen und Kunden über ihre Wünsche.
- Das gefällt dir?
- Ja, im Büro und draußen arbeiten, den täglichen Kontakt mit Kolleginnen und Kunden – das mag ich alles sehr. Feste Arbeitszeiten oder den immer gleichen festen Arbeitsablauf finde ich langweilig.
- Naja … Du hast zuerst eine Ausbildung zum Gärtner gemacht, in einer Gärtnerei gearbeitet und dann auch noch Gartenbau studiert. Warum?
- Die Arbeit als Gärtner war o.k., aber als Gartenbauingenieur verdiene ich mehr Geld.
- Du hast sicher im Studium auch viel gelernt und noch mehr Erfahrungen gesammelt, oder?
- Ja, und ich war zum Praktikum in England.
- In England? Warum bist du nicht in Deutschland geblieben?
- Weil ich die englischen Gärten liebe. Das Praktikum war kurz, aber echt klasse. Die Sprache, die Arbeit – ich habe wieder viel gelernt. Das Praktikum war schon eine wichtige Zeit.
- Und heute arbeitest du in einer Firma in Deutschland.
- Ja, nach dem Studium habe ich bei Gartenbau Schöller hier in Leverkusen angefangen. Die Arbeit gefällt mir und die Kolleginnen und Kollegen sind sehr nett.

2.04
- Blumenhaus Book, Verena Strasser, guten Tag!
- Guten Tag, hier ist Felix Hochberger von Gartenbau Schöller. Kann ich bitte mit Frau Nolte sprechen?
- Tut mir leid, Frau Nolte ist in einem Termin. Kann ich Ihnen helfen?
- Ich habe Blumen bestellt und möchte wissen, ob ich sie schon abholen kann.
- Oh, das kann Ihnen nur Frau Nolte sagen. Möchten Sie eine Nachricht hinterlassen?
- Nein, danke. Wann kann ich bitte mit Frau Nolte sprechen?
- Heute gegen 14 Uhr. Oder Sie versuchen es morgen um 10.30 Uhr noch einmal.
- Danke. Ich rufe dann noch einmal an. Auf Wiederhören!

Einheit 5 Übungen

2.05
siehe Track 2.02

2.07
1 Ich mag den ewigen Stress nicht.
2 Wir müssen das kaputte Fenster reparieren.
3 Er findet die flexiblen Arbeitszeiten super.
4 Sie finden die neuen Büros in der dritten Etage!

2.08
- Visio-Designs, Andreas Petzold, guten Tag!
- Hallo, hier ist Hao Liu. Ich habe eine Frage.
- Wie kann ich Ihnen helfen?
- Können Sie mich mit Herrn Seitinger verbinden?
- Leider ist Herr Seitinger gerade in einem Termin. Kann er Sie zurückrufen?
- Ja bitte, das ist nett. Vielen Dank für Ihre Hilfe. Auf Wiederhören!
- Sehr gern, auf Wiederhören!

Einheit 6: Was liest du gerade?

2.09
Dialog 1
- Guten Tag, ich bin von „Radio 3". Ich mache hier in der U-Bahn eine Umfrage. Was lesen Sie gerade?
- Einen Krimi.
- Und wo spielt der Krimi?
- Er spielt in Berlin in der Zeit um 1930. Das Buch ist richtig spannend, und man lernt viel über die Zeit damals.
- Und was lesen Sie?
- Ich? Ich lese einen Roman über eine Familie in Italien. Ich liebe Romane.
- Oh ja, ich auch.

Dialog 2
- Darf ich Sie kurz stören?
- Ja, bitte?
- Ich mache eine Umfrage für „Radio 3". Ich sehe, Sie haben ein E-Book. Warum?
- Ich finde es einfach sehr praktisch.
- Was lesen Sie am liebsten?
- Biografien über interessante Menschen. Das ist immer spannend und ich lerne so auch viel.
- Dann noch viel Spaß!

Dialog 3
- Hallo! Entschuldigung. Ich bin Sophie Meyer von „Radio 3". Haben Sie einen Moment Zeit? Wir machen Interviews mit Leserinnen und Lesern.
- Ja, o.k.
- Sie waren gerade in der Bibliothek. Warum waren Sie da?
- Ich studiere Germanistik und schreibe eine Arbeit über Franz Kafka. Ich lese seine Romane und wissenschaftliche Zeitschriften. Ich recherchiere hier viel.

- Gehen Sie oft in die Bibliothek?
- Ja, fast jeden Tag.
- Super. Vielen Dank für das Gespräch!

2.10

1 Wir stehen jetzt direkt vor Goethes Wohnhaus. Es ist schon seit vielen Jahren ein Museum. Goethe hat hier am Frauenplan 1 mit seiner Familie gewohnt. Herzog Carl August hat Goethe das Haus im Jahr 1794 geschenkt. Hier haben ihn viele berühmte Menschen aus ganz Europa besucht.

2 Goethe hat die Natur geliebt. Er war oft in seinem Gartenhaus im Park an der Ilm. Das Gartenhaus hat er 1776 gekauft. Hier hat er auch an seinen Gedichten und Theaterstücken gearbeitet. Er hat sich hier mit seinen Freundinnen und Freunden getroffen und viel über Literatur, Kultur und Naturwissenschaften gesprochen.

3 Goethe hat viele Jahre lang das Theater in Weimar geleitet. Von 1799 bis 1805 haben Goethe und Schiller zusammen an dem Theater gearbeitet. Es hat schon damals zu den wichtigsten Theatern in Deutschland gehört.

2.12

siebzehnhundertneunundvierzig
siebzehnhundertfünfundsiebzig
siebzehnhundertsechsundachtzig
achtzehnhundertsechs
achtzehnhundertzweiunddreißig

2.13

neunzehnhundertachtundsechzig
neunzehnhundertneunundachtzig
neunzehnhundertfünfundneunzig
zweitausendeins
zweitausendfünfzehn
zweitausendzwanzig

Einheit 6 Übungen

2.14

- Der Literaturkeller mit Emir Yakin, Ruth Dreesen und Sven Luthardt. Einen schönen guten Abend aus Wien. Ich bin Emir Yakin und neben mir sitzen Sven Luthardt
- Hallo!
- und Ruth Dreesen.
- Hallo und herzlich willkommen.
- So, morgen ist der 23. April und ein wichtiger Tag.
- Besonders für uns und alle Bücherfreunde, denn morgen feiern wir den Welttag des Buches.
- Und mit *wir* meinen wir die Schulen, Bibliotheken und Buchhandlungen. Und nicht nur hier in Österreich. In über 100 Ländern gibt es morgen viele Aktivitäten.
- Und auch die Verlage organisieren Veranstaltungen. Autorinnen und Autoren lesen aus ihren Büchern vor. Ihr seid alle herzlich eingeladen. Das Programm findet ihr unter www.literaturkeller …

2.15

Gestern fragte der Sohn seinen Vater: „Kann ich ein Buch haben?" Der Vater wählte ein Buch aus. „Hier. Lies *Robinson Crusoe*", sagte er. Der Sohn antwortete: „Das Buch ist nicht dick genug." Der Vater stellte also das Buch in das Regal zurück. „Ich möchte ein sehr dickes Buch", sagte der Sohn. Und der Vater suchte ein Buch von Goethe. „Ich brauche noch zwei, bitte", sagte der Sohn. Er spazierte mit den drei Büchern auf dem Kopf nach draußen. „Mein Sohn will Goethe lesen?", wunderte sich der Vater. Er freute sich sehr. Aber als der Vater die Haustür öffnete, wunderte er sich noch mehr. Sein Sohn hatte andere Pläne …

2.17

Ingeborg Bachmann (25. Juni 1926 bis 17. Oktober 1973) war eine erfolgreiche österreichische Dichterin und Romanschriftstellerin aus Klagenfurt (Österreich). Dort besuchte sie auch die Schule bis 1944. Sie studierte von 1945 bis 1959 Philosophie, Germanistik und Psychologie in Innsbruck, Graz und Wien. Ihre ersten Gedichte veröffentlichte sie 1948 in der Zeitschrift „Lynkeus". Im Oktober 1950 reiste sie nach Paris, im Dezember nach London. In Wien arbeitete sie bis 1951 in der Redaktion von „Radio Rot-Weiß-Rot". Von 1953 bis 1957 war sie als freie Schriftstellerin in Italien. Am 3. Juli 1958 lernte Ingeborg Bachmann den Schweizer Schriftsteller Max Frisch in Paris kennen. Für vier Jahre, von 1958 bis 1962, lebten sie zusammen. Ingeborg Bachmann schrieb in ihrem Leben viele berühmte Gedichte und Romane. Das Hörspiel „Der gute Gott von Manhattan" und der Roman „Malina" sind international berühmt.

Einheit 7: Leben mit Tieren

2.18

Interview 1
- Hallo, wir machen eine Umfrage für die Zeitschrift „Katz und Maus". Dürfen wir dich mal was fragen? Dauert auch nicht lange.
- O.k. Was willst du denn wissen?
- Ich möchte wissen, wie du Katzen findest.

HÖRTEXTE

🔴 Katzen? Naja, ich habe keine und ich möchte auch keine Katze haben. Ich finde sie eigentlich ziemlich nervig. Ich glaube, ich bin eher so der Typ für einen Hund. Mit einer Katze kann man nicht so viel machen.
⚫ Aha. Das war's auch schon. Vielen Dank!
🔴 Bitte, gerne!

Interview 2

⚫ Guten Tag, wir machen eine Umfrage für die Zeitschrift „Katz und Maus". Haben Sie einen Moment für mich?
🔴 Nee, ich muss weiter.
⚫ Schade. Guten Tag, ich mache eine Umfrage für die Zeitschrift „Katz und Maus". Darf ich Sie mal was fragen?
⚫ Gerne.
⚫ Mögen Sie Katzen?
🔴 Ja. Ich finde Katzen toll! Ich habe zu Hause einen Kater.
⚫ Warum mögen Sie Katzen?
🔴 Naja, mein Kater ist meistens sehr lieb und ich darf ihn oft streicheln. Ich beobachte ihn auch gerne. Er kann manchmal sehr witzig sein! Zum Beispiel gestern …

Interview 3

⚫ Hallo, ich mache eine Umfrage für „Katz und Maus". Kennen Sie die Zeitschrift?
🔴 Ja, ich kaufe die Zeitschrift oft.
⚫ Schön. Haben Sie denn auch Katzen?
🔴 Ja, wir haben zwei kleine Kätzchen. Sie sind jetzt ein halbes Jahr alt und echt süß.
⚫ Und machen die beiden Kätzchen auch Probleme?
⚫ Naja, ich glaube, wir brauchen nächstes Jahr ein neues Sofa …
⚫ Aha. Und das stört Sie nicht?
🔴 Nein, gar nicht. Das ist mit kleinen Katzen so. Die sind ja auch so niedlich, dass uns das nicht nervt.

Interview 4

⚫ Guten Tag! Ich bin von der Zeitschrift „Katz und Maus" und möchte gerne wissen, wie du Katzen findest.
🔴 Hallo. Du möchtest von mir wissen, wie ich Katzen finde?
⚫ Genau.
🔴 Keine Ahnung. Katzen sind ja sehr beliebte Haustiere, aber ich möchte keine in der Wohnung haben.
⚫ Du magst Katzen also nicht besonders?
🔴 Das kann man so auch nicht sagen. Ich finde sie interessant und sehe mir gern niedliche Katzenvideos an. Aber ich habe keine Zeit und keinen Platz für eine Katze. Und nachts möchte ich schlafen und nicht aufstehen, weil die Katze Hunger hat. Ich muss jetzt auch los …

2.19

⚫ Hallo, Sie sind Herr Heinzel, richtig?
🔴 Genau. Dann sind Sie bestimmt die Frau Lau von der Zeitung.
⚫ Richtig. Und das ist also das neue Geschäft. Toll! Schön hell und groß!
🔴 Ja. Endlich haben wir mehr Platz für alles.
⚫ Hier ist es aber ganz schön laut.
🔴 Ja, das sind unsere Papageien. Sie bekommen gleich ihr Futter.
⚫ Sie verkaufen also auch Tiere?
🔴 Ja, wir verkaufen Kleintiere, aber keine Hunde und Katzen. Die brauchen sehr viel Platz, Bewegung und Zeit. Auch am Wochenende …
⚫ Und die Kleintiere sind ja sicher auch bei den kleinen Kunden sehr beliebt, oder?
🔴 Das stimmt. Viele Kinder möchten ein Kaninchen, Meerschweinchen oder einen Hamster.
⚫ Welches Tier finden Kinder denn am niedlichsten? Meerschweinchen?
🔴 Nein, ich glaube die meisten Kinder finden, dass Kaninchen die niedlichsten Tiere sind. Die empfehle ich dann auch gerne, weil man sie streicheln und mit ihnen spielen kann.
⚫ Und welche Tiere sind die günstigsten?
🔴 Das sind die Goldfische. So ein Fisch ist nicht teuer. Aber man braucht viele andere Sachen.
⚫ Verstehe. Das kann sicher sehr teuer sein.
🔴 Genau. Da sind Sie schnell bei ein paar hundert Euro.
⚫ Sind Hamster und Meerschweinchen auch so teuer?
🔴 Nein. Die brauchen nicht viel und das Futter ist auch günstig. Am liebsten mögen sie frisches Gemüse wie Salat oder auch mal ein Stück Apfel. Frisches Gemüse ist eigentlich auch die beste Nahrung für sie.
⚫ Das gibt es ja nicht! Sie verkaufen auch Shampoo für Hunde und … Katzen?
🔴 Ja, wir haben viele verschiedene Pflegeprodukte für Haustiere. Auch Shampoo für Hunde und Katzen …
⚫ Brauchen die das denn wirklich? Das ist ja richtig teuer!
🔴 Naja, auch das teuerste Shampoo ist für Hunde und Katzen nicht immer gut. Katzen brauchen es eigentlich gar nicht. Aber viele Kundinnen und auch Kunden finden es toll …
⚫ Was sind denn Ihre besten Kunden? Können Sie die beschreiben?
🔴 Für mich sind echte Tierfreunde die besten Kunden.

2.20

Guten Morgen. Sie sprechen mit dem Tierheim Ost. Mein Name ist Mia Schulze. Aha. Moment bitte. Ich schreibe das auf. Also ... Ihr Hund ist vor drei Tagen im Stadtpark weggelaufen, richtig? Wie sieht er denn aus? Ich wiederhole mal. Sie suchen einen kleinen Hund mit einem braunen Schwanz, einer weißen Schnauze, einer schwarzen Pfote und braunen Ohren, richtig? Ach ja, genau. Otto hat sehr kurzes Fell. Also, dann noch einmal: Sie suchen einen kleinen Hund mit einem braunen Schwanz, einer weißen Schnauze, einer schwarzen Pfote, braunen Ohren und einem sehr kurzen Fell. O.k., das habe ich. Nein, ich weiß im Moment nicht, ob Otto hier ist. Geben Sie mir doch bitte Ihre Telefonnummer. Ich sehe gleich nach und rufe Sie wieder an. Vielen Dank. Das ist richtig. Ich sehe nach und rufe Sie dann wieder an. Ihre Nummer habe ich schon notiert. Auf Wiederhören, Frau Spitzweg!

2.21

- Guten Morgen. Hier ist das Tierheim Mainz. Sie sprechen mit Klaus Häussler.
- Guten Morgen Herr Häussler. Hier ist Paula Seifert. Mein Papagei ist weg!
- Oh, das tut mir sehr leid! Wie sieht Ihr Papagei denn aus?
- Er ist blau und hat einen gelben Kopf.
- O.k. Kann er auch sprechen?
- Ja. Er sagt am liebsten „Schnauze, Paula!", aber eigentlich ist er sehr freundlich.

Einheit 7 Übungen

2.23
siehe Track 2.19

Einheit 8: Global und regional

2.24
1. En Ebbelwoi, bitte.
   Einen Apfelwein, bitte.
2. A Bembelsche, bitte.
   Einen kleinen Apfelweinkrug.
3. Handkäs mit Musik.
   Einen Handkäs mit Musik.
4. Gude!
   Guten Tag!
5. Ei Gude wie?
   Wie geht es Ihnen?
6. Momendemal.
   Einen Moment, bitte.
7. E bissi klaa, gelle?
   Ist ein bisschen klein, oder?
8. Lebbe geht weider.
   Das Leben geht weiter.
9. Kannst du das net schnalle?
   Verstehst du das nicht?
10. Kannst du net gugge?
    Kannst du nicht hinschauen?
11. Die gri Soß, bitte.
    Die grüne Soße, bitte.
12. Ich liebe Zwiwwelkuche.
    Ich liebe Zwiebelkuchen.
13. Babbel net.
    Sei mal ruhig.

2.25
Teil 1

- Hallo! Melanie hier mit einer neuen Podcast Folge rund um das Thema Jobs. Heute stelle ich euch Peter vor. Peter ist Gemüsebauer und arbeitet mit seiner Familie auf dem Bauernhof. Familie Bruhn hat einen Hof im Süden von Frankfurt. Seit 250 Jahren baut Familie Bruhn Obst und Gemüse an. Peter hat eine Schwester und einen Bruder. Seit 2015 leiten die drei den Hof. Das ist richtig, oder?
- Ja, genau, meine Schwester Maria, mein Bruder Henning und ich leiten seit ein paar Jahren den Hof. Meine Eltern Helga und Horst arbeiten aber auch noch viel mit. Wir sind ein richtiger Familienbetrieb, alle machen mit. Auch meine Frau.

2.26
Teil 2

- Du leitest den Hof, Peter. Ist das viel Arbeit?
- Na klar. Aber es macht auch super viel Spaß.
- Das kann ich mir vorstellen. Hat sich denn viel verändert? Als deine Eltern und Großeltern noch gearbeitet haben, war die Arbeit bestimmt anders, oder?
- Klar. Die Menschen kaufen heute anders ein, sie kaufen zum Beispiel regional und auch online. Wir haben daher jetzt einen Online-Shop.
- Das ist spannend. Was meinst du mit regional einkaufen? Kannst du das etwas erklären?
- Immer mehr Menschen wollen gesund essen und sie wollen auch wissen, woher die Lebensmittel kommen. Orangen wachsen ja nicht in Deutschland. Die Orange ist eine Frucht, die z. B. in Italien, Israel oder Spanien wächst. Sie muss weit reisen, bis sie in Deutschland ist. Aber Äpfel oder Karotten sind Lebensmittel, die hier wachsen, in der Region. Also ganz in der Nähe. Das ist gut für uns. Denn viele wollen lieber regionale Produkte kaufen.
- Ich habe gesehen, dass ihr jetzt auch regionale Gemüsekisten verkauft. Was ist das genau?

HÖRTEXTE

● Die Gemüsekiste ist eine Box mit Gemüse und Obst, die man online bei uns bestellen kann. Wir bringen die Gemüsekisten dann direkt nach Hause. Gesund, frisch und super lecker.
● Das klingt toll. Und das heißt, die Produkte sind dann auch saisonal, oder?
● Ja, genau. Wir verkaufen saisonale Lebensmittel. Das heißt Produkte, die nur in der Jahreszeit wachsen. Im Frühling gibt es zum Beispiel Spargel und Erdbeeren. Im Winter nicht. Die Kunden finden das gut.
● Was ist denn dein Lieblingsobst?
● Ich liebe Kirschen und Himbeeren, die gibt es auch in der Kiste, allerdings nur im Sommer.
● Die Obst- und Gemüsekiste, die immer für eine Überraschung gut ist. Ich probiere das aus. Wir machen jetzt ...

2.29
Dialog 1
● Für 45 Euro nach Sevilla.
● Toll, den Flug buchen wir.
Dialog 2
● Was machst du denn da? Der Bus kommt gleich.
● Mist! Hast du noch Platz im Koffer?
Dialog 3
● Jetzt trink doch mal schneller.
● Der Kaffee ist zu heiß. Wir haben noch Zeit.
Dialog 4
● Was ist denn jetzt schon wieder? Unser Flugzeug startet gleich.
● Der Koffer ist zu schwer.
Dialog 5
● Kann ich euch helfen?
● Aber gerne! Ist der süß!
Dialog 6
● Was machst du jetzt schon wieder?
● Jörg hat mir seine Nummer gegeben. Ich schreibe nur schnell eine Nachricht.

Einheit 8 Übungen

2.30
Willkommen zu einer neuen Podcast-Folge von „Reisen durch Deutschland". Heute erzähle ich euch von meinem Ausflug nach Frankfurt am Main. Wart ihr schon mal in Frankfurt? Am Donnerstag bin ich mit dem Zug von Köln nach Frankfurt gefahren. Am Hauptbahnhof hat mich meine Freundin Joanne abgeholt. Sie studiert in Frankfurt. Vom Bahnhof sind wir in die Altstadt gefahren. Am Nachmittag haben wir in einem Restaurant Frankfurter Grüne Soße mit Kartoffeln und Ei gegessen. Das war sehr lecker. Danach sind wir mit der U-Bahn weitergefahren. Wir haben uns die Alte Oper angesehen. Frankfurt ist aber auch für seine moderne Skyline bekannt. Die Europäische Zentralbank gehört dazu. Dort haben wir ein Selfie gemacht. Abends haben wir in einer Kneipe in der Berger Straße Apfelwein getrunken. Eine Reise nach Frankfurt kann ich euch nur empfehlen.

2.32
● Herzlich willkommen zu unserer Rubrik „Das schmeckt! Lecker essen in Frankfurt". Frankfurt ist nicht nur regional – Frankfurt ist auch international. Heute bin ich im Restaurant von Familie Legowo. Sie kochen indonesisch. Ihr Restaurant heißt „Makanan". Herr Legowo, welches Gericht empfehlen Sie Ihren Gästen am häufigsten?
● Hm, das ist nicht so einfach. Wir haben viele tolle Gerichte. Viele Gäste kennen die indonesische Küche nicht und möchten sie kennenlernen. Ich empfehle ihnen oft „Ikan Bakar". Das ist ein Fisch mit einer scharfen Soße. Man isst ihn mit Reis und Gemüse.
● Oh, das klingt sehr lecker. Und welches Gericht finden Sie am besten Frau Legowo?
● Hm, das ist wirklich schwierig. Ich finde „Rujak" sehr lecker. Das ist ein Obstsalat. Man isst ihn mit einer besonderen Soße. Die Soße schmeckt zuerst sehr süß und dann scharf. Unsere Gäste bestellen den Obstsalat sehr oft.
● Das klingt auch sehr lecker. Wollten Sie schon immer ein eigenes Restaurant haben?

Plateau 2

2.36
Das sind meine Kolleginnen und Kollegen. Mal sehen, ... Der mit den schwarzen Haaren, dem gelben Pullover und der braunen Hose heißt Kemal. Total netter Typ. Er ist Programmierer und kommt aus Indien. Dann kommt Eva. Das ist die Frau mit den blonden Haaren und dem blauen Kleid neben Kemal. Sie ist Designerin. Und der Mann mit den grauen Haaren, dem hellgrauen Anzug und dem hellblauen Hemd in der Mitte ist unser Chef, Herr Mayer. Er sagt immer *Mayer* mit *A Y*. Naja. Auf jeden Fall ist er genauso langweilig wie er aussieht. Die junge Frau mit den roten Haaren neben Herrn Mayer ist unsere neue Praktikantin Laura. Mit dem weißen T-Shirt, der grünen Jacke und dem grünen Rock sieht sie ziemlich cool aus, oder? Sie ist auch richtig nett ... Ja, und der mit den braunen Haaren ganz rechts, das ist Tom. Er betreut unsere Kunden und ist viel unterwegs.

Wie immer trägt er eine blaue Jeans und ein rotes Hemd. Das ist seine Arbeitskleidung. So. Das sind meine Kolleginnen und Kollegen.

2.37
Teil 1

Und jetzt der Wetterbericht für Deutschland. Morgen gibt es im Süden und Osten noch viel Sonne bei zwölf Grad. Im Westen wird es ungemütlich. Am Vormittag kommen Wolken und es regnet kräftig bei acht Grad. Im Norden bleibt es meist trocken. Am Sonntag gibt es dann in ganz Deutschland Regenwetter und es wird kälter.

2.38
Teil 2

- Das war heute ein toller Start in den Urlaub, oder? Und das Wetter soll die ganze Woche gut sein.
- Ja, die Radtour hat richtig Spaß gemacht. Aber ich bin ganz schön kaputt. Was wollen wir morgen machen? Gehen wir ins Kino?
- Morgen ist Dienstag. Ich hab' doch Karten für das große Sommerkonzert in Bebenhausen gekauft. Das Konzert fängt um sechs Uhr an. Ich möchte aber schon um fünf da sein. Wir müssen also etwas früher los.
- Stimmt. Hab' ich vergessen. Das heißt ... morgen können wir ausschlafen.

2.39
Teil 3

- Wie war dein Wochenende?
- Ganz schön. Ich war auf einem zehnjährigen Klassentreffen in Hamburg.
- Zehn Jahre ... wow! Hamburg ist aber ganz schön weit. Bist du geflogen?
- Ich habe mich erst spät gekümmert. Es hat leider keine freien Plätze mehr gegeben. Und weil die Züge auf der Strecke oft Verspätung haben, bin ich mit dem Auto gefahren. War aber o.k.

2.40
Teil 4

- Herr Trung, Sie kommen aus Vietnam. Seit wann leben und arbeiten Sie in Deutschland?
- Seit circa vier Jahren.
- Konnten Sie schon Deutsch, als Sie nach Deutschland gekommen sind?
- Ja, ich habe an der Universität in Hanoi mehrere Kurse besucht. Aber hier habe ich noch weitergelernt. Das war wichtig für meinen Beruf.

VIDEOTEXTE

Einheit 1: Klassentreffen

Clip 1.01

Manu: Ja?
Tobi: Ich habe hier zwanzig Pakete für einen Herrn Manuel Enders.
Manu: Na klar! Komm rein. Na Tobi, wie geht's dir? Alles klar?
Tobi: Klar.
Manu: Dann komm mal mit ins Wohnzimmer. Caro ist auch schon da.
Tobi: Cool. Hallo Caro! Lange nicht gesehen! Alles gut?
Caro: Alles gut. Und bei dir, Tobi?
Tobi: Naja ... Jetzt sind es nur noch sechs Wochen bis zum Klassentreffen.
Manu: Möchtest du einen Kaffee haben?
Tobi: Ja, gerne.
Caro: Nur noch sechs Wochen bis zum Klassentreffen ...
Tobi: Ja, aber wir müssen gar nicht mehr so viel machen. Mal sehen. Zuerst hat Manu im November mit dem Schuldirektor den Termin gemacht. Dann haben wir das Programm geplant und im April hat Manu die Einladungen verschickt.
Manu: Was habe ich gemacht?
Caro: Du hast im April die Einladungen verschickt.
Manu: Stimmt. Aber wir haben noch nicht alle E-Mail-Adressen gefunden.
Caro: Welche fehlen denn noch?
Manu: Nur eine. Die von Katta.
Caro: Ach, von Katta habt ihr keine Adresse? Habt ihr schon mal im Internet gesucht?
Tobi: Na, logisch! Die meisten E-Mail-Adressen haben wir im Internet gefunden.
Caro: Wir haben doch die Adresse von Patrick, oder? Den kann ich ja mal fragen. Der weiß das bestimmt.
Manu: O.k. Das ist eine gute Idee. Du schreibst Patrick eine Mail und fragst ihn nach Kattas E-Mail-Adresse.
Tobi: So, weiter. Caro hat schon in der Schulkantine angerufen und nach den Preisen für Kaffee, Kuchen und das Abendessen gefragt.
Caro: Genau. Zusammen mit den Kosten für den DJ muss jeder 30 Euro bezahlen. Das steht auch so in der Einladung, oder?
Manu: Ja, 30 Euro pro Person. Das steht so in der Einladung.
Tobi: Hast du die Einladung nicht gelesen?
Caro: Doch, klar. Und ich finde, dass sie toll aussieht! Habt ihr wirklich super gut gemacht!
Tobi: Danke. Hast du die Getränke für abends schon bestellt?
Manu: Nein, das muss ich noch machen.
Caro: Wie viele haben sich denn schon angemeldet?
Manu: Bis jetzt haben wir schon über 90 Anmeldungen. Ein paar Lehrerinnen und Lehrer sind auch dabei.
Caro: Schon so viele? Super! Die Bestellung in der Schulkantine mache ich dann Anfang Juni.
Tobi: Gut, weiter. Ich habe mich schon mit DJ Olaf getroffen. Er kommt schon um halb sieben und baut dann in der Aula alles auf. Ich hätte nicht gedacht, dass ein Klassentreffen so viel Arbeit macht!
Manu: Ich auch nicht.
Caro: Ach? Das Klassentreffen war doch eure Idee! Was meint ihr, wie oft müssen wir uns noch treffen?
Tobi: Mindestens einmal im Mai.
Caro: O.k. Mal sehen. Treffen wir uns am 28. Mai? Das ist ein Freitag.
Manu: O.k. Um sieben bei Tobi?
Tobi: Passt.
Caro: Ja, o.k. So, was müssen wir noch ...

Clip 1.02

Nina: Hallo! Mensch, ich habe es schon zweimal versucht.
Lerner*in: Entschuldige, Nina. Ich hatte viel zu tun. Was gibt es denn?
Nina: Du kommst doch auch zur Grillparty am Samstag, oder?
Lerner*in: Na klar. Ich freue mich schon!
Nina: Hoffentlich wird das Wetter gut! Warst du schon mal im Stadtpark?
Lerner*in: Nein, bis jetzt noch nicht. Kann ich etwas mitbringen?
Nina: Mal sehen ... Ich bringe die Würstchen, Brot und ein paar Gläser mit.
Lerner*in: Soll ich meinen Grill mitbringen?
Nina: Das ist nett, aber Leo kommt mit dem Auto. Ich rufe ihn gleich auch noch an. Er soll seinen Grill und die Getränke mitbringen. Das ist sicher kein Problem. Du kannst gerne Käse, Obst oder einen Salat mitbringen. Dein Gurkensalat ist doch immer so lecker!
Lerner*in: Gut, dann mache ich einen Gurkensalat und kaufe noch Käse.
Nina: Prima! Du, ich muss los. Wir sehen uns dann am Samstag im Stadtpark!
Lerner*in: Genau. Bis Samstag! Tschüss, Nina!
Nina: Tschüss!

Einheit 2: Mobil leben

Clip 1.03

Junge Frau: Wie schön, dass wir uns am Wochenende sehen.
Lerner*in: Ich freue mich auch.
Junge Frau: Wann kommst du denn?

Lerner*in: Schon am Freitag. Diesen Freitag muss ich nicht arbeiten.
Junge Frau: Cool! Kommst du eigentlich mit der Bahn oder mit dem Bus?
Lerner*in: Mit dem Bus. Das ist am billigsten.
Junge Frau: Hm, stimmt. Und wann bist du dann hier in München?
Lerner*in: Ich fahre um Viertel nach neun in Berlin los und bin um halb fünf da, glaube ich.
Junge Frau: O.k., ich hole dich dann vom Busbahnhof ab. Schick mir eine Nachricht.
Lerner*in: Ja klar. Bis dann.
Junge Frau: Bis Freitag.

Einheit 3: Wohnen und zusammenleben
Clip 1.04

Fr. Lotze: Herr Michelakis? Na, Sie sind ja ganz pünktlich.
Hr. Michelakis: Guten Tag, Frau Lotze. Ja, mit dem Auto kein Problem und gleich die erste Frage: Haben die Mieter eigene Parkplätze?
Fr. Lotze: Nein, aber Sie dürfen hier überall parken. Ja, dann gehen wir mal in die dritte Etage.
Hr. Michelakis: Gibt es hier einen Aufzug?
Fr. Lotze: Ja. Keine Angst, Sie müssen nicht alles bis in die dritte Etage schleppen. So, da sind wir! Ich geh' mal vor. Hier ist die Küche, dort ist das Wohnzimmer. Hier links ist das Bad, dahinter das Schlafzimmer. Geradeaus dann das Arbeits- und Kinderzimmer.
Hr. Michelakis: Danke. Oh, schön – das Wohnzimmer ist groß.
Fr. Lotze: Ja, und der Balkon ist auch sehr groß. Sehen Sie mal.
Hr. Michelakis: Ah ja, der ist schön. Das ist wichtig für uns.
Fr. Lotze: Ach, Sie ziehen zu zweit ein?
Hr. Michelakis: Ja. Lena, meine Partnerin, muss leider heute arbeiten. Ich darf doch ein paar Fotos machen, oder?
Fr. Lotze: Natürlich, machen Sie nur. Und hier ist die Küche, ist alles drin und groß. Das war ja wichtig für Sie.
Hr. Michelakis: Neue Schränke, neuer Herd. Super! Gibt es auch einen Keller?
Fr. Lotze: Nein, aber eine Abstellkammer – sehen Sie, hier. Für Koffer und Schuhe oder so.
Hr. Michelakis: Aha, aber viel kleiner als ein Keller.
Fr. Lotze: Ja. Und hier ist das Bad …
Hr. Michelakis: Leider ohne Badewanne, aber mit Fenster.
Fr. Lotze: … und hier das dritte Zimmer, ein Arbeits- und Kinderzimmer. Haben Sie Kinder?
Hr. Michelakis: Nein, aber einen kleinen Hund. Und wir arbeiten manchmal im Homeoffice. Gibt es hier schnelles Internet?
Fr. Lotze: Internet ja, aber wie schnell? Das … Keine Ahnung. Das kann ich Ihnen nicht sagen.
Hr. Michelakis: Naja, das kann ich auch im Internet recherchieren. Gibt es hier in der Nähe Geschäfte, Restaurants und einen Supermarkt?
Fr. Lotze: Es ist ziemlich ruhig hier, aber ein Supermarkt ist in der Nähe und die Innenstadt erreichen Sie mit der S-Bahn in fünf Minuten, die Haltestelle ist gleich da vorne.
Hr. Michelakis: Ah. Hier gibt es doch auch einen Park, oder?
Fr. Lotze: Ja, den Appolonia-Pfaus-Park erreichen Sie zu Fuß in zehn Minuten.
Hr. Michelakis: Das ist aber ziemlich weit … Vielen Dank für die Besichtigung, Frau Lotze. Wir rufen Sie dann an.
Fr. Lotze: Ja, so machen wir es. Aber warten Sie bitte nicht zu lange. Bis dann, Herr Michelakis.
Hr. Michelakis: Bis dann, Frau Lotze!

Clip 1.05

Frau Lotze: Guten Tag, mein Name ist Franziska Lotze. Und Sie sind …?
Lerner*in: Ich bin … Guten Tag, Frau Lotze. Wir haben telefoniert.
Frau Lotze: Ah, stimmt. Schön, dass Sie hier sind. Wir sehen uns gleich eine Zwei-Zimmer-Wohnung an. Die Wohnung ist 55 m² groß. Sie ist im zweiten Obergeschoss, aber es gibt einen Aufzug.
Lerner*in: Oh, super! Die Wohnung hat auch einen Balkon, oder?
Frau Lotze: Ja, einen sehr schönen Balkon. Und das Bad ist auch sehr schön. Es hat ein Fenster und eine Badewanne.
Lerner*in: Toll! Und sagen Sie, wie viel kostet die Wohnung?
Frau Lotze: Die Kaltmiete beträgt 650 €, die Nebenkosten 150 €.
Lerner*in: Und wie hoch ist die Kaution?
Frau Lotze: Zwei Monatsmieten. Haben Sie noch weitere Fragen?
Lerner*in: Nein, im Moment nicht.
Frau Lotze: Gut, dann zeige ich Ihnen jetzt die Wohnung.
Lerner*in: O.k., sehr gern.

Einheit 4: Hast du Netz?
Clip 1.06

Tobi: Hallo, wie geht's?
Lerner*in: Mir geht's gut, danke. Erzähl mal, wie war das Klassentreffen?

VIDEOTEXTE

Tobi: Ganz gut. Ich hätte nicht gedacht …
Lerner*in: Hallo? Ich höre dich nicht.
Tobi: Warte … Jetzt?
Lerner*in: Ja, ich höre dich wieder, aber jetzt sehe ich dich nicht mehr.
Tobi: Hm … und jetzt? Ich kann dich gut sehen.
Lerner*in: Ja, jetzt kann ich dich auch sehen.
Tobi: Also das Treffen war toll. Ich hätte nicht gedacht, dass man so viele Freunde wiedersieht. Ich schicke dir ein paar Fotos. Hast du sie bekommen?
Lerner*in: Ja, super Fotos! Danke. Und sag mal, waren auch viele Lehrerinnen und Lehrer da?
Tobi: Warte, es ist sehr laut. Was hast du gesagt?
Lerner*in: Ich habe gefragt, ob du auch viele Lehrerinnen und Lehrer getroffen hast.
Tobi: Ja, nur meine Biolehrerin und der Englischlehrer waren nicht dabei. Schade. Ich …
Lerner*in: Einen Moment. Die Internetverbindung ist schlecht. Ich habe den letzten Satz nicht verstanden.
Tobi: Ich habe gesagt, dass ich froh bin …

Plateau 1

Clip 1.07

Yara: Was machst du denn hier? Tarek.
Tarek: Hi!
Yara: Ihr kennt euch?
Nico: Ja, ich helfe manchmal im Restaurant.
Yara: Und du sprichst Deutsch!
Nico: Ein bisschen. Ich mache einen Audio-Kurs.
Yara: Wie lange bist du denn schon in Deutschland?
Nico: Ich bin vor ein paar Wochen nach Deutschland gekommen.
Yara: Aber warum? Ich meine, was machst du hier?
Tarek: Nico hat dich gesucht.
Nico: Aber du warst in der Schweiz.
Yara: Woher weißt du das?
Nico: Das ist eine lange Geschichte.
Yara: O.k. … Und ich möchte die ganze Geschichte von Anfang an hören.
Tarek: Äh, pass auf: Wir gehen alle ins Restaurant, ich koche etwas und nach dem Essen erzählen wir dir alles.
Yara: Ja. O.k.

Nico: Wie lange lebst du schon in Deutschland?
Tarek: Ich bin vor 30 Jahren mit meinen Eltern hierhergekommen.
Yara: Ich bin vor 15 Jahren als Au-pair-Mädchen nach Deutschland gekommen. Das Land war fremd, die Sprache auch. Ich meine, ich war froh. Ich wollte Spanien verlassen und in Deutschland studieren. Aber es war nicht immer leicht. Alles war neu. Ich hatte Glück, ich hatte Hilfe. Es ist wichtig, dass man Hilfe hat in so einer Situation.
Und was ist mit dir? Wie lang willst du eigentlich bleiben?
Tarek: Das verstehe ich.
Yara: Und was willst du jetzt machen? Wo willst du wohnen? Wie möchtest du Geld verdienen und leben?
Nico: Ich will auf keinen Fall zurück nach Spanien.

Rezeptionistin: Guten Abend, was kann ich für Sie tun?
Pepe: Haben Sie noch ein Zimmer frei?
Rezeptionistin: Nehmen Sie das Zimmer für eine Nacht oder für mehrere Nächte?
Pepe: Erst einmal für eine Nacht. Vielleicht bleibe ich länger.
Rezeptionistin: Ich nehme an, dass Sie ein Einzelzimmer möchten. Ist das richtig?
Pepe: Ja, bitte. Ein Einzelzimmer.
Rezeptionistin: Möchten Sie das Zimmer mit oder ohne Frühstück?
Pepe: Ohne Frühstück, bitte.
Rezeptionistin: Dann benötige ich noch Ihren Ausweis oder Reisepass. Das Zimmer ist in der vierten Etage. Das macht dann 139 Euro für eine Übernachtung ohne Frühstück. Zahlen Sie bar oder mit Kreditkarte?
Pepe: Ich zahle mit Karte.
Rezeptionistin: Wie gesagt, Ihr Zimmer ist in der vierten Etage. Den Aufzug finden Sie vorne rechts.

Clip 1.08

Nina: Hi.
Lisa: Hey.
Nico: Hallo.
Nina: Nico, schön, dich zu sehen. Sag mal, ist das euer Ernst eigentlich?
Lisa: Äh … was denn?
Nina: Na das, das Chaos.
Sebastian: Äh, darf ich vielleicht später aufräumen?
Nina: Oh, also in einem Monat?
Sebastian: Jetzt bleib doch mal ruhig.
Nina: Nee!
Nico: Kann ich helfen?
Nina: Nein, Nico. Wir wohnen hier. Das schaffen wir schon selber.
Lisa: Aber wir haben auch ein Zimmer frei, oder?
Sebastian: Das ist eine gute Idee!
Nico: Was ist?

Tarek: Und … bitte schön!
Inge: Ah …
Yara: Auf Nicos neue Wohnung! Zum Wohl!
Alle: Zum Wohl! / Prost!

Inge: Herzlichen Glückwunsch, Nico.
Nico: Vielen Dank, Inge.
Inge: Wo wohnst du denn jetzt?
Nico: Ich wohne in der WG von Lisa, Nina und Sebastian.
Inge: Eine WG. Das ist eine Wohngemeinschaft, oder? Bei uns war das anders. Wir haben noch bei der Familie gewohnt. Das war billiger.
Pepe: Hola Nico.
Nico: Pepe!
Max: Wer ist denn Pepe?
Nico: Pepe ist mein großer Bruder.
Inge: Ach!
Pepe: Ven, Nico.
Nico: Ich spreche hier kein Spanisch.
Pepe: Wie du willst! Komm mit! Wir fliegen zurück nach Spanien.
Nico: Nein, ich komme nicht mit. Ich bleibe hier in Deutschland.
Pepe: Ich bin extra aus München gekommen. Zuerst wollte ich fliegen, aber der Flug ist ausgefallen. Dann musste ich mit dem Bus hierherfahren und konnte unterwegs nicht schlafen. Ich bin ziemlich müde. Also bitte lass uns einfach gehen!
Nico: Nein. Du kannst gerne gehen. Ich habe schon mit Papa telefoniert.
Pepe: Ich glaube, du verstehst es nicht. Papa hat mir gesagt, dass ich dich zurückholen soll. Wahrscheinlich geht der nächste Flug morgen Vormittag über Madrid oder Barcelona nach Sevilla, also?
Nico: Also: Guten Flug. Hm?
Pepe: Hör zu, mir ist das völlig egal, was du machst! Aber unsere Eltern machen sich Sorgen! Du machst immer nur Probleme, Nico!
Max: Ich bitte Sie, jetzt zu gehen.

Clip 1.09

Max: Geht's dir gut, Inge?
Inge: Mir? Natürlich. Ach ... WGs und Reisen ... Ich sitze den ganzen Tag nur zuhause. Oder hier.
Max: Aber warum? Du bist fit, du hast Zeit. Warum fährst du nicht weg? Mach doch mal eine Reise!
Inge: Das ist alles so kompliziert.
Max: Ach Quatsch! Tarek? Bringst du mal den Laptop her?
Inge: Was? Wieso?
Max: Weil wir zusammen jetzt einen Ausflug buchen.
Tarek: Ja! Halt! Stopp! Moment! Das hört sich gut an! Angebot für Seniorengruppen: eine Zugfahrt durch das Rheintal nach Bingen am Rhein, mit Mittagessen und Stadtrundgang.
Inge: Wo fährt der Zug ab?
Max: Am Hauptbahnhof in Köln.
Inge: Und wann?
Max: Ah, die Abfahrt ist um 9.45 Uhr von Gleis sieben.
Inge: Was kostet das?
Tarek: Hin- und Rückfahrt kosten 50 Euro und du musst nicht umsteigen. Du kommst um Viertel vor zwölf in Bingen am Rhein an und um halb sieben abends fährst du wieder zurück.
Inge: Hm, toll! Aber alles an einem Tag? Das ist mir zu anstrengend.
Tarek: Stimmt.
Max: Du kannst auch in Bingen übernachten. Wir finden bestimmt ein Hotelzimmer für dich. Sollen wir das buchen?
Inge: Ja!
Tarek: Ja!
Max: O.k.! Das war's. Jetzt drucken wir die Verbindung noch aus und suchen auch noch ein Hotelzimmer raus.
Inge: Hach, toll! Ah, Jungs. Ihr seid großartig! Bin schon ganz aufgeregt!

Lisa: Was steht denn jetzt noch draußen?
Nico: Die Möbel.
Nina: Du hast Möbel?
Nico: Ja, ich habe einen Schrank, ein Bett und eine Matratze.
Sebastian: Alles aus dem Secondhandladen.
Lisa: Möbel tragen ... Da muss ich mich ja gleich noch mal duschen.
Sebastian: Ach, Nico und ich machen das, oder?
Nico: Ja! Und der Schrank?

Inge: Hallo Nico!
Nico: Hallo Inge!
Inge: Ich habe nur ganz wenig Zeit. Ich wollte dir gerne ein paar Sachen für den Umzug mitbringen. Ein paar Kleinigkeiten. Die kannst du sicher gut gebrauchen. Hach, tut mir leid, ich muss gleich wieder los. Ich will euch nicht von der Arbeit abhalten. Ich habe auch überhaupt keine Zeit. Ich muss noch einkaufen gehen und ...
Nico: Kann ich dir helfen?
Inge: Nein, ihr habt doch genug zu tun ... Also, ihr Lieben, macht's gut. Und komm mich mal besuchen, Nico!
Nico: Danke, Inge, mach ich. Und vielen Dank für die Sachen.
Inge: Jaha ...
Nico: Die hat echt keine Zeit.
Sebastian: Keine Zeit.
Nico: Keine Zeit.

VIDEOTEXTE

Einheit 5: So arbeiten wir heute

Clip 1.10

Tobi: Und, alles klar? Und wie gefällt dir die Arbeit im Homeoffice?
Lerner*in: Alles kein Problem. Ich arbeite gern zuhause. Was gibt's?
Tobi: Wir müssen über die Bestellung von Herrn Berger sprechen.
Lerner*in: O.k.? Was ist denn das Problem?
Tobi: Er hat gestern angerufen.
Lerner*in: Hat er eine Nachricht hinterlassen?
Tobi: Ja, er möchte den Liefertermin ändern.
Lerner*in: Wann soll der neue Termin denn sein?
Tobi: Das hat er nicht gesagt. Kannst du ihn bitte zurückrufen?
Lerner*in: Das mache ich gleich. Soll ich dich danach noch einmal anrufen?
Tobi: Ja, mach das. Am besten nach elf, ich habe jetzt noch einen Termin.
Lerner*in: Kein Problem. Ich melde mich bei dir. Bis dann!

Einheit 6: Was liest du gerade?

Clip 1.11

Verkäuferin: Guten Tag, ich sehe, Sie interessieren sich für Literaturklassiker. Goethes Werther – ein tolles Buch!
Lerner*in: Ja, aber eigentlich suche ich einen Krimi. Haben Sie die auch?
Verkäuferin: Einen Krimi? Hunderte! Die Krimis sind hier. Schauen Sie mal.
Lerner*in: Oh, das sind ja echt viele. Können Sie mir einen Krimi empfehlen?
Verkäuferin: Hm, mal sehen ... Also, ich lese ja gern Jan Seghers. Seine Krimis sind echt spannend. Kennen Sie die?
Lerner*in: Hm, ich glaube nicht. Die spielen doch alle in Frankfurt, oder?
Verkäuferin: Richtig! Und das hier ist sein erster Krimi.
Lerner*in: Ah, der sieht interessant aus. Und wie viel kostet der?
Verkäuferin: Für Sie, nur drei Euro.
Lerner*in: Gut, den nehme ich. Können Sie mir noch ein Buch empfehlen?
Verkäuferin: Sehr gerne. Mögen Sie auch Romane?
Lerner*in: Nein, ich lese eigentlich nur Biografien und Krimis.
Verkäuferin: Ah ja, die haben wir auch. Biografien sind hier vorne.
Lerner*in: Perfekt, vielen Dank.

Einheit 7: Leben mit Tieren

Clip 1.16

Yasemin: Lotta! Wo bist du?
Lerner*in: Kann ich Ihnen helfen? Was suchen Sie denn?
Yasemin: Ach, das ist nett. Ich suche mein Kaninchen.
Lerner*in: Sie suchen ein Kaninchen? Wie sieht es denn aus?
Yasemin: Total süß! Es ist ein kleines Kaninchen, nur so groß, und ganz weich.
Lerner*in: Aha, Sie suchen also ein weißes Kaninchen?
Yasemin: Nein! Das Fell ist weich, nicht weiß. Lottas Fell ist braun.
Lerner*in: Ach so! Können Sie Lotta noch etwas besser beschreiben?
Yasemin: Klar. Lotta ist braun. Sie ist ein süßes Kaninchen mit einer schwarzen Schnauze, dunklen Ohren und dunklen Pfoten. Haben Sie Lotta gesehen?
Lerner*in: Nein, leider nicht. Seit wann suchen Sie es denn schon?
Yasemin: Seit heute Morgen. Ich weiß bald nicht mehr, wo ich noch nachsehen soll!
Lerner*in: Haben Sie schon im Tierheim angerufen?
Yasemin: Im Tierheim?
Lerner*in: Ja, im Tierheim. Vielleicht hat es jemand gefunden und dort abgegeben.
Yasemin: Das ist eine gute Idee! Vielen Dank!

Einheit 8: Global und regional

Clip 1.18

Manu: Hey, ach schön, dass wir uns endlich mal wiedersehen. Wie geht's dir?
Lerner*in: Hey Manu, bist du endlich wieder da? Mir geht's sehr gut. Wie war dein Urlaub?
Manu: Der Urlaub war echt super. Italien ist wirklich ein tolles Land.
Lerner*in: Ja, mir hat es dort auch sehr gut gefallen. Wo warst du denn?
Manu: Wir waren am Gardasee, in Limone.
Lerner*in: Wir? Mit wem warst du denn unterwegs?
Manu: Mit Thomas. Wir kennen uns aus der Schule und wollten schon immer mal gemeinsam Urlaub machen.
Lerner*in: Toll, ihr hattet bestimmt viel Spaß. Seid ihr geflogen?
Manu: Genau, von Frankfurt nach Verona. Dort haben wir ein Auto gemietet und sind nach Limone gefahren.
Lerner*in: Das war bestimmt eine super Idee mit dem Auto. Habt ihr viele Ausflüge gemacht?
Manu: Ja, sehr viele. Wir waren in Verona, in Venedig und haben viele kleine Orte am Gardasee gesehen.

Und es gibt überall nette Cafés, Restaurants und Geschäfte. Und der See ist wunderschön, ein Traum!
Lerner*in: Das klingt ja super. Aber das war doch bestimmt sehr teuer, oder?
Manu: Naja, es ging. Das war nicht so teuer. Aber jetzt erzähl doch mal, was hast du so gemacht?

Plateau 2

Clip 1.19

Nina: Dein Bruder arbeitet also in Deutschland?
Nico: Ja … Seit ein paar Jahren. Er hat eine eigene Firma.
Sebastian: Und warum will er, dass du dann zurück nach Spanien gehst?
Nico: Er macht immer, was meine Eltern sagen. Pepe interessiert sich überhaupt nicht für mich. Ich bin für ihn egal …
Nina: Du bist ihm egal.
Nico: Ich bin ihm egal.
Nina: Du ärgerst dich über deinen Bruder, oder?
Nico: Ärgern? Ja. Ich ärgere mich oft über meinen Bruder.
Sebastian: Naja … Komm, jetzt reg dich nicht so über ihn auf.
Nina: Hm. Was war in der Post?
Lisa: Ein Brief von der Abendschule.
Nina: Oh, eine Antwort?
Sebastian: Na los. Mach ihn auf! Es ist bestimmt eine Zusage.
Lisa: Eine Zusage!
Sebastian: Toll!

Lisa: Also, Nico. Für was interessierst du dich?
Nico: Ich interessiere mich für Fußball.
Lisa: Ah, er interessiert sich für Fußball. Noch einer!
Nico: Ja, sorry. Ich mag Fußball.
Selma: Wie alle Männer.
Lisa: Du kannst Nico auch fragen, ob er sich noch für andere Dinge interessiert.
Selma: O.k. … ähm. Interessierst du dich für … Literatur?
Nico: Literatur?
Lisa: Äh, ja. Liest du gerne? Oder hast du viele Bücher? Zum Beispiel Romane oder Krimis …
Nico: Natürlich. Ich habe mich, ähm …
Lisa: Schon immer?
Nico: Ich habe mich schon immer für Bücher interessiert.
Selma: Du beschäftigst dich sicher auch gerne mit Politik, oder?
Nico: Politik? Ich? Warum?
Selma: Weil alle Politiker so viel lügen.
Lisa: Letzte Frage: Selma, was kannst du besonders gut?
Selma: Hm …
Lisa: Kannst du Fahrrad fahren?
Selma: Ich kann nicht Fahrrad fahren.

Nico: Wirklich?
Selma: Ja.
Nico: Aber das geht nicht. Hier fahren alle Fahrrad! Ich bringe es dir bei. Ich verspreche es dir. Hast du morgen Zeit?
Selma: O.k.

Clip 1.20

Selma: Hallo? Ich bin bei meinem Sprachkurs. Das weißt du doch. Ja, mache ich. Tschüss!
Nico: Hast du mit deinem Vater telefoniert?
Selma: Nein, das war meine Mutter. Sie macht sich Sorgen, weil ich nicht angerufen habe. Ich habe ihr aber gesagt, dass ich beim Sprachkurs bin.
Nico: Vielleicht hat sie es ja nur vergessen.
Selma: Ja, zum hundertsten Mal.
Nico: Ich kenne das. Meine Eltern hören mir auch nie zu.

Selma: Die Bilder sind toll!
Nico: Ja, coole Fotos. Machst du auch ähm …
Sebastian: Porträts? Nein, ich äh … ich habe auch noch ein anderes Projekt, das wird super.
Selma: Was für ein Projekt?
Sebastian: Das sage ich noch nicht!
Lisa: Sebastian, können wir die Sprachübungen heute mit deinen neuen Fotos machen?
Sebastian: Klar. Warum nicht?
Lisa: Selma, bitte beschreibe eines von Sebastians Porträts.
Selma: Das sind zwei ältere Männer mit grauen Haaren. Der Mann mit der braunen Hose ist groß und sieht ein bisschen traurig aus. Der Mann mit dem schwarzen Mantel ist kleiner.
Lisa: Sehr gut. Nico, kannst du das auch?
Nico: Nicht so gut!
Lisa: Probier's! Wie sieht dein Bruder aus?
Nico: Er hat dunkle Haare.
Lisa: Und?

Clip 1.21

Kellnerin: Hallo!
Jacques: Hallo!
Kellnerin: Darf ich Ihren Mantel nehmen?
Jacques: Ja, gern. Darf ich mich zu Ihnen setzen?
Inge: Bitte!
Jaques: Danke. Mein Name ist übrigens Jacques.
Inge: Inge.
Jacques: Freut mich sehr, Inge.
Inge: Machen Sie auch den Ausflug?
Jacques: Nein, ich bin nur auf der Durchreise. Ich bin Konditor. Ich hatte eine eigene Konditorei.

Inge: Ach, dann sind Sie der, den man morgens in der Bäckerei sieht. Der Mann, der Brot und Brötchen backt und die Hochzeitstorten dekoriert?
Jacques: Ja! Aber das mache ich schon lange nicht mehr. Auf Sie, Inge!
Inge: Auf gute Gesellschaft und gutes Essen!
Jacques: Zahlen, bitte! Selbstverständlich lade ich Sie ein!
Inge: Aber ...
Jacques: Ich lade Sie natürlich ein. Sie sind eine Frau, die man einladen muss.
Inge: Alles in Ordnung?
Jacques: Mein Portemonnaie ... Ich habe es im Hotel vergessen.
Inge: Kein Problem, ich übernehme das.
Jacques: Also, das ist mir ... Das ist mir sehr peinlich! Ich gebe Ihnen das Geld natürlich zurück.
Inge: Stimmt so.
Kellnerin: Danke.
Inge: Wann denn? Auf Wiedersehen, Jacques.
Kellnerin: So!
Inge: Danke.
Kellnerin: Jetzt.
Jacques: Ich rufe Sie auf diesem Handy an, Inge.

WORTLISTE

Die alphabetische Wortliste enthält den Wortschatz der Einheiten. Zahlen, grammatische Begriffe sowie Namen von Personen, Städten und Ländern sind nicht in der Liste enthalten. Wörter, die nicht zum Zertifikatswortschatz gehören, sind kursiv ausgezeichnet.

Die Zahlen geben an, wo die Wörter das erste Mal vorkommen – 10/1b bedeutet zum Beispiel Seite 10, Aufgabe 1b.

Die . oder ein _ unter Buchstaben des Worts zeigen den Wortakzent:
a = ein kurzer Vokal; a = ein langer Vokal.

Bei den Verben ist immer der Infinitiv aufgenommen. Bei Nomen finden Sie immer den Artikel und die Pluralform.
(Sg.) = Dieses Wort gibt es (meistens) nur im Singular.
(Pl.) = Dieses Wort gibt es (meistens) nur im Plural.

A

das	Abi, die Abis	10
	ab und zu	66
das	Abendbrot, die Abendbrote	124/1b
das	Abendessen, die Abendessen	179
die	Abflugzeit, die Abflugzeiten	71/5a
	abhalten (von), sie hält ab von, sie hat abgehalten von	64/3f
die	Abiparty, die Abipartys	10
das	Abitur, die Abiture	11
die	Abizeitung, die Abizeitungen	11
die	Abkürzung, die Abkürzungen	36/2b
der	Ablauf, die Abläufe	69/4a
	ablehnen, sie lehnt ab, sie hat abgelehnt	66
die	Abreise, die Abreisen	64/3c
	abschalten, sie schaltet ab, sie hat abgeschaltet	66
der	Abschied, die Abschiede	202
der	Abschluss, die Abschlüsse	68/2c
die	Abschlussnote, die Abschlussnoten	68/2a
	abstellen, sie stellt ab, sie hat abgestellt	38/1b
die	Abstellkammer, die Abstellkammern	37/6a
	abwaschen, sie wäscht ab, sie hat abgewaschen	174/1a
	abwechseln (sich), sie wechselt sich ab, sie hat sich abgewechselt	118/1c
die	Abwechslung, die Abwechslungen	180/1a
	achten (auf), sie achtet auf, sie hat geachtet auf	70/1
die	Achtung (Sg.)	204/2a
	ähnlich	64/3g
die	Akademie, die Akademien	160/2a
der	Akku, die Akkus	47
die	Aktion, die Aktionen	146
	aktiv	93/4c
	aktuell	66
	akzeptieren, sie akzeptiert, sie hat akzeptiert	27/5a
	alkoholisch	103
	allgemein	183/3c
die	Allgemeine Hochschulreife (Sg.)	68/2a
	allzu	80/2a
die	Alpen (Pl.)	26/3a
die	Alternative, die Alternativen	22
die	Altkleider (Pl.)	148/3a
der	Altkleiderberg, die Altkleiderberge	148/3a
die	Altkleidersammlung, die Altkleidersammlungen	149/3b
der/die	Amerikaner/in, die Amerikaner/die Amerikanerinnen	191
die	Ampel, die Ampeln	93/4a
	anbauen, sie baut an, sie hat angebaut	104/1b
	anbei	50/1a
	anbieten, sie bietet an, sie hat angeboten	146
der/die	Anbieter/in, die Anbieter/die Anbieterinnen	36/3b
	ändern, sie ändert, sie hat geändert	26/1c
	anders	66
der	Anfang, die Anfänge	138/2a
	anfangen, sie fängt an, sie hat angefangen	12/1c
die	Angabe, die Angaben	68/2c
	angehen, es geht an, es ist angegangen	147
	angenehm	150/1a
die	Angst, die Ängste	187/8
	ängstlich	182/1a
der	Anhang, die Anhänge	50/1a
	ankreuzen, sie kreuzt an, sie hat angekreuzt	12/1b
die	Ankunft, die Ankünfte	24/1a
die	Anleitung, die Anleitungen	158
	anmelden (sich für), sie meldet sich an, sie hat sich angemeldet	10
die	Anmeldung, die Anmeldungen	12/3a
	anpacken, sie packt an, sie hat angepackt	230/1d
die	Anreise, die Anreisen	64/3c
	anreisen, sie reist an, sie ist angereist	134
der	Anruf, die Anrufe	70/2b
die	Ansage, die Ansagen	27/4a

	anschließen, sie schließt an, sie hat angeschlossen	163/4
die	Anschrift, die Anschriften	68/2a
	ansehen, sie sieht an, sie hat angesehen	37/5b
	anstrengend	179
der/die	Anwalt/Anwältin, die Anwälte / die Anwältinnen	82/1
die	Anweisung, die Anweisungen	122
die	Anzahl, die Anzahlen	136/1c
die	Anzeige, die Anzeigen	36/3b
	anzeigen, sie zeigt an, sie hat angezeigt	227
der	Apfelstrudel, die Apfelstrudel	178
der	Apfelwein, die Apfelweine	102
die	Apotheke, die Apotheken	125/3b
der	Apparat, die Apparate	5
der	Arbeitsablauf, die Arbeitsabläufe	69/4a
der	Arbeitsbeginn (Sg.)	69/4a
die	Arbeitswelt, die Arbeitswelten	66
das	Arbeitszimmer, die Arbeitszimmer	37/6a
	ärgern (sich über), sie ärgert sich über, sie hat sich geärgert über	35
	arm	150/2a
der	Artikel, die Artikel	46
	atmen, sie atmet, sie hat geatmet	147
das	Audio, die Audios	83/5c
der	Audioguide, die Audioguides	206/1b
	Auf Wiederschauen!	181/2b
	aufbauen, sie baut auf, sie hat aufgebaut	38/1b
	aufführen, sie führt auf, sie hat aufgeführt	83/3a
	aufgeregt	106/1a
	aufhören, sie hört auf, sie hat aufgehört	138/2a
	aufladen, sie lädt auf, sie hat aufgeladen	47
	aufmachen, sie macht auf, sie hat aufgemacht	216/2a
	aufnehmen, sie nimmt auf, sie hat aufgenommen	137/5a
	aufpassen, sie passt auf, sie hat aufgepasst	66
	aufräumen, sie räumt auf, sie hat aufgeräumt	63/2a
	aufregend	138/1
	aufstellen, sie stellt auf, sie hat aufgestellt	115/3a
	auftreten, sie tritt auf, sie ist aufgetreten	137/5a
die	Aula, die Aulen / die Aulas	10
der	Ausbildungsplatz, die Ausbildungsplätze	214
der	Ausblick, die Ausblicke	61
	ausbrechen (aus), sie bricht aus, sie ist ausgebrochen	123
	ausdrücken, sie drückt aus, sie hat ausgedrückt	134
der	Ausflug, die Ausflüge	10
	ausgeben, sie gibt aus, sie hat ausgegeben	93/4a
	ausgebucht	24/1c
	ausgehen, sie geht aus, sie ist ausgegangen	103/3c
	auskennen (sich mit), sie kennt sich aus mit, sie hat sich ausgekannt mit	180/1b
	ausleihen, sie leiht aus, sie hat ausgeliehen	79
	auspacken, sie packt aus, sie hat ausgepackt	50/1a
	ausreichen, es reicht aus, es hat ausgereicht	174/1a
das	Aussehen (Sg.)	192/1c
	außen	159/1
	außerdem	231/2e
die	Aussicht, die Aussichten	36/1
die	Ausstellung, die Ausstellungen	79
	austauschen, sie tauscht aus, sie hat ausgetauscht	15/3d
die	Auswahl, die Auswahlen	237
	auswählen, sie wählt aus, sie hat ausgewählt	123
der	Ausweis, die Ausweise	79
	auswerten, sie wertet aus, sie hat ausgewertet	35
die	Auswertung, die Auswertungen	194/1
die	Autobahn, die Autobahnen	95/4a
der/die	Autofahrer/in, die Autofahrer / die Autofahrerinnen	35
der/die	Autor/Autorin, die Autoren / die Autorinnen	80/2a
die	Avocado, die Avocados	104/1b

B

	Baba!	181/2b
der	Bachelor (Sg.)	61
	backen, sie bäckt/backt, sie hat gebacken	124/1b
der/die	Bäcker/in, die Bäcker / die Bäckerinnen	207/4b
das	Backhaus, die Backhäuser	206/2a
das	Bad, die Bäder	63/2a
	baden, sie badet, sie hat gebadet	135
die	Badewanne, die Badewannen	36/1
das/die	Baklava, die Baklavas / die Baklava	107/3a
	bald	95/4a
der	Balkon, die Balkone	34

WORTLISTE

das *Balkonien* (Sg.)	39/5b
der *Ball*, die Bälle	92/2a
der/die *Balletttänzer/in*, die Balletttänzer / die Balletttänzerinnen	216/2a
die *Bank*, die Bänke	61
der *Baseball* (Sg.)	139/5b
basieren (auf), es basiert auf, es hat basiert auf	182/2a
das *Batgirl*, die Batgirls	114/2a
der *Bau* (Sg.)	162/1a
die *Bauanleitung*, die Bauanleitungen	162/1a
bauen, sie baut, sie hat gebaut	150/2a
der/die *Bauer/Bäuerin*, die Bauern / die Bäuerinnen	104/1b
der *Bauernmarkt*, die Bauernmärkte	204/2a
der *Baumarkt*, die Baumärkte	161/4c
beachten	180/1c
der/die *Beamte / Beamtin*, die Beamten / die Beamtinnen	106/2a
beantworten, sie beantwortet, sie hat beantwortet	71/4a
bearbeiten, sie bearbeitet, sie hat bearbeitet	137/5a
der *Becher*, die Becher	136/4b
bedanken (sich bei), sie bedankt sich, sie hat sich bedankt	71/4a
bedauern, sie bedauert, sie hat bedauert	70/1
bedeuten, es bedeutet, es hat bedeutet	14/1a
die *Bedeutung*, die Bedeutungen	63/2d
die *Bedingung*, die Bedingungen	146
beeilen (sich), sie beeilt sich, sie hat sich beeilt	27/5a
beenden, sie beendet, sie hat beendet	82/1
begeistern, sie begeistert, sie hat begeistert	80/2a
die *Begeisterung*, die Begeisterungen	134
der *Begriff*, die Begriffe	203
begründen, sie begründet, sie hat begründet	92/2a
beibringen, sie bringt bei, sie hat beigebracht	118/1a
beide	230/1
der *Beitrag*, die Beiträge	206/2b
bekannt	80/2a
beliebt	46
bellen, sie bellt, sie hat gebellt	93/5
bequem	25/4a
beraten, sie berät, sie hat beraten	68/2a
die *Beratung*, die Beratungen	181/2b
bergab	180/1c
bergauf	180/1c
der *Berggipfel*, die Berggipfel	179
die *Berghütte*, die Berghütten	179
der *Bericht*, die Berichte	134
berichten (von), sie berichtet von, sie hat berichtet von	10/1a
beruflich	15/3b
die *Berufserfahrung*, die Berufserfahrungen	68/2a
der *Berufsweg*, die Berufswege	217/4
der *Berufswunsch*, die Berufswünsche	216/1
berühmt	81/4
beschäftigen (sich mit), sie beschäftigt sich mit, sie hat sich beschäftigt mit	82/1
die *Beschreibung*, die Beschreibungen	95/4a
beschweren (sich bei/über), sie beschwert sich, sie hat sich beschwert	123
die *Besichtigung*, die Besichtigungen	37/5
der/die *Besitzer/in*, die Besitzer / die Besitzerinnen	94/2a
das *Besondere* (Sg.)	193/1b
besonders	14/1a
die *Bestätigung*, die Bestätigungen	71/5a
bestehen (aus), es besteht aus, es hat bestanden aus	103
die *Bestellung*, die Bestellungen	71/4a
bestimmt	65
der *Bestseller*, die Bestseller	80/2a
der *Besuch*, die Besuche	103
betonen, sie betont, sie hat betont	83/5c
die *Betonung*, die Betonungen	83/5a
der *Betreff*, die Betreffe	71/5a
die *Betreuung*, die Betreuungen	122
der *Betrieb*, die Betriebe	203
das *Bett*, die Betten	138/1
die *Bettwäsche*, die Bettwäschen	65
der *Beutel*, die Beutel	147/4c
bewahren, sie bewahrt, sie hat bewahrt	146
bewegen (sich), sie bewegt sich, sie hat sich bewegt	117
beweisen, sie beweist, sie hat bewiesen	215
bewerben (sich um), sie bewirbt sich, sie hat sich beworben	216/2a
bewohnbar	147
bewohnen, sie bewohnt, sie hat bewohnt	151/5
der/die *Bewohner/in*, die Bewohner / die Bewohnerinnen	80/2a
bezahlbar	150/2a
bezahlen, sie bezahlt, sie hat bezahlt	158
die *Beziehung*, die Beziehungen	191
der *Beziehungsstatus* (Sg.)	194/1
die *Bibliothek*, die Bibliotheken	79

WORTLISTE

der *Bibliotheksausweis*, die Bibliotheksausweise	79	
die *Biene*, die Bienen	146	
das *Bier*, die Biere	61	
bieten, sie bietet, sie hat geboten	37/8	
das *Bilderbuch*, die Bilderbücher	85/7a	
die *Bildung*	79	
das *Billett*, die Billetts	27/4a	
billig	24/1a	
das *Bio-Gemüse* (Sg.)	150/2a	
die *Biografie*, die Biografien	78	
biografisch	78	
die *Bio-Qualität*, die Bio-Qualitäten	150/2a	
bitten (um), sie bittet um, sie hat gebeten um	71/4b	
das *Blatt*, die Blätter	219/4b	
blicken, sie blickt, sie hat geblickt	150/2a	
blond	114/2a	
bloß	176/3c	
der *Bluetooth-Kopfhörer*, die Bluetooth-Kopfhörer	47	
der *Boden*, die Böden	138/1	
die *Bohne*, die Bohnen	104/1b	
bohren, sie bohrt, sie hat gebohrt	161/4a	
die *Bohrmaschine*, die Bohrmaschinen	158	
boomen, es boomt, es hat geboomt	179	
die *Börse*, die Börsen	103	
die *Botschaft*, die Botschaften	147	
die *Box*, die Boxen	50/2b	
brauchbar	151/3a	
brechen (sich), sie bricht sich, sie hat sich gebrochen	124/2a	
die *Bremse*, die Bremsen	175/2c	
bremsen, sie bremst, sie hat gebremst	124/2a	
die *Brezel*, die Brezeln	179/2b	
der *Briefkasten*, die Briefkästen	127/4c	
die *Briefmarke*, die Briefmarken	120/3a	
die *Brille*, die Brillen	91	
die *Brotzeit*, die Brotzeiten	178	
die *Buchhandlung*, die Buchhandlungen	78	
die *Buchmesse*, die Buchmessen	103	
der *Buchstabe*, die Buchstaben	121	
die *Bucketliste*, die Bucketlisten	215	
das *Buffet*, die Buffets	12/1	
bügeln, sie bügelt, sie hat gebügelt	125/3a	
die *Bühne*, die Bühnen	134	
das *Bundesland*, die Bundesländer	179	
die *Bundesliga*, die Bundesligen	14/1a	
der/die *Bürger/in*, die Bürger / die Bürgerinnen	204/2a	
der/die *Bundespolizist/in*, die Bundespolizisten / die Bundespolizistinnen	106/2c	
bunt	116/1c	
der/die *Bürgermeister/in*, die Bürgermeister / die Bürgermeisterinnen	203	
das *Büro*, die Büros	36/2a	
der/die *Busfahrer/in*, die Busfahrer / die Busfahrerinnen	114/2a	
die *Buttercreme*, die Buttercremes	105/5	

C

das *Camping-Geschirr* (Sg.)	136/4b
die *CD*, die CDs	65
das *Chaos* (Sg.)	81/6
chaotisch	50/1a
der *Charakter*, die Charaktere	192/1c
der *Charme* (Sg.)	103
der *Chat*, die Chats	160/2a
chatten (mit), sie chattet, sie hat gechattet	48/1b
checken, sie checkt, sie hat gecheckt	51/4
die *Checkliste*, die Checklisten	68/2c
circa	163/5a
der *Club*, die Clubs	26/1a
die *Collage*, die Collagen	61
der/das *Comic*, die Comics	118/1c
die *Community*, die Communitys	162/1a
der/die *Co-Pilot/in*, die Co-Piloten / die Co-Pilotinnen	106/2b
die *Creme*, die Cremes	105/5

D

dabei sein, sie ist dabei, sie war dabei	10
daher	135
damals	11
die *Dame*, die Damen	65
damit	150/2a
danken, sie dankt, sie hat gedankt	229
dass	11
dasselbe	122/2a
die *Datei*, die Dateien	48/1a
das *Datum*, die Daten	68/2c
die *Dauer* (Sg.)	24/1c
dauerhaft	215
dauernd	66
die *Decke*, die Decken	160/2a
decken, sie deckt, sie hat gedeckt	126/2a
defekt	163/5a
definieren, sie definiert, sie hat definiert	191
die *Definition*, die Definitionen	61
denken (an), sie denkt, sie hat gedacht	11
das *Detox* (Sg.)	51/4
der/die *Dichter/in*, die Dichter / die Dichterinnen	82/1
der/die *Diener/in*, die Diener / die Dienerinnen	182/2a
der *Dienst*, die Dienste	27/4a

WORTLISTE

	digital	46
die	Digitalisierung, die Digitalisierungen	66
	diktieren, sie diktiert, sie hat diktiert	170/2b
das	Ding, die Dinge	137/5a
	direkt	24/1b
der/die	Direktor/Direktorin, die Direktoren / die Direktorinnen	12/1
	diskutieren (über), sie diskutiert, sie hat diskutiert	176/3a
das	Display, die Displays	159
der/die	DJ/DJane, die DJs / die DJanes	10
die	Dokumentation, die Dokumentationen	67/3a
der/die	Dolmetscher/in, die Dolmetscher / die Dolmetscherinnen	80/2a
der	Dom, die Dome	103
	doof	192/2
die	Doppelgarage, die Doppelgaragen	202
das	Doppelzimmer, die Doppelzimmer	62/1d
der	Dorfkurier, die Dorfkuriere	204/2
	downloaden, sie downloadet, sie hat downgeloadet	47
	dran sein, sie ist dran, sie ist dran gewesen	125/3a
	drauf	138/2a
	dreckig	138/1
	dreijährig	216/2a
	dreitägig	226
	dringend	70/2b
	drinnen	11
das	Drittel, die Drittel	34
die	Drohne, die Drohnen	66
	drücken, sie drückt, sie hat gedrückt	163/4
die	Durchsage, die Durchsagen	27/4a
der	Durchschnitt, die Durchschnitte	34
die	Dusche, die Duschen	37/5b
die	DVD, die DVDs	65

E

	eben	104/1b
das	E-Bike, die E-Bikes	65
das	E-Book, die E-Books	46
das	Echo, die Echos	139/4b
	echt	11
die	EDV (Sg.)	69/2a
	egal	66
die	E-Gitarre, die E-Gitarren	38/1b
das	Ehepaar, die Ehepaare	148/1a
	ehrlich	205/3d
	eigener, eigenes, eigene	11
	eigentlich	80/1
der	Eimer, die Eimer	161/4c
	einarbeiten (sich), sie arbeitet sich ein, sie hat sich eingearbeitet	66
	einatmen, sie atmet ein, sie hat eingeatmet	117
	einfallen, es fällt ein, es ist eingefallen	150/1b
das	Einfamilienhaus, die Einfamilienhäuser	34
	eingeben, sie gibt ein, sie hat eingegeben	163/4
	einige	134
	einjährig	218/1b
der	Einkauf, die Einkäufe	68/2a
das	Einkaufszentrum, die Einkaufszentren	65
das	Einkommen, die Einkommen	34
die	Einladung, die Einladungen	10
die	Einleitung, die Einleitungen	183/5b
	einrichten, sie richtet ein, sie hat eingerichtet	159
die	Einrichtung, die Einrichtungen	148/3a
	einschalten, sie schaltet ein, sie hat eingeschaltet	163/5a
	einschlafen, sie schläft ein, sie ist eingeschlafen	124/1b
der	Eintrag, die Einträge	68/1
	einverstanden sein (mit), sie ist einverstanden, sie war einverstanden	148/1b
der/die	Einwohner/in, die Einwohner / die Einwohnerinnen	22
das	Einzelzimmer, die Einzelzimmer	62/1d
	einziehen, sie zieht ein, sie ist eingezogen	63/2c
	einziger, einziges, einzige	195/5a
die	Eisenbahn, die Eisenbahnen	27/5a
	Elektro (Sg.)	135
das	Elektrogerät, die Elektrogeräte	158
	elektronisch	67/3c
die	Emotion, die Emotionen	139/3a
	empfehlen, sie empfiehlt, sie hat empfohlen	80/2
die	Empfehlung, die Empfehlungen	80/2a
	endlich	10
die	Energie, Energien	116/1c
die	Energiesparlampe, die Energiesparlampen	147/4a
	eng	191
	entdecken, sie entdeckt, sie hat entdeckt	80/2a
die	Entdeckung, die Entdeckungen	202
die	Entdeckungsreise, die Entdeckungsreisen	202
	enthalten, es enthält, es hat enthalten	134
	entscheiden, sie entscheidet, sie hat entschieden	183/4a
die	Entscheidung, die Entscheidungen	216/2a
	entspannt	39/4a

WORTLISTE

	entstehen, es entsteht, es ist entstanden	66
	entwickeln, sie entwickelt, sie hat entwickelt	66
die	Erde (Sg.)	146
	erfahren, sie erfährt, sie hat erfahren	64/3c
die	Erfahrung	69/4a
das	Ergebnis, die Ergebnisse	14/1a
	erholen (sich von), sie erholt sich, sie hat sich erholt	150/2a
die	Erholung (Sg.)	180/1a
	erinnern (sich an), sie erinnert sich, sie hat sich erinnert	12/3a
	erkennen, sie erkennt, sie hat erkannt	191
die	Erklärung, die Erklärungen	217/6a
	erlauben, sie erlaubt, sie hat erlaubt	35
	erlebbar	150/2a
	erleben, sie erlebt, sie hat erlebt	47/4
das	Erlebnis, die Erlebnisse	134
die	Ermäßigung, die Ermäßigungen	134
	ermitteln, sie ermittelt, sie hat ermittelt	80/2a
der	Ernst (Sg.)	63/2d
die	Ernte, die Ernten	203
	erreichen, sie erreicht, sie hat erreicht	219/4b
das	Ersatzteil, die Ersatzteile	158
	erst	24/1c
	erstaunen, sie erstaunt, sie ist erstaunt	35/1b
	erstellen, sie erstellt, sie hat erstellt	61
	erwachsen	125/3a
	erwarten, sie erwartet, sie hat erwartet	68/1
die	Eselsbrücke, die Eselsbrücken	68/3a
	essbar	150/2a
der	Essig, die Essige	103
der	Esslöffel, die Esslöffel	48/1a
	etwa	103
	europäisch	34
die	Europäische Zentralbank	102
die	Evaluation, die Evaluationen	59/8
	ewig	69/5
das	Experiment, die Experimente	51/5
	extra	23

F

die	Fachhochschule, die Fachhochschulen	68/2a
die	Fähigkeit, die Fähigkeiten	180/1c
der/die	Fahrer/in, die Fahrer / die Fahrerinnen	126/2c
der	Fahrgast, die Fahrgäste	27/4a
die	Fahrkarte, die Fahrkarten	25/3b
der	Fahrplan, die Fahrpläne	23
	fahrradfreundlich	22
der	Fahrradkeller, die Fahrradkeller	38/1b
das	Fahrradparkhaus, die Fahrradparkhäuser	22
die	Fahrt, die Fahrten	181/2b
der	Fakt, die Fakten	83/4
der	Faktor, die Faktoren	215
der	Fall, die Fälle	80/2a
	falsch	127/4
der	Fan, die Fans	65
	fantastisch	134
die	Farbenlehre, die Farbenlehren	82/1
das	Fazit, die Fazite / die Fazits	138/2a
	fehlen, sie fehlt, sie hat gefehlt	66
der	Fehler, die Fehler	160/2a
das	Feld, die Felder	172
das	Fell, die Felle	90
	fern	190
das	Fernsehen (Sg.)	183/5c
	fertig sein (mit), sie ist fertig, sie war fertig	125/3a
	fest	66
das	Festival, die Festivals	134
das	Feuer (Sg.)	207/4a
die	Feuerwehr, die Feuerwehren	202
die	Figur, die Figuren	172/1
	filmen, sie filmt, sie hat gefilmt	66
die	Filmfigur, die Filmfiguren	183/3c
	fit	95/4a
die	Fläche, die Flächen	36/3b
	flexibel	23
der	Flohmarkt, die Flohmärkte	37/8
die	Flucht (Sg.)	81/5a
	flüchten, sie flüchtet, sie ist geflüchtet	81/5b
der	Flüchtling, die Flüchtlinge	81/5a
der/die	Flugbegleiter/in, die Flugbgleiter / die Flugbegleiterinnen	106/2a
der	Fluggast, die Fluggäste	106/1a
der/die	Fluglotse/Fluglotsin, die Fluglotsen / die Fluglotsinnen	106/2a
das	Flugticket, die Flugtickets	71/5a
das	Flugzeug, die Flugzeuge	147
der	Flyer, die Flyer	232/3b
die	Folge, die Folgen	146
	folgen, sie folgt, sie ist gefolgt	227
	folgender, folgendes, folgende	83/5c
die	Form, die Formen	191
	formulieren, sie formuliert, sie hat formuliert	70/1
der/die	Forscher/in, die Forscher / die Forscherinnen	79
der/die	Förster/in, die Förster / die Försterinnen	80/2a
das	Fräulein, die Fräulein	182/2a
	freiwillig	191
die	Freizeit, die Freizeiten	39/5b
	fremd	117

WORTLISTE

die	Fremdsprache, die Fremdsprachen	114/1b
	fressen, sie frisst, sie hat gefressen	91
	freuen (sich auf/über), sie freut sich, sie hat sich gefreut	39/9
	freundlich	92/2a
die	Freundschaft, die Freundschaften	190
	froh	125/3a
	fröhlich	36/3b
die	Frucht, die Früchte	104/2c
das	Frühjahr (Sg.)	182/2a
die	Frühlingszwiebel, die Frühlingszwiebeln	146
	frühstücken, sie frühstückt, sie hat gefrühstückt	126/1a
	fühlen (sich), sie fühlt sich, sie hat sich gefühlt	61
die	Führung, die Führungen	10
	funktionieren, es funktioniert, es hat funktioniert	12/3a
der/die	Fußgänger/in, die Fußgänger / die Fußgängerinnen	23
die	Fußgängerzone, die Fußgängerzonen	23
das	Futter, die Futter	90

G

die	Gabel, die Gabeln	136/4b
die	Gänsehaut (Sg.)	134
	gar nicht	50/1a
die	Garage, die Garagen	37/7a
die	Garantie, die Garantien	163/5a
der/die	Gartenbauingenieur/in, die Gartenbauingenieure / die Gartenbauingenieurinnen	68/2a
das	Gartencenter, die Gartencenter	39/5b
der	Gartenzwerg, die Gartenzwerge	151/3a
der/die	Gärtner/in, die Gärtner / die Gärtnerinnen	68/2a
die	Gärtnerei, die Gärtnereien	68/2a
der	Gast, die Gäste	92/2a
das	Gebirge, die Gebirge	179
	gebraucht	149/5
die	Gebühr, die Gebühren	160/2a
das	Geburtsdatum, die Geburtsdaten	68/2a
der	Geburtsort, die Geburtsorte	68/2a
der	Gedanke, die Gedanken	229
das	Gedicht, die Gedichte	82/1
die	Geduld (Sg.)	136/1b
	geehrter, geehrtes, geehrte	71/5a
die	Gefahr, die Gefahren	126/2a
	gefährlich	38/1a
das	Gefühl, die Gefühle	61
der	Gegensatz, die Gegensätze	103
der	Gegenstand, die Gegenstände	148/1b
das	Gegenteil, die Gegenteile	26/2
	gegenüber	25/3b
	gelähmt	182/2a
das	Gelände, die Gelände	134
der	Geldautomat, die Geldautomaten	59/5a
die	Gemeinde, die Gemeinden	202
das	Gemeindehaus, die Gemeindehäuser	204/2a
	gemeinsam	114/2a
der	Gemüsehof, die Gemüsehöfe	104/2a
die	Gemüsekiste, die Gemüsekisten	104/2c
	genervt	63/2h
	genial	138/1
das	Genie, die Genies	82/1
	genug	18/7b
	gerade	24/1a
	geradeaus	206/1b
das	Gerät, die Geräte	48/1
das	Geräusch, die Geräusche	116/1b
	gesamt	134
das	Geschäft, die Geschäfte	92/2a
die	Geschäftsidee, die Geschäftsideen	232/3b
der/die	Geschäftspartner/in, die Geschäftspartner / die Geschäftspartnerinnen	232/3b
das	Geschenk, die Geschenke	137/6a
die	Geschichte, die Geschichten	80/2a
das	Geschirr (Sg.)	125/3a
das	Geschirrspülen (Sg.)	134/5b
der	Geschirrspüler, die Geschirrspüler	125/3a
	gewinnen, sie gewinnt, sie hat gewonnen	91
der/die	Gewinner/in, die Gewinner / die Gewinnerinnen	91
der	Gipfel, die Gipfel	179
das	Gleis, die Gleise	25/3b
	glücklich	61
der	Glücklichmacher, die Glücklichmacher	215
der	Glücksfaktor, die Glücksfaktoren	215
der/die	Glücksforscher/in, die Glücksforscher / die Glücksforscherinnen	215
der	Glücksmoment, die Glücksmomente	214
der	Glückspilz, die Glückspilze	217/6a
	goldener, goldenes, goldene	202
der	Goldfisch, die Goldfische	92/1a
	googeln, sie googelt, sie hat gegoogelt	91
der	Gott, die Götter	202
die	Grafik, die Grafiken	35
	gratulieren, sie gratuliert, sie hat gratuliert	63/2f
der	Grill, die Grills	151/3a
	großartig	138/2a
die	Großstadt, die Großstädte	103
der	Grund, die Gründe	23
der/die	Gründer/in, die Gründer / die Gründerinnen	159

	Grüß Gott!	181/2b
	grüßen, sie grüßt, sie hat gegrüßt	172
die	*Gummistiefel*, die Gummistiefel	136/4b
der	*Gutschein*, die Gutscheine	193/1b
das	*Gymnasium*, die Gymnasien	10

H

das	*Haar*, die Haare	15/3b
der	*Hahn*, die Hähne	202
	halblaut	68/3a
die	*Hälfte*, die Hälften	195/5a
der	*Hamster*, die Hamster	92/1a
	handeln, sie handelt, sie hat gehandelt	149/5
der	*Handkäse*, die Handkäse	103
der/die	*Händler/in*, die Händler / die Händlerinnen	92/2a
der/die	*Handwerker/in*, die Handwerker / die Handwerkerinnen	160/2a
die	*Handyhülle*, die Handyhüllen	148/3a
das	*Happy End (Sg.)*	81/5a
der	*Hard Rock (Sg.)*	134
der	*Hase*, die Hasen	172
der	*Hashtag*, die Hashtags	134/3
	hassen, sie hasst, sie hat gehasst	107/4a
	häufig	217/3c
der	*Haupteingang*, die Haupteingänge	206/1a
die	*Hauptfigur*, die Hauptfiguren	183/5c
die	*Hauptperson*, die Hauptpersonen	81/5a
die	*Hauptstadt*, die Hauptstädte	25/5
der	*Hauptteil*, die Hauptteile	183/5b
die	*Hausaufgabe*, die Hausaufgaben	10
die	*Hausfrau*, die Hausfrauen	205/3b
der	*Haushalt*, die Haushalte	122
die	*Hausordnung*, die Hausordnungen	35
die	*Haustür*, die Haustüren	87/12a
das	*Haustier*, die Haustiere	38/1b
die	*Hausverwaltung*, die Hausverwaltungen	38/1b
die	*Haut (Sg.)*	134
der	*Heavy Metal (Sg.)*	134
	heimwerken, sie heimwerkt, sie hat heimgewerkt	159
der/die	*Heimwerker/in*, die Heimwerker / die Heimwerkerinnen	160/2
der/die	*Held/in*, die Helden / die Heldinnen	176/3a
der/die	*Helfer/in*, die Helfer / die Helferinnen	159
	herausfinden, sie findet heraus, sie hat herausgefunden	230/1d
	herunterladen, sie lädt herunter, sie hat heruntergeladen	48/1a
der/die	*Herzog/in*, die Herzoge / die Herzoginnen	82/1
die	*Himbeere*, die Himbeeren	104/2b
	hinfahren, sie fährt hin, sie ist hingefahren	117
	hingehen, sie geht hin, sie ist hingegangen	103
	hinkommen, sie kommt hin, sie ist hingekommen	103
die	*Hinreise*, die Hinreisen	64/3c
	hinschauen, sie schaut hin, sie hat hingeschaut	103/4a
der	*Hintergrund*, die Hintergründe	119/2c
der	*Hinterhof*, die Hinterhöfe	158
	hinterlassen, sie hinterlässt, sie hat hinterlassen	70/2a
	hinüber	228
der	*Hinweis*, die Hinweise	181/2b
die	*Hitliste*, die Hitlisten	91/2a
	hoch	25/5
	hochladen, sie lädt hoch, sie hat hochgeladen	137/5a
die	*Hochzeit*, die Hochzeiten	66
der	*Hof*, die Höfe	104/1b
	hoffen (auf), sie hofft, sie hat gehofft	11
	hoffentlich	106/1a
der	*Hofladen*, die Hofläden	204/2a
	höflich	120/3a
die	*Höhe*, die Höhen	180/1a
die	*Höhenlage*, die Höhenlagen	180/1c
der	*Höhenmeter*, die Höhenmeter	180/1c
der	*Höhepunkt*, die Höhepunkte	138/2a
	holen, sie holt, sie hat geholt	11
das	*Holz*, die Hölzer	160/2a
das	*Hörbuch*, die Hörbücher	80/2a
	hübsch	150/2a
die	*Hülle*, die Hüllen	148/3a
der	*Humor (Sg.)*	192/3
die	*Hundeleine*, die Hundeleinen	92/2a
die	*Hütte*, die Hütten	178
die	*Hüttenwanderung*, die Hüttenwanderungen	179

I

der	*IC*, die ICs	24/1c
der	*ICE*, die ICEs	25/3b
der	*Igel*, die Igel	172
	illustrieren, sie illustriert, sie hat illustriert	229
die	*Immobilie*, die Immobilien	36/2a
	indirekt	46
der	*Informationstext*, die Informationstexte	207/4a
der/die	*Ingenieur/in*, die Ingenieure / die Ingenieurinnen	114/2a
der	*Inhalt*, die Inhalte	81/5a

WORTLISTE

	inklusive	64/3c
das	Insekt, die Insekten	146
das	Insektenhotel, die Insektenhotels	150/2a
das	Instrument, die Instrumente	231/1f
	intelligent	95/4a
das	Interview, die Interviews	27/4a
der/die	Interviewer/in, die Interviewer/ die Interviewerinnen	148/1b
	interessieren (sich für), sie interessiert sich, sie hat sich interessiert	78
die	Intonation, die Intonationen	205/4a
	irgendwo	146
die	Isomatte, die Isomatten	136/4b

J

die	Jahreszahl, die Jahreszahlen	83/5a
das	Jahrhundert, die Jahrhunderte	150/2a
	jährlich	135
die	Jause, die Jausen	178
der	Jazz (Sg.)	135
	je	150/1a
	jemand	125/3a
	jobben, sie jobbt, sie hat gejobbt	11
	joggen, sie joggt, sie ist gejoggt	65
der/die	Journalist/in, die Journalisten/ die Journalistinnen	14/1a
das	Jubiläum, die Jubiläen	176/3b
der	Jugendclub, die Jugendclubs	204/2a
der/die	Jugendliche, die Jugendlichen	78
	jung	37/5a
	Jura (Sg.)	82/1

K

das	Kabel, die Kabel	47
der	Käfer, die Käfer	150/2a
das	Kaffeekochen (Sg.)	130/7b
die	Kaffeemaschine, die Kaffeemaschinen	127/4
der/die	Kaiser/in, die Kaiser/die Kaiserinnen	120/3a
der	Kaiserschmarren, die Kaiserschmarren	178
der	Kalender, die Kalender	80/2a
die	Kalkulation, die Kalkulationen	68/2a
	kalkulieren	69/4a
die	Kalorie, die Kalorien	105/5
die	Kälte (Sg.)	137/6a
die	Kaltmiete, die Kaltmieten	36/3b
die	Kamera, die Kameras	47
der	Kanal, die Kanäle	137/5a
der	Kanarienvogel, die Kanarienvögel	92/1a
das	Kaninchen, die Kaninchen	92/1a
die	Kantine, die Kantinen	12/1
	kaputtgehen, es geht kaputt, es ist kaputtgegangen	159

das	Karaoke (Sg.)	214
die	Karaokebar, die Karaokebars	219/4a
die	Karriere, die Karrieren	135
das	Kärtchen, die Kärtchen	15/6
der	Karton, die Kartons	50/1a
die	Käsespätzle (Pl.)	178
der	Kasten, die Kästen	150/2a
die	Kategorie, die Kategorien	181/2b
der	Kater, die Kater	90
das	Katzenklo, die Katzenklos	91
der	Kauf, die Käufe	90
das	Kaufhaus, die Kaufhäuser	65
die	Kaution, die Kautionen	36/3b
der	Keller, die Keller	36/2b
die	Kenntnis, die Kenntnisse	68/2a
der	Kindergarten, die Kindergärten	125/3a
das	Kindermädchen, die Kindermädchen	182/2a
der	Kinderwagen, die Kinderwägen	38/1b
die	Kinokarte, die Kinokarten	193/2
die	Kirsche, die Kirschen	104/2b
das	Kissen, die Kissen	162/1b
die	Klamotte, die Klamotten	149
	klappen, es klappt, es hat geklappt	106/1a
	klappern, sie klappert, sie hat geklappert	125/3a
	klären, sie klärt, sie hat geklärt	70/1
die	Klasse, die Klassen	10
das	Klassentreffen, die Klassentreffen	10
die	Klassik (Sg.)	134/4
der	Klassiker, die Klassiker	81/4
	klassisch	78
der	Klatsch (Sg.)	205/4a
das	Klavier, die Klaviere	124/1a
die	Kleider (Pl.)	81/5a
der	Kleidertausch, die Kleidertäusche/ die Kleidertausche	148/3a
das	Kleidungsstück, die Kleidungsstücke	148/3a
die	Kleinanzeige, die Kleinanzeigen	35
der	Kleingarten, die Kleingärten	150/2a
die	Kleingartenkolonie, die Kleingartenkolonien	150/2a
die	Kleinigkeit, die Kleinigkeiten	64/3h
das	Kleintier, die Kleintiere	92/2a
der	Klick, die Klicks	48/1b
das	Klima, die Klimata/die Klimas	147
	klingeln, sie klingelt, sie hat geklingelt	49/5
	klingen (nach), es klingt, es hat geklungen	105/6
das	Kloster, die Kloster	120/3a
	knacken, sie knackt, sie hat geknackt	170/3
die	Kneipe, die Kneipen	202
der	Knopf, die Knöpfe	163/5b
der	Kohl, die Kohle	104/1b

die	*Kolumne*, die Kolumnen	10/3
	komisch	125/3a
	kommentieren, sie kommentiert, sie hat kommentiert	35
der/die	*Kommissar/in*, die Kommissare / die Kommissarinnen	80/2a
die	*Kommunikation*, die Kommunikationen	79
	kommunizieren, sie kommuniziert, sie hat kommuniziert	46
	kompliziert	194/1
die	*Kondition*, die Konditionen	181/2c
die	*Konsole*, die Konsolen	50/2b
der	*Kontakt*, die Kontakte	11
	kontaktieren, sie kontaktiert, sie hat kontaktiert	36/3b
die	*Kontrolle*, die Kontrollen	68/2a
	konzentrieren (sich auf), sie konzentriert sich, sie hat sich konzentriert	127/4a
das	*Konzept*, die Konzepte	159
die	*Kopfschmerztablette*, die Kopfschmerztabletten	136/4b
	korrigieren, sie korrigiert, sie hat korrigiert	71/4a
die	*Kosten* (Pl.)	23
die	*Kostenkalkulation*, die Kostenkalkulationen	68/2a
die	*Kostenkontrolle*, die Kostenkontrollen	68/2a
	kostenlos	46
	köstlich	180/1a
die	*Krankenkasse*, die Krankenkassen	125/3a
die	*Krankheit*, die Krankheiten	125/4
der	*Kranz*, die Kränze	105/5
	krass	135
das	*Kraut*, die Kräuter	103
	kreativ	66
die	*Kreativität* (Sg.)	79
die	*Kreditkarte*, die Kreditkarten	59/5a
der	*Kreis*, die Kreise	115/3a
die	*Kreuzung*, die Kreuzungen	129/6
der	*Krieg*, die Kriege	81/5a
der	*Krimi*, die Krimis	78
	kritisch	192/3
der	*Krug*, die Krüge	103
der	*Kugelschreiber*, die Kugelschreiber	50/2b
der/die	*Kulturwissenschaftler/in*, die Kulturwissenschaftler / die Kulturwissenschaftlerinnen	159
	kümmern (sich um), sie kümmert sich, sie hat sich gekümmert	123
der	*Kumpel*, die Kumpel	14/1a
der	*Kunden-Service*, die Kunden-Services	136/1b
die	*Kunst*, die Künste	103
der/die	*Künstler/in*, die Künstler / die Künstlerinnen	137/5a

L

das	*Labor*, die Labore	66
	lächeln, sie lächelt, sie hat gelächelt	202
das	*Ladekabel*, die Ladekabel	47
der	*Laden*, die Läden	151/3a
	laden, es lädt, es hat geladen	163/5a
die	*Lage*, die Lagen	180/1c
das	*Land*, die Länder	22
der	*Landfrauenverein*, die Landfrauenvereine	204/2a
der/die	*Landwirt/in*, die Landwirte / die Landwirtinnen	203
die	*Länge*, die Längen	180/1c
	langweilen (sich), sie langweilt sich, sie hat sich gelangweilt	64/3a
der	*Lärm* (Sg.)	38/1b
die	*Laune*, die Launen	10
	lebendig	116/1c
das	*Lebensglück* (Sg.)	215
der	*Lebenslauf*, die Lebensläufe	66
der	*Lebenstraum*, die Lebensträume	216/2
der	*Lebensweg*, die Lebenswege	216/2
	leer	47
	legendär	134
das	*Leid*, die Leiden	82/1
	leihen, sie leiht, sie hat geliehen	50/1a
	leisten (sich), sie leistet sich, sie hat sich geleistet	230/1d
die	*Leiter*, die Leitern	161/4a
	lesbar	170/3b
der/die	*Leser/in*, die Leser / die Leserinnen	78
der	*Leserbrief*, die Leserbriefe	122/2a
die	*Lesung*, die Lesungen	79
das	*Lexikon*, die Lexika	68/1
der	*Lexikoneintrag*, die Lexikoneinträge	68/1
das	*Licht*, die Lichter	117
	lieb	25/4b
die	*Liebe* (Sg.)	90
die	*Liebesgeschichte*, die Liebesgeschichten	80/2a
der/die	*Liebhaber/in*, die Liebhaber / die Liebhaberinnen	149
der	*Liebling*, die Lieblinge	94/1a
das	*Lieblingsfach*, die Lieblingsfächer	14/1a
	liefern, sie liefert, sie hat geliefert	232/3b
der	*Lieferservice*, die Lieferservices	232/3a
	liken, sie likt, sie hat gelikt	47
die	*Literatur*, die Literaturen	79
	live	160/2a

WORTLISTE

das	Loch, die Löcher	161/4a
	logo	59/7
	los	27/5b
	lösen, sie löst, sie hat gelöst	218/1b
die	Lösung, die Lösungen	148/3a
das	Lotto, die Lottos	217/6a
der	Lottogewinn, die Lottogewinne	215
die	Luft, die Lüfte	147
	lügen, sie lügt, sie hat gelogen	118/1a
	lustig	59/8

M

	machbar	151/4
das	Mädchen, die Mädchen	80/2a
	mailen, sie mailt, sie hat gemailt	70/1
der/die	Makler/in, die Makler / die Maklerinnen	59/7a
das	Mal, die Male	50/1a
der/die	Maler/in, die Maler / die Malerinnen	116/1b
	mancher, manches, manche	22
die	Mango, die Mangos	104/2b
das	Märchen, die Märchen	172
der	Marienkäfer, die Marienkäfer	146
das	Marketing (Sg.)	48/1b
der	Markt, die Märkte	104/1a
der	Marktplatz, die Marktplätze	80/2a
die	Maschine, die Maschinen	111/9a
der	Matcha, die Matchas	107/3c
die	Mate, die Maten	107/3a
das	Material, die Materialien	158
die	Mathe(matik) (Sg.)	218/1b
die	Maus, die Mäuse	91
der/die	Mechaniker/in, die Mechaniker / die Mechanikerinnen	106/2a
der	Medienmonitor, die Medienmonitoren	46
die	Mediensprache (Sg.)	48/3
das	Medium, die Medien	46
die	Medizin (Sg.)	23
	medizinisch	120/3a
das	Meerschweinchen, die Meerschweinchen	92/1a
das	Meeting, die Meetings	123
das	MeetUp, die MeetUps	195/5a
	mega	139/3
das	Mehrfamilienhaus, die Mehrfamilienhäuser	34
	mehrsprachig	27/4a
die	Mehrsprachigkeit (Sg.)	23
	melden (sich bei), sie meldet sich, sie hat sich gemeldet	71/4a
	merken, sie merkt, sie hat gemerkt	36/3b
der	Merksatz, die Merksätze	68/3a
die	Messe, die Messen	103
die	Messestadt, die Messestädte	103
das	Metall, die Metalle	147/4c
der	Meter, die Meter	62/1d
die	Metropole, die Metropolen	103
	miauen, sie miaut, sie hat miaut	91
die	Miete, die Mieten	34
der/die	Mieter/in, die Mieter / die Mieterinnen	34
das	Mietshaus, die Mietshäuser	38/1a
der	Mietvertrag, die Mietverträge	38/1a
die	Mietwohnung, die Mietwohnungen	34
das	Mikrofon, die Mikrofone	137/5a
die	Milliarde, die Milliarden	78
	mindestens	27/4a
die	Mindmap, die Mindmaps	147/2
der	Mini-Dialog, die Mini-Dialoge	107/4a
der/die	Minister/in, die Minister / die Ministerinnen	82/1
	mischen, sie mischt, sie hat gemischt	66
	Mit freundlichen Grüßen	71/5a
die	Mitarbeit, die Mitarbeiten	68/2a
der/die	Mitarbeiter/in, die Mitarbeiter / die Mitarbeiterinnen	71/4a
der/die	Mitbewohner/in, die Mitbewohner / die Mitbewohnerinnen	36/3b
	mitbringen, sie bringt mit, sie hat mitgebracht	10
	miteinander	191
das	Mitglied, die Mitglieder	150/2a
	mithelfen, sie hilft mit, sie hat mitgeholfen	158
der/die	Mitschüler/in, die Mitschüler / die Mitschülerinnen	12/1
	mitsingen, sie singt mit, sie hat mitgesungen	138/2a
der/die	Mitspieler/in, die Mitspieler / die Mitspielerinnen	227
die	Mittagsruhe (Sg.)	38/1a
die	Mitte (Sg.)	206/2a
die	Mitteilung, die Mitteilungen	70/2b
	mittel	180/1c
	mitten	150/2a
das	Möbelhaus, die Möbelhäuser	161/4c
die	Mobilität, die Mobilitäten	22
das	Mobiltelefon, die Mobiltelefone	65
	möbliert	36/3b
das	Modell, die Modelle	163/5a
	möglich	93/4a
	Moin	202
	momentan	229
der	Mond, die Monde	135
der	Monitor, die Monitore	37/8
der	Mord, die Morde	80/2a

der/die Mörder/in, die Mörder / die Mörderinnen	80/2a
morgens	138/2a
der Motorroller, die Motorroller	14/1a
das Mountainbike, die Mountainbikes	180/1a
der Müll (Sg.)	39/3a
multikulturell	103
mündlich	83/6
die Münze, die Münzen	226
das Museumsdorf, die Museumsdörfer	206/1
der Museumsshop, die Museumsshops	206/1a
der/die Musiker/in, die Musiker / die Musikerinnen	134
das Musikinstrument, die Musikinstrumente	38/1b
der Musikstil, die Musikstile	134/4a
die Mütze, die Mützen	148/1a

N

die Nachbarschaft, die Nachbarschaften	207/6a
nachdenken (über), sie denkt nach, sie hat nachgedacht	176/3a
nachfragen, sie fragt nach, sie hat nachgefragt	12/1
nachhaltig	149
der Nachmittag, die Nachmittage	105/5
nachmittags	131/10
die Nachricht, die Nachrichten	24/1a
nachschauen, sie schaut nach, sie hat nachgeschaut	163/5a
nachsprechen, sie spricht nach, sie hat nachgesprochen	68/3a
der Nachteil, die Nachteile	66
die Nachtschicht, die Nachtschichten	124/1b
der Nagel, die Nägel	158
nah	190
die Nähe	23
nähen, sie näht, sie hat genäht	160/1
die Nähmaschine, die Nähmaschinen	158
die Nahrung, die Nahrungen	92/1b
naja	123
national	135
der/die Naturforscher/in, die Naturforscher / die Naturforscherinnen	82/1
das Naturtalent, die Naturtalente	175/2c
naturverbunden	146
die Naturwissenschaft, die Naturwissenschaften	82/1
die Nebenkosten (Pl.)	36/3a
nennen, sie nennt, sie hat genannt	23
das Netz, die Netze	47
die Neustadt, die Neustädte	62/1d

der/die Nichtraucher/in, die Nichtraucher / die Nichtraucherinnen	36/3b
niedlich	90
niedrig	35
niemand	71/6
der Norden (Sg.)	121
die Not, die Nöte	125/3a
die Note, die Noten	68/2a
das Notebook, die Notebooks	65
notieren, sie notiert, sie hat notiert	224/13b
der Notfall, die Notfälle	204/2a
die Notsituation, die Notsituationen	125/3a
die Nummer, die Nummern	50/1
die Nuss, die Nüsse	245/6

O

die Oase, die Oasen	39/5b
ob	46
oben	61
das Obergeschoss, die Obergeschosse	34
das Obst (Sg.)	104/1b
der Ofen, die Öfen	207/4a
offen	181/2a
öffentlich	180/1c
öffnen, sie öffnet, sie hat geöffnet	92/2a
die Öffnung, die Öffnungen	170/3
die Öffnungszeit, die Öffnungszeiten	159
das Ohr, die Ohren	94/1a
das Öl, die Öle	48/1a
online	51/4
der Online-Artikel, die Online-Artikel	105/3a
der Online-Shop, die Online-Shops	51/4
das Open Air, die Open Airs	134
die Ordnung, die Ordnungen	39/3a
der Osten (Sg.)	121
out sein, es ist out, es war out	66

P

paar	11
das Paar, die Paare	37/5a
das Paket, die Pakete	91
die Palette, die Paletten	162/1
das Palettensofa, die Palettensofas	162/1b
der Papagei, die Papageien	92/1a
das Papier, die Papiere	219/4b
das Paradies, die Paradiese	179
das Parfüm, die Parfüme / die Parfüms	193/2
parken, sie parkt, sie hat geparkt	180/1c
der Parkplatz, die Parkplätze	180/1c
das Partnerdiktat, die Partnerdiktate	170/2
die Partnerschaft, die Partnerschaften	215
die Partyzone, die Partyzonen	150/2a

WORTLISTE

der/die	Passagier/in, die Passagiere / die Passagierinnen	106/2c
	passen, es passt, es hat gepasst	50/1
das	Passwort, die Passwörter	163/4
die	Patientendokumentation, die Patientendokumentationen	67/3a
das	Pech (Sg.)	217/6
der	Pechvogel, die Pechvögel	217/6a
	pendeln, sie pendelt, sie ist gependelt	35
	persönlich	68/2c
die	Perspektive, die Perspektiven	69/4a
der	Pflanztermin, die Pflanztermine	68/2a
das	Pflaster, die Pflaster	136/4b
die	Pflege (Sg.)	90
	pflegen, sie pflegt, sie hat gepflegt	68/2a
das	Pflegeprodukt, die Pflegeprodukte	92/1a
der/die	Pfleger/in, die Pfleger / die Pflegerinnen	125/3a
die	Pfote, die Pfoten	94/1a
der/die	Physiker/in, die Physiker / die Physikerinnen	214
der/die	Pilot/in, die Piloten / die Pilotinnen	106/2a
die	PIN, die PINs	163/4
die	Pinnwand, die Pinnwände	39/5d
der	Planet, die Planeten	147
die	Planung, die Planungen	12/1c
das	Plastik (Sg.)	137/5a
die	Plastiktüte, die Plastiktüten	147/4c
das	Plattdeutsch (Sg.)	203
die	Plattform, die Plattformen	195/5a
der	Platz, die Plätze	11
	plötzlich	11
	plus	160/2a
die	Polizei (Sg.)	80/2a
der/die	Polizist/in, die Polizisten / die Polizistinnen	106/2a
der	Ponyhof, die Ponyhöfe	14/1a
der	Pop (Sg.)	65
der	Pop-Star, die Pop-Stars	65
das	Porträt, die Porträts	60/2a
der	Post, die Posts	51/4
die	Post (Sg.)	137/6b
die	Praxis, die Praxen	100/3
der	Preis, die Preise	12/1
	preiswert	22
die	Probe, die Proben	204/2a
	probieren, sie probiert, sie hat probiert	107/3a
	professionell	68/2c
der	Profi, die Profis	136/4b
	programmieren, sie programmiert, sie hat programmiert	122/4a
der/das	Prospekt, die Prospekte	180/1a
	prüfen, sie prüft, sie hat geprüft	163/5b
der/die	Prüfer/in, die Prüfer / die Prüferinnen	233
die	Prüfung, die Prüfungen	10/2b
der	Prüfungsteil, die Prüfungsteile	65
der/die	Psychologe/Psychologin, die Psychologen / die Psychologinnen	215
der	Punkt, die Punkte	177
die	Pünktlichkeit (Sg.)	27/4a
	pur	134
	putzen, sie putzt, sie hat geputzt	38/2a

Q

der	Quadratmeter, die Quadratmeter	34
das	Quiz, die Quiz	15/6

R

das	Radfahren (Sg.)	23
der/die	Radfahrer/in, die Radfahrer / die Radfahrerinnen	117
das	Radieschen, die Radieschen	146
die	Radstation, die Radstationen	22
	raten, sie rät, sie hat geraten	91/5b
das	Rathaus, die Rathäuser	103
das	Rätsel, die Rätsel	115/4
	rauchen, sie raucht, sie hat geraucht	38/2c
der/die	Raucher/in, der Raucher / die Raucherinnen	36/3b
der	Raum, die Räume	159
	raus	150/2a
	rausbringen, sie bringt raus, sie hat rausgebracht	63/2a
	rausgehen, sie geht raus, sie ist rausgegangen	231/2c
	reagieren (auf), sie reagiert, sie hat reagiert	47/4
die	Recherche, die Recherchen	202
	recherchieren, sie recherchiert, sie hat recherchiert	10/1b
die	Rechnung, die Rechnungen	163/5a
	recht haben, sie hat recht, sie hatte recht	219/4b
das	Recycling (Sg.)	146
	reden, sie redet, sie hat geredet	123
die	Redewendung, die Redewendungen	27/5
	reduzieren, sie reduziert, sie hat reduziert	79
	regeln, sie regelt, sie hat geregelt	38/1a
die	Regenjacke, die Regenjacken	136/4b
der	Regenschirm, die Regenschirme	59/7a
die	Regie (Sg.)	182/2a
die	Regierung, die Regierungen	82/1
	regional	104/1b
der	Reibekuchen, die Reibekuchen	105/5

WORTLISTE

	reich	81/5a
die	Reihe, die Reihen	216/2a
	reinkommen, sie kommt rein, sie ist reingekommen	151/3a
die	Reiseapotheke, die Reiseapotheken	136/4b
die	Reiseliteratur, die Reiseliteraturen	78
	reisen, sie reist, sie ist gereist	82/1
das	Reisezentrum, die Reisezentren	25/3b
das	Reiseziel, die Reiseziele	112/10b
die	Reklamation, die Reklamationen	163/5
	reklamieren, sie reklamiert, sie hat reklamiert	158
der	Rekord, die Rekorde	35
	relativ	215
	rennen, sie rennt, sie ist gerannt	182/2a
	renovieren, sie renoviert, sie hat renoviert	160/2a
die	Rente, die Renten	123
der/die	Rentner/in, die Rentner/die Rentnerinnen	61
die	Reparatur, die Reparaturen	158
das	Reparaturcafé, die Reparaturcafés	158
	reservieren, sie reserviert, sie hat reserviert	171/5b
die	Reservierung, die Reservierungen	24/1a
der	Richtwert, die Richtwerte	180/1c
	riechen, sie riecht, sie hat gerochen	38/1b
die	Ringelblume, die Ringelblumen	120/3a
das	Risiko, die Risiken	232/3b
der	Rock (Sg.)	134/4
die	Rolle, die Rollen	37/5d
der	Rollstuhl, die Rollstühle	182/2a
der	Roman, die Romane	78
	romantisch	114/2a
die	Route, die Routen	26/3a
die	Routine, die Routinen	123
die	Rückreise, die Rückreisen	64/3c
der	Rückruf, die Rückrufe	70/2b
die	Ruhe (Sg.)	39/3a
die	Ruhezeit, die Ruhezeiten	38/1b
	ruhig	36/3b
	rund	103
die	Rundfahrt, die Rundfahrten	64/3c
der	Rundgang, die Rundgänge	64/3c

S

das	Sachbuch, die Sachbücher	78
die	Sache, die Sachen	59/8a
die	Säge, die Sägen	160/2a
die	Sammlung, die Sammlungen	149/3b
der	Sand (Sg.)	150/2a
der	Sandkasten, die Sandkästen	150/2a
der/die	Sänger/in, die Sänger / die Sängerinnen	65
	sauber	127/4a
	sauer	192/2
das	Sauerkraut (Sg.)	105/5
	scannen, sie scannt, sie hat gescannt	48/1b
	schade	24/1c
	schaffen, sie schafft, sie hat geschafft	58/2
	schauen, sie schaut, sie hat geschaut	61
der/die	Schauspieler/in, die Schauspieler / die Schauspielerinnen	182/2a
	scheinen, sie scheint, sie hat geschienen	172
	schenken, sie schenkt, sie hat geschenkt	50/1
die	Schere, die Scheren	136/4b
die	Schicht, die Schichten	125/3a
der	Schichtdienst, die Schichtdienste	125/3a
	schiefgehen, es geht schief, es ist schiefgegangen	123
das	Schiff, die Schiffe	64/3c
der	Schirm, die Schirme	38/1b
der	Schlafsack, die Schlafsäcke	136/4b
der	Schlamm, die Schlamme / die Schlämme	134
	schlammig	138/1
	schlemmen, sie schlemmt, sie hat geschlemmt	104/1b
	schlimm	217/6a
der	Schlüssel, die Schlüssel	215
die	Schnauze, die Schnauzen	94/1a
	schnell	22
die	Schraube, die Schrauben	158
der	Schrebergarten, die Schrebergärten	150/2a
die	Schrift, die Schriften	170/3b
der/die	Schriftsteller/in, die Schriftsteller / die Schriftstellerinnen	80/2a
die	Schulbildung, die Schulbildungen	68/2c
der/die	Schuldirektor/in	12/1a
das	Schulfach, die Schulfächer	218/1
	schulfrei	10
die	Schüssel, die Schüsseln	136/4b
der	Schutz (Sg.)	146
	schützen, sie schützt, sie hat geschützt	147
der	Schwanz, die Schwänze	94/1a
	schwach	125/3a
	schwierig	93/4a
die	Schwierigkeit, die Schwierigkeiten	180/1c
die	Seife, die Seifen	107/5
die	Seite, die Seiten	80/2a
der/die	Sekretär/in, die Sekretäre / die Sekretärinnen	126/2c
	selber	63/2d
	selbermachen, sie macht selber, sie hat selbergemacht	160/1
	selbst	123
	selbstständig	217/3a

das	Selfie, die Selfies	47
	selten	47/1a
das	Semesterticket, die Semestertickets	23
	senden, sie sendet, sie hat gesendet	147
die	Sendung, die Sendungen	81/7
	sensibel	114/2a
die	Serie, die Serien	81/7
	Servus	181/2b
	setzen, sie setzt sich, sie hat sich gesetzt	39/4b
das	Shampoo, die Shampoos	92/1b
die	Show, die Shows	135
die	Sicherheit, die Sicherheiten	69/4a
der/die	Sicherheitsmitarbeiter/in, die Sicherheitsmitarbeiter/ die Sicherheitsmitarbeiterinnen	106/2a
die	Signatur, die Signaturen	71/5a
das	SIM-Fach, die SIM-Fächer	163/4
die	SIM-Karte, die SIM-Karten	163/4
	singen, sie singt, sie hat gesungen	172
	single	194/1
	sinnvoll	147/4b
die	Situation, die Situationen	125/3a
	sitzenbleiben, sie bleibt sitzen, sie ist sitzengeblieben	134/5a
der	Sitzplatz, die Sitzplätze	215
die	Skizze, die Skizzen	232/3e
die	Skyline, die Skylines	102
der	Slum, die Slums	150/2a
das	Smartphone, die Smartphones	47
die	SMS, die SMS	107/4a
die	Social Media (Pl.)	46
die	Socke, die Socken	193/1b
	sofort	11
	sogar	170/2b
	sondern	218/1b
der	Sonnenaufgang, die Sonnenaufgänge	179
die	Sonnencreme, die Sonnencremes	136/4a
der	Sonnenschein (Sg.)	202
	sonst	228
	sorgen (für), sie sorgt für, sie hat gesorgt für	125/3a
die	Soße, die Soßen	102
	sowieso	175/2f
	sozial	148/3a
der/die	Soziologe/Soziologin, die Soziologen/ die Soziologinnen	122
	spannend	69/6
	sparen, sie spart, sie hat gespart	46
der	Sparpreis, die Sparpreise	25/3b
der	Spaziergang, die Spaziergänge	95/4a
der	Speckknödel, die Speckknödel	178
die	Spende, die Spenden	159

	spezial	135
das	Spiel, die Spiele	80/2a
	spielen, sie spielt, sie hat gespielt	80/2a
die	Spielfigur, die Spielfiguren	226
der	Spieltreff, die Spieltreffs	124/1b
das	Spielzeug, die Spielzeuge	92/1a
der	Spinat (Sg.)	146
der	Spitzname, die Spitznamen	10/4
der	Sprachkurs, die Sprachkurse	176/3e
die	Sprachnachricht, die Sprachnachrichten	46
die	Sprechzeit, die Sprechzeiten	204/2a
der/die	Stadtführer/in, die Stadtführer/ die Stadtführerinnen	83/6
das	Stadtgeflüster (Sg.)	116
die	Stadt-Rallye, die Stadt-Rallyes	103/5
der	Stall, die Ställe	203
der	Stand, die Stände	104/1b
	ständig	127/4a
	stark	176/3c
	starten, sie startet, sie ist gestartet	135
	statistisch	190
	statt	78
der	Stau, die Staus	35
der	Staubsauger, die Staubsauger	159
der	Steckbrief, die Steckbriefe	104/2a
die	Steckdose, die Steckdosen	47
der	Stecker, die Stecker	163/5b
	stehenbleiben, sie bleibt stehen, sie ist stehengeblieben	206/2a
	steigen (auf), sie steigt auf, sie ist gestiegen auf	180/1a
die	Stelle, die Stellen	65
	stellen, sie stellt, sie hat gestellt	38/1b
	sterben, sie stirbt, sie ist gestorben	120/3a
der	Stern, die Sterne	135
der	Stil, die Stile	134/4a
	still	117
die	Stimmung, die Stimmungen	60/1
	stinksauer	182/1c
der	Stock, die Stöcke	36/2b
der	Stoff, die Stoffe	147/4c
der	Stoffbeutel, die Stoffbeutel	147/4c
	streamen, sie streamt, sie hat gestreamt	160/2a
	streicheln, sie streichelt, sie hat gestreichelt	90
	streichen, sie streicht, sie hat gestrichen	160/2a
	streiten (sich über), sie streitet sich, sie hat sich gestritten	190
	streng	182/1b
der	Strom (Sg.)	171/5b
die	Struktur, die Strukturen	123
die	Studie, die Studien	191

die Suchanzeige, die Suchanzeigen	90
die Suche, die Suchen	215
das Suchwort, die Suchwörter	183/3a
der Süden (Sg.)	121
summen, sie summt, sie hat gesummt	172
der Supermann, die Supermänner	114/2a
der Supermarkt, die Supermärkte	124/1b
surfen, sie surft, sie ist/hat gesurft	78
die Süßigkeit, die Süßigkeiten	107/3a
sympathisch	194/5a
die Szene, die Szenen	62/1b

T

tabellarisch	68/1
das Tablet, die Tablets	65
der Tagesablauf, die Tagesabläufe	51/5
der Tagesausflug, die Tagesausflüge	64/3c
täglich	35
tagsüber	135
das Tal, die Täler	189/1
die Tasse, die Tassen	63/3h
die Taste, die Tasten	163/4
die Tätigkeit, die Tätigkeiten	49/4d
der Tausch, die Täusche / die Tausche	146
tauschen, sie tauscht, sie hat getauscht	148/1a
das/der Taxi, die Taxis	117
das Team, die Teams	80/2a
der Techno (Sg.)	14/1a
der Teig, die Teige	105/5
der Teil, die Teile	65
teilen, sie teilt, sie hat geteilt	148/3a
teilnehmen (an), sie nimmt teil, sie hat teilgenommen	191
das Telefonat, die Telefonate	136/1d
die Telefonnotiz, die Telefonnotizen	70/2b
die Telenovela, die Telenovelas	81/7
der Teller, die Teller	125/3a
das Tennis (Sg.)	14/1a
die Terrasse, die Terrassen	34
der Test, die Tests	137/6a
testen, sie testet, sie hat getestet	216/2a
der Textabschnitt, die Textabschnitte	103/3d
das Textil (Sg.)	159
die Textnachricht, die Textnachrichten	46
die Textstelle, die Textstellen	103/3b
die Textzeile, die Textzeilen	182/2a
die Theatergruppe, die Theatergruppen	11
das Theaterstück, die Theaterstücke	82/1
tief	162/3
das Tierheim, die Tierheime	94/2a
tippen, sie tippt, sie hat getippt	46
der Titel, die Titel	80/2a
Tja!	24/1a
der Toaster, die Toaster	159
die To-Do-Liste, die To-Do-Listen	219/4b
top	193/1b
die Torte, die Torten	105/5
tot	81/5a
der/die Tote, die Toten	80/2a
die Tour, die Touren	124/1b
die Tradition, die Traditionen	102
tragisch	80/2a
der Trailer, die Trailer	183/3
der Traktor, die Traktoren	202
die Transportbox, die Transportboxen	91
transportieren, sie transportiert, sie hat transportiert	137/5a
der Tratsch (Sg.)	205/4a
der Traum, die Träume	150/2a
träumen, sie träumt, sie hat geträumt	215
der Traumberuf, die Traumberufe	14/1a
traumhaft	179
traurig	182/1a
die Trauung, die Trauungen	66
das Treffen, die Treffen	11
trennen, sie trennt, sie hat getrennt	147/4c
die Treppe, die Treppen	38/1b
das Treppenhaus, die Treppenhäuser	38/1b
trinkbar	170/3b
trocken	162/1b
trotzdem	138/2a
die Tüte, die Tüten	147/4c
der Typ, die Typen	137/5a

U

überfliegen, sie überfliegt, sie hat überflogen	50/1a
überglücklich	182/2a
überhaupt	64/3f
die Übernachtung, die Übernachtungen	62/1d
übernehmen, sie übernimmt, sie hat übernommen	125/3a
überraschen, sie überrascht, sie hat überrascht	79/2b
überrascht	69/6
die Überraschung, die Überraschungen	193/1b
die Überschrift, die Überschriften	68/2c
übersehen, sie übersieht, sie hat übersehen	215
übersetzen, sie übersetzt, sie hat übersetzt	27/4a
übertreiben, sie übertreibt, sie hat übertrieben	114/2a
überweisen, sie überweist, sie hat überwiesen	48/1a

WORTLISTE

	übrigbleiben, es bleibt übrig,	148/3a
	es ist übriggeblieben	
	übrigens	12/3a
die	Uhrzeit, *die Uhrzeiten*	70/1
	umarmen, sie umarmt,	192/1a
	sie hat umarmt	
die	Umarmung, *die Umarmungen*	50/1
die	Umfrage, *die Umfragen*	79/3a
	umgeben, sie umgibt, sie hat umgeben	146
	umsteigen, sie steigt um,	25/3b
	sie ist umgestiegen	
	umstylen, sie stylt um,	149/3b
	sie hat umgestylt	
der	Umtausch, *die Umtäusche*	163/5b
	umtauschen, sie tauscht um,	163/5a
	sie hat umgetauscht	
die	Umwelt, *die Umwelten*	146
die	Umweltaktion, *die Umweltaktionen*	170/2b
	umweltfreundlich	149/5
der	Umweltschutz (Sg.)	146
	umziehen, sie zieht um,	40/2a
	sie ist umgezogen	
der	Umzug, *die Umzüge*	50/1a
der	Umzugskarton, *die Umzugskartons*	50/1a
	unbedingt	50/1a
	unbequem	26/2b
	unfair	148/1c
	unfreundlich	106/2c
	ungefähr	181/2b
	ungeliebt	149
	ungemütlich	121
das	Unglück (Sg.)	217/6a
	unglücklich	82/1
	uninteressant	195/6a
	unpraktisch	26/2b
	unpünktlich	26/2b
	unrealistisch	216/2a
	unten	125/3a
	unterhalten (sich über/mit),	27/4a
	sie unterhält sich, sie hat sich unterhalten	
das	Unternehmen, *die Unternehmen*	103
der	Unterricht, *die Unterrichte*	49/4b
	unterrichten, sie unterrichtet,	67/3a
	sie hat unterrichtet	
	unterschiedlich	160/2a
die	Unterschrift, *die Unterschriften*	68/2c
	unterstützen, sie untersützt,	158
	sie hat unterstützt	
die	Untersuchung, *die Untersuchungen*	51/4
	unzufrieden	217/3a
die	Urlaubsmöglichkeit,	65
	die Urlaubsmöglichkeiten	
die	Ursache, *die Ursachen*	59/7b

V

	variieren, sie variiert, sie hat variiert	25/3d
das	Velo, *die Velos*	27/4a
	verabreden (sich mit),	195/5a
	sie verabredet sich,	
	sie hat sich verabredet	
	verabschieden (sich von),	71/4a
	sie verabschiedet sich,	
	sie hat sich verabschiedet	
die	Verabschiedung, *die Verabschiedungen*	181/2b
	verändern (sich), sie verändert sich,	46
	sie hat sich verändert	
die	Veränderung, *die Veränderungen*	66
	verantwortlich	218/1b
der	Verband, *die Verbände*	136/4b
die	Verbindung, *die Verbindungen*	24/1a
	verboten	35
	verbringen, sie verbringt,	38/5b
	sie hat verbracht	
der	Verein, *die Vereine*	150/2a
	vereinbaren, sie vereinbart,	37/5
	sie hat vereinbart	
das	Vereinsheim, *die Vereinsheime*	204/2a
	verfassen, sie verfasst, sie hat verfasst	82/1
die	Vergangenheit, *die Vergangenheiten*	103
	vergessen, sie vergisst, sie hat vergessen	117
der	Verkehr (Sg.)	22
das	Verkehrsmittel, *die Verkehrsmittel*	22
der	Verlag, *die Verlage*	80/2a
	verlassen, sie verlässt, sie hat verlassen	81/5a
	verlieben (sich in), sie verliebt sich,	11
	sie hat sich verliebt	
	verlieren, sie verliert, sie hat verloren	35
	verloben (sich), sie verlobt sich,	80/2a
	sie hat sich verlobt	
	vermissen, sie vermisst,	94/1a
	sie hat vermisst	
	veröffentlichen, sie veröffentlicht,	81/5a
	sie hat veröffentlicht	
	verpassen, sie verpasst, sie hat verpasst	24/1b
	verrückt	114/2a
die	Versammlung, *die Versammlungen*	150/2a
	verschicken (an), sie verschickt,	12/1
	sie hat verschickt	
	verschmutzen, sie verschmutzt,	146
	sie hat verschmutzt	
die	Verspätung, *die Verspätungen*	25/3b
	versprechen, sie verspricht,	118/1a
	sie hat versprochen	
	verstehbar	151/4b
	vertonen, sie vertont, sie hat vertont	66
der	Vertrag, *die Verträge*	38/1a

WORTLISTE

	vertragen (sich mit), sie verträgt sich, sie hat sich vertragen	190
	vertrauen (auf), sie vertraut, sie hat vertraut	191
der/die	Verwandte, die Verwandten	125/3a
	verwenden, sie verwendet, sie hat verwendet	217/3c
der	Videoclip, die Videoclips	90
das	Videospiel, die Videospiele	46
	vielfältig	195/5a
	viertel	34
der	Vlog, die Vlogs	137/5a
der/die	Vlogger/in, die Vlogger / die Vloggerinnen	136/4b
der	Vogel, die Vögel	92/2a
die	Vokabel, die Vokabeln	174/1a
der	Vokabeltest, die Vokabeltests	124/1b
	voll	66
der/das	Volleyball (Sg.)	14/1a
	vor allem	78
	vorbeifahren (an), sie fährt vorbei, sie ist vorbeigefahren	202
	vorbereiten, sie bereitet vor, sie hat vorbereitet	82/1c
die	Vorbereitungszeit, die Vorbereitungszeiten	233
der	Vordergrund, die Vordergründe	119/2c
	vorhaben, sie hat vor, sie hat vorgehabt	232/3
	vorlesen, sie liest vor, sie hat vorgelesen	117
der	Vorschlag, die Vorschläge	163/5b
	vorsichtig	100/9a
	vorstellen, sie stellt vor, sie hat vorgestellt	60/2b
	vorstellen (sich), sie stellt sich vor, sie hat sich vorgestellt	104/1b
der	Vorverkauf, die Vorverkäufe	136/1c

W

	wach	134
	wachsen, sie wächst, sie ist gewachsen	104/2c
der	Wald, die Wälder	80/2a
der/die	Wanderer/Wanderin, die Wanderer / die Wanderinnen	179
das	Wanderparadies, die Wanderparadiese	179
die	Wanderung, die Wanderungen	181/2b
der	Wanderweg, die Wanderwege	179
die	Wäsche, die Wäschen	123
die	Waschmaschine, die Waschmaschinen	38/1a
die	Webseite, die Webseiten	91
das	Wechselspiel, die Wechselspiele	37/5d
	wechseln, sie wechselt, sie hat gewechselt	27/4a
	wecken, sie weckt, sie hat geweckt	47/1b
der	Wecker, die Wecker	49/5
	weg	94/1a
	wegbringen, sie bringt weg, sie hat weggebracht	63/2a
	weglaufen, sie läuft weg, sie ist weggelaufen	94/1a
die	Wegmarkierung, die Wegmarkierungen	180/1c
	wegwerfen, sie wirft weg, sie hat weggeworfen	146
	weich	90
	weil	22
der	Wein, die Weine	104/1b
der	Weinberg, die Weinberge	64/3c
	weit	172
	weiter	123
	weiterempfehlen, sie empfiehlt weiter, sie hat weiterempfohlen	195/6a
	weitergeben, sie gibt weiter, sie hat weitergegeben	11
	weitergehen, sie geht weiter, sie ist weitergegangen	46
	weiterleiten (an), sie leitet weiter, sie hat weitergeleitet	71/4a
	weitermachen, sie macht weiter, sie hat weitergemacht	203
der	Wellensittich, die Wellensittiche	92/1a
die	Welt, die Welten	81/5a
die	Weltumweltkonferenz, die Weltumweltkonferenzen	146
	weltweit	159
	wem	50/1c
	wenn	147
die	Werbung, die Werbungen	232/3b
die	Werkstatt, die Werkstätten	22/2b
das	Werkzeug, die Werkzeuge	158
der	Westen (Sg.)	121
	wetten, sie wettet, sie hat gewettet	173
die	Wetterlage, die Wetterlagen	180/1c
der	Wettlauf, die Wettläufe	172
	wie viele	12/1c
	wieder	125/3a
	wiederholen, sie wiederholt, sie hat wiederholt	71/4a
die	Wiederholung, die Wiederholungen	69/7
	wiedersehen, sie sieht wieder, sie hat wiedergesehen	10
	wiegen, sie wiegt, sie hat gewogen	162/3
die	Wiese, die Wiesen	38/1b
	willkommen	60
	wirklich	10/4
die	Wirkung, die Wirkungen	81/5a
der/die	Wirt/in, die Wirte / die Wirtinnen	179
das	Wissen (Sg.)	106/1b

einhundertfünfundsiebzig **175**

WORTLISTE

	wissenschaftlich	69/4a
der	Wissenstest, die Wissenstests	91
	witzig	90
das	WLAN-Passwort, die WLAN-Passwörter	47
der	Wochentag, die Wochentage	16/1b
	woher	91
	wohl	11
	wohlfühlen (sich), sie fühlt sich wohl, sie hat sich wohlgefühlt	35
der	Wohnblock, die Wohnblöcke	34
die	Wohnfläche, die Wohnflächen	36/3b
das	Wohnhaus, die Wohnhäuser	34
das	Wohnmobil, die Wohnmobile	134
	womit	26/2b
	woran	203
der	Workshop, die Workshops	159
die	Wörterkette, die Wörterketten	58/2
der	Wortschatz, die Wortschätze	79
	wozu	48/1c
das	Wunder, die Wunder	39/5b
	wunderbar	80/2a
	wundern (sich über), sie wundert sich, sie hat sich gewundert	35/1b
	wunderschön	150/2a
	wünschen, sie wünscht, sie hat gewünscht	70/2b
der	Würfel, die Würfel	226
	würfeln, sie würfelt, sie hat gewürfelt	227
	wütend	182/1a

Z

die	Zahl, die Zahlen	46
der/die	Zahnarzt/Zahnärztin, die Zahnärzte/die Zahnärztinnen	114/2a
das	Zahnlabor, die Zahnlabore	216/2a
der/die	Zahntechniker/in, die Zahntechniker/die Zahntechnikerinnen	216/2a
die	Zange, die Zangen	160/2a
der	Zaun, die Zäune	150/2a
die	Zeile, die Zeilen	150/2b
die	Zeitleiste, die Zeitleisten	82/1
die	Zeitschrift, die Zeitschriften	79
das	Zelt, die Zelte	38/1b
	zelten, sie zeltet, sie hat gezeltet	135
die	Zentrale, die Zentralen	126/2a
die	Zeremonie, die Zeremonien	66
	zerstören, sie zerstört, sie hat zerstört	146
das	Zertifikat, die Zertifikate	68/2a
	ziehen, sie zieht, sie ist gezogen	35
das	Zitat, die Zitate	60/2a
der/das	Znüni, die Znünis	178
der	Zoll, die Zölle	106/2a
der/die	Zollbeamter/Zollbeamtin, die Zollbeamten/die Zollbeamtinnen	106/2a
die	Zone, die Zonen	23
der/die	Zoohändler/in, die Zoohändler/die Zoohändlerinnen	92/2a
die	Zoohandlung, die Zoohandlungen	92/1a
das/der	Zubehör, die Zubehöre	92/2a
	zudecken, sie deckt zu, sie hat zugedeckt	171/5b
	zufrieden	159
die	Zufriedenheit, die Zufriedenheiten	216/2a
die	Zugfahrt, die Zugfahrten	64/3c
das	Zuhause (Sg.)	60/2c
	zuhören, sie hört zu, sie hat zugehört	125/3a
der/die	Zuhörer/in, die Zuhörer/die Zuhörerinnen	215/3a
die	Zukunft (Sg.)	11
	Zum Wohl!	63/2f
	zurückfahren, sie fährt zurück, sie ist zurückgefahren	26/3a
	zurückkommen, sie kommt zurück, sie ist zurückgekommen	202
	zurückrufen, sie ruft zurück, sie hat zurückgerufen	71/4a
die	Zusage, die Zusagen	118/1a
	zusammenarbeiten (mit), sie arbeitet zusammen mit, sie hat zusammengearbeitet mit	218/1b
	zusammenfassen, sie fasst zusammen, sie hat zusammengefasst	66
	zusammenhalten, sie hält zusammen, sie hat zusammengehalten	202
	zusammenleben, sie lebt zusammen, sie hat zusammengelebt	93/4a
	zusammenschrauben, sie schraubt zusammen, sie hat zusammengeschraubt	162/1b
	zustimmen, sie stimmt zu, sie hat zugestimmt	66
der	Zweck, die Zwecke	161/5c

QUELLENVERZEICHNIS

Bildquellenverzeichnis
Cover Cornelsen/Anja Rosendahl, Daniel Meyer; **U2**: Cornelsen/Carlos Borrell Eiköter; **U4**: Cornelsen/Anja Rosendahl, Daniel Meyer; (Nicos Weg Logo): © DW.com/nico; **S. 4** (Sterne, Aufgaben mit GeR-Bezug): Cornelsen/werkstatt für gebrauchsgrafik; **S. 5** (Filmstill 1): Cornelsen/FREJM; (Filmstill 2): Cornelsen/Ekre und Ludwig GbR; (Filmstill 3): © DW.com/nico; (PagePlayer-App Logo): Cornelsen/Raureif; (Badge Google App-Store): Google Ireland Ltd.; (Badge Apple-Store): Apple Inc. - IP & Licensing; **S. 6** (1): Shutterstock.com/Phovoir; (2): stock.adobe.com/contrastwerkstatt; (3): Shutterstock.com/Yulia Grigoryeva; (4): Shutterstock.com/Flamingo Images; **S. 7** (5): Shutterstock.com/Jacob Lund; (6): stock.adobe.com/bildermacher_tom; (7): Shutterstock.com/CebotariN; (8): Shutterstock.com/S-F; **S. 8** (9): Shutterstock.com/Rido; (10): Shutterstock.com/gpointstudio; (11, Biene): Shutterstock.com/Daniel Prudek; (11, Marienkäfer): Shutterstock.com/irin-k; (12): Cornelsen/Hugo Herold; (13): Timm Humpfer Image Art; **S. 9** (14): Shutterstock.com/Jacob Lund; (15): stock.adobe.com/Viktor Cap 2018/lightpoet; (16): stock.adobe.com/KerkezPhotography.com/kerkezz; **S. 10** (Designpapier): Shutterstock.com/Alexander_Evgenyevich; (Bücher-Icon): Shutterstock.com/AVIcon; (Abiparty): Shutterstock.com/Pressmaster; (Prag): stock.adobe.com/ArTo; **S. 11** (Theatergruppe): Shutterstock.com/Kozlik; (Sporttest): Shutterstock.com/Kanjanee Chaisin; (Pause): Shutterstock.com/Phovoir; (Abiprüfung): Shutterstock.com/LStockStudio; (Papierhintergrund): Shutterstock.com/alwaysloved afilm; **S. 12** (Clipboard): Shutterstock.com/Aleshin_Aleksei; **S. 14** (Büroklammer): Shutterstock.com/Tavarius; (Patrick): Shutterstock.com/F8 studio; (Motorroller): Shutterstock.com/di Bronzino; **S. 15** (Basti): Shutterstock.com/Cookie Studio; (Anna): Shutterstock.com/nakaridore; (Franzi): Shutterstock.com/Cookie Studio; (Patrick): Shutterstock.com/F8 studio; **S. 16** (Girlanden): Shutterstock.com/olegganko; (Blumensymbole): Shutterstock.com/Daisy Beatrice; **S. 17** (Filmstill): Cornelsen/Ekre und Ludwig GbR; **S. 18** (Wettersymbole): Shutterstock.com/shinshila; **S. 20** (A): Shutterstock.com/Isa Long; (B): Shutterstock.com/Photographee.eu; **S. 22** (Hintergrund): Imago Stock & People GmbH/Rüdiger Wölk; **S. 23** (Münster): Shutterstock.com/Sina Ettmer Photography; (Fahrradstraße): stock.adobe.com/matthiasoomen; (Carina): stock.adobe.com/contrastwerkstatt; (Sascha): Shutterstock.com/Mr.Music; **S. 24** (Alina): Shutterstock.com/MediaGroup_BestForYou; **S. 25** (oben links): Deutsche Bahn AG / Oliver Lang; (unten rechts): stock.adobe.com/fotostudiocolor24/dusanpetkovic1; **S. 26** (Ozeanium): Shutterstock.com/JaySi; **S. 27** (oben rechts): © SBB CFF FFS; **S. 29** (oben rechts): Shutterstock.com/JKstock; **S. 30** (Kundenberaterin): Deutsche Bahn AG / Oliver Lang; (Filmstill): Cornelsen/Ekre und Ludwig GbR; **S. 32** (oben rechts): Shutterstock.com/David Prado Perucha; **S. 34** (Mehrfamilienhaus): stock.adobe.com/PANORAMO; (Hochhaus): Shutterstock.com/PIXEL to the PEOPLE; (Einfamilienhaus): Shutterstock.com/Tanja Esser; (Deutschlandkarte): Shutterstock.com/KuKanDo; (Straßensymbol): Shutterstock.com/VoodooDot; (Grundriss): stock.adobe.com/EvgeniyBobrov; (Schlüssel): Shutterstock.com/Skellen; **S. 35** (Haus-Icon, oben, Mitte): Shutterstock.com/Happy Art; (D. Goller): Shutterstock.com/wavebreakmedia; (unten rechts): Shutterstock.com/janista; **S. 36** (Badezimmer): stock.adobe.com/Katarzyna Bialasiewicz photographee.eu; **S. 37** (Papierschnipsel): Shutterstock.com/STILLFX; (Filmstill): Cornelsen/Ekre und Ludwig GbR; (Klebezettel): Shutterstock.com/TatjanaRittner; **S. 38** (Häkchen, Kreuz): Shutterstock.com/sovisdesign; (Rauchverbotszeichen): Shutterstock.com/Butterfly Hunter; **S. 39** (1): Shutterstock.com/Anna Nahabed; (2): Shutterstock.com/Monkey Business Images; (3): Shutterstock.com/Impact Photography; (4): Shutterstock.com/Jacob Lund; (unten rechts): Shutterstock.com/Yulia Grigoryeva; **S. 40** (Familienfoto): Shutterstock.com/Syda Productions; (Like-Icon): Shutterstock.com/Giamportone; **S. 41** (Papierschnipsel): Shutterstock.com/STILLFX; (Filmstill): Cornelsen/Ekre und Ludwig GbR; **S. 42** (Häkchen, Kreuz): Shutterstock.com/sovisdesign; **S. 43** (1): Shutterstock.com/gt29; (2): Shutterstock.com/Zoart Studio; (3): Shutterstock.com/Siberian Photographer; (4): Shutterstock.com/Butterfly Hunter; (5): Shutterstock.com/Standard Studio; (6): Shutterstock.com/gt29; **S. 44** (Stühle): Shutterstock.com/LV426; **S. 46** (Radio, Online-Video, Internet, Gamepad, Buch): Shutterstock.com/Skellen; (Bildschirm, Kopfhörer): Shutterstock.com/zcreamz11; **S. 47** (Podcast): Shutterstock.com/Evgeny Atamanenko; (Artikel): Shutterstock.com/Ollyy; (Handy): Shutterstock.com/Evgenyrychko; (App): Shutterstock.com/LStockStudio; (Selfie): Shutterstock.com/Maridav; **S. 48** (Foto): Shutterstock.com/Flamingo Images; (Kamera-Icon): Shutterstock.com/CAPToro; (Download-Icon): Shutterstock.com/ArnaPhoto; (Teller-Icon): Shutterstock.com/matsabe; (Like-Icon): Shutterstock.com/Maksim M; **S. 49** (oben links): Shutterstock.com/Dean Drobot; (oben rechts): Shutterstock.com/smolaw; (Mitte, 1): Shutterstock.com/Blan-k; (Mitte, 2): Shutterstock.com/Blan-k; (Mitte, 3): Shutterstock.com/IIIerlok_xolms; (Mitte, 4): Shutterstock.com/ArnaPhoto; (Mitte, 5): Shutterstock.com/Andrii Arkhipov; (Mitte, 6): Shutterstock.com/mugiolaris; **S. 51** (Foto): Shutterstock.com/Bojan Milinkov; **S. 53** (Jan): Shutterstock.com/Rido; (oben rechts): stock.adobe.com/Production Perig; **S. 55** (Filmstill): Cornelsen/Ekre und Ludwig GbR; **S. 58** (Foto): Cornelsen/Inhouse; **S. 59** (oben rechts): mauritius images/Westend61; **S. 60** Shutterstock.com/geogif; **S. 61** (Iwan): Shutterstock.com/F8 studio; (Sven): Shutterstock.com/Nadino; (Margot): Shutterstock.com/fizkes; **S. 62** (Nicos Weg Logo): © DW.com/nico; (Fotos, Filmstill): © DW.com/nico; **S. 63** (Filmstills): © DW.com/nico; **S. 64** (Nicos Weg Logo): © DW.com/nico; (Filmstills): © DW.com/nico; (Landschaft): Shutterstock.com/Dmitry Eagle Orlov; (Trauben): Shutterstock.com/Iurii Kachkovskyi; **S. 65** (Papierhintergrund): Shutterstock.com/alwaysloved afilm; **S. 66** (oben): Cornelsen/Nadine Roßa; (Foto): Shutterstock.com/Jacob Lund; **S. 67** (oben): Cornelsen/Nadine Roßa; (1): stock.adobe.com/Юрий Красильников; (2): stock.adobe.com/Andreas Prott/Andreas; (3): stock.adobe.com/Igor; (4): stock.adobe.com/Melinda Nagy; (Bildschirm): Shutterstock.com/zcreamz11; (Headset): Shutterstock.com/big Stocker; **S. 70** (Verena): Shutterstock.com/Antonio Guillem; (Kalender-, Uhr-Icon): stock.adobe.com/davooda; **S. 71** (Silhouetten): Shutterstock.com/Rostik Solonenko; (Herr Spitzer): stock.adobe.com/Krakenimages.com; **S. 72** (1): Shutterstock.com/Krakenimages.com; (2): Shutterstock.com/MT-R; (3): Shutterstock.com/welcomia; (4): Shutterstock.com/ESB Professional; **S. 73** (Martin): Shutterstock.com/epic_pic; **S. 74** (Paula): Shutterstock.com/Jacob Lund; **S. 76** (oben rechts): Cornelsen/Ekre und Ludwig GbR; **S. 78** (1): Shutterstock.com/MGrigollo; (2): Shutterstock.com/Monkey Business Images; (3): stock.adobe.com/New Africa; (4): Shutterstock.com/Eugenio Marongiu; (5): stock.adobe.com/Gina Sanders/Erwin Wodicka - wodicka@aon.at; (6): Shutterstock.com/Wordley Calvo Stock; (Buch-Icon): Shutterstock.com/zcreamz11; (unten links): stock.adobe.com/monticelllo; **S. 79** (Foto): stock.adobe.com/Jacob Lund/Jacob; (Lesen-Icon): Shutterstock.com/Colorlife; (Handy-Icon): Shutterstock.com/zcreamz11; **S. 80** (Bella Germania): 2019 © S. Fischer Verlag GmbH, Frankfurt am Main; (Ein allzu schönes Mädchen): rororo / Rowohlt Verlag GmbH; (Hörst du, wie die Bäume sprechen): © Verlag Friedrich Oetinger, Hamburg 2017; **S. 81** (Mitte): bpk/British Library Board; (Papierschnipsel): Shutterstock.com/STILLFX; **S. 82** (Goethe): stock.adobe.com/MarusyaChaika; **S. 83** (oben links): stock.adobe.com/Lapping Pictures; (oben Mitte): stock.adobe.com/Sina Ettmer; (oben rechts): stock.adobe.com/mojolo; **S. 84** (oben rechts): Shutterstock.com/MGrigollo; **S. 85** (Ich bin Malala): Malala Yousafzai / Christina Lamb, Ich bin Malala, Knaur TB, 2014 München, mit freundlicher Genehmigung der Verlagsgruppe Droemer Knaur; (Hallo Tiere!): © Verlag Friedrich Oetinger, Hamburg 2015; (Das große Gartenbuch): Circon Verlag; (Der Mann auf dem Balkon): rororo / Rowohlt Verlag GmbH; (Der Schatz im Silbersee): Karl-May-Verlag, Bamberg; **S. 86** (Filmstill): Cornelsen/Ekre und Ludwig GbR; **S. 87** (unten rechts): Südverlag / „Goethe – Alle Achtung!", von Erich Ohser alias e.o.plauen, Berliner Illustrirte 28/1936; **S. 88** (I. Bachmann): akg-images/Imagno; **S. 90** (Katzen): Shutterstock.com/CebotariN; (Pfote-Icon): Shutterstock.com/Martial Red; **S. 91** (Katzensilhouette): Shutterstock.com/Mark Rademaker; (1. Platz): Shutterstock.com/Zanna Pesnina; (2. Platz): Shutterstock.com/galsand; (3. Platz): Shutterstock.com/Lario; **S. 92** (Zoohandlung): Shutterstock.com/Tyler Olson; (Kanarienvogel): Shutterstock.com/Eric Isselee; (Wellensittich): Shutterstock.com/photomaster; (Papagei): Shutterstock.com/Nejron Photo; (Hamster): Shutterstock.com/irin-k; (Goldfisch): Shutterstock.com/Mikael Damkier; (Kaninchen): Shutterstock.com/Oleksandr Lytvynenko; (Meerschweinchen): Shutterstock.com/Eric Isselee; **S. 93** (Haustier, 1-2): Shutterstock.com/Elena3567; (Haustier, 3): Shutterstock.com/AMStudio_yk; (Haustier, 4-7): Shutterstock.com/Dn Br; (Haustier, 8): Shutterstock.com/Zita; (Ampel): Shutterstock.com/Haali; (Smileys): Shutterstock.com/Castleski; **S. 94** (Hund): Shutterstock.com/Nenilkime; **S. 95** (Piano): Shutterstock.com/Monika Chodak; (Nala): Shutterstock.com/Grisha Bruev; (Jacky): Shutterstock.com/Patrick H; (Pfote-Icon): Shutterstock.com/Martial Red; **S. 96** (Pfote-Icon): Shutterstock.com/Martial Red; **S. 97** (Hamster): Shutterstock.com/Yayayoyo; (Fressnapf): Shutterstock.com/tuulijumala; (Vogelfutter): Shutterstock.com/Emilio100; (Hundeleine): Shutterstock.com/Jenov Jenovallen; (Katzenkalender): stock.adobe.com/210484kate; **S. 98** (Maus): Shutterstock.com/Szasz-Fabian Jozsef; **S. 99** (oben rechts): Shutterstock.com/Tyler Olson; (Filmstill): Cornelsen/Ekre und Ludwig GbR; (Kaninchen): Shutterstock.com/JIANG HONGYAN; **S. 100** (Dr. Olga): Shutterstock.com/135pixels; (Pfote-Icon): Shutterstock.com/Martial Red; **S. 102** (Flugzeuge): Shutterstock.com/AlexanderTrou; (Netzwerk): Shutterstock.com/Artistdesign29; (1): stock.adobe.com/Pavel; (2): dpa Picture-Alliance/Daniel Kalker; (3): Shutterstock.com/S-F; (4): Fraport AG; (5): Shutterstock.com/Monkey Business Images; (6): Shutterstock.com/Pigprox; (7): Shutterstock.com/petratrollgrafik; (8): Shutterstock.com/Ungvari Attila; (9): stock.

einhundertsiebenundsiebzig 177

QUELLENVERZEICHNIS

adobe.com/Ralf Geithe/Ralf; **S.103** (Haus-Icon, oben): Shutterstock.com/Happy Art; (Svenja): Shutterstock.com/Dean Drobot; (Frankfurt-Icon): Shutterstock.com/KenoKickit; **S.104** (Avocado): Shutterstock.com/rudall30; (Lupe): Shutterstock.com/Nigarn; (Marktstand): Cornelsen/I LIKE VISUALS, Berlin; (Mitte links): Shutterstock.com/Production Perig; **S.105** (Torte): Shutterstock.com/rainbow33; **S.106** (Bundespolizist): Bundespolizeidirektion Flughafen Frankfurt am Main; (Flugbegleiterin): mauritius images/Caia Image; (Mechanikerin): Shutterstock.com/Pressmaster; **S.107** (Baklava): Shutterstock.com/fatih likoglu; (Mate): Shutterstock.com/Aneta_Gu; (Turrón): Shutterstock.com/Oliver Hoffmann; **S.108** (a): Shutterstock.com/Borisb17; (b): Shutterstock.com/Leonid Andronov; (c): Shutterstock.com/fiphoto; (d): Deutsche Bahn AG / Christian Bedeschinski; (e): mauritius images/alamy stock photo/WireStock; (f): Shutterstock.com/Mabeline72; **S.109** (oben, 1): stock.adobe.com/Simone Voigt/silencefoto; (oben, 2): stock.adobe.com/kaptn; (oben, 3): Shutterstock.com/Anastasia_Panait; (oben, 4): Shutterstock.com/Pavel Metluk; (unten, 1): Shutterstock.com/SATJA2506; (unten, 2): Shutterstock.com/Valentina Razumova; (unten, 3): Shutterstock.com/Dionisvera; (unten, 4): Shutterstock.com/Hedez; (unten, 5): Shutterstock.com/Binh Thanh Bui; (unten, 6): Shutterstock.com/Nataliya Arzamasova; (unten, 7): Shutterstock.com/Valentina Razumova; (unten, 8): Shutterstock.com/mahirart; (unten, 9): Shutterstock.com/PixaHub; (unten, 10): Shutterstock.com/Maceofoto; (unten, 11): Shutterstock.com/MarcoFood; (unten, 12): Shutterstock.com/Tim UR; (unten, 13): Shutterstock.com/grey_and; **S.110** (Edgar): Shutterstock.com/Krakenimages.com; (Gemüsekiste): Shutterstock.com/nehophoto; **S.111** (oben links): Shutterstock.com/Odua Images; (oben rechts): Shutterstock.com/Ariyani Tedjo; **S.112** (Filmstill): Cornelsen/Ekre und Ludwig GbR; **S.114** (links): Shutterstock.com/Zdenka Darula; (rechts): Shutterstock.com/Djomas; **S.116** (Ku'damm-Gemälde): Ulrike Sallós-Sohns. Das Bild ist urheberrechtlich geschützt.; **S.118** (Nicos Weg Logo): © DW.com/nico; (Filmstill): © DW.com/nico; **S.119** (Filmstills): © DW.com/nico; (unten): Shutterstock.com/OneLineStock.com; **S.120** (Nicos Weg Logo): © DW.com/nico; (Filmstill): © DW.com/nico; (Briefmarke): Foto: Shutterstock.com/Boris15 / Grafik: Peter Steiner / Mit freundlicher Genehmigung des Bundesministerium der Finanzen. Bei einer Nutzung dieser Abbildung ist zwingend eine Abbildungserlaubnis einzuholen. Bitte richten Sie alle Fragen zur Nutzung an LC5@bmf.bund.de; (unten rechts): Shutterstock.com/Tim UR; **S.124** (Christstollen): stock.adobe.com/Anatoly Repin/anrestudio.blogspot.com; (Birnbrot): stock.adobe.com/tmfotos; (Torte): Shutterstock.com/pixdesigned; **S.125** (Foto): Shutterstock.com/Phovoir; **S.127** (oben): stock.adobe.com/Katarzyna Bialasiewicz photographee.eu; (Mitte): stock.adobe.com/animaflora/Animaflora PicsStock; **S.128** (oben): stock.adobe.com/Alex from the Rock; (Hund, Kuh, Schweine): Prof. Dr. Hermann Funk; **S.129** (Regensburg): stock.adobe.com/borisb17; **S.130** (Rauchverbotszeichen): Shutterstock.com/Butterfly Hunter